UNI
VER
SUM

Jahrbuch 1999

UNI
VER
SUM

Jahrbuch 1999

ORF

Umschlag: Gepard in der Steppe.
Foto: W. Wisniewski, Pix Bildagentur GmbH, Wien.
Vorsatz und Nachsatz: Federkleid von hellrotem Ara,
Detail. Foto: F. Lanting, Pix Bildagentur GmbH, Wien.

Universum Jahrbuch 1999

Herausgeber: ORF, Österreichischer Rundfunk
Redaktion: Walter Köhler
Bildredaktion: Andrea Gastgeb
Mitarbeit: Sabine Holzer

Die Deutsche Bibliothek – CIP-Einheitsaufnahme
Köhler, Walter:
Universum / Walter Köhler. –
Graz ; Wien ; Köln: Verl. Styria, 1999
ISBN 3-222-12733-6

Printed in Austria
Grafische Gestaltung: ORF-Grafikdesign
Digitale Kartengrafiken: Roland Pirker
Lithos: REPROTEC, Judendorf-Straßengel
Belichtung: Weitzer und Partner, Graz
Druck: druckservice STYRIAN, Graz
Gedruckt auf Magnostar von **sappi**
ISBN: 3-222-12733-6

INHALT

ERSTES KAPITEL

DIE GEPARDE NAMIBIAS

Es ist Mitte Dezember. Flirrende Hitze liegt über dem Etoscha-Nationalpark im Norden von Namibia. Die Steppen der weitläufigen Salzpfanne wirken zu dieser Jahreszeit extrem kahl und öde, und doch existiert hier Leben im Überfluß. Der Etoscha-Nationalpark ist die Heimat unzähliger Wildtiere und bietet ein ideales Jagdgebiet für das schnellste Landtier der Erde. Heute leben etwa 3000 Geparde in Namibia. Nirgendwo sonst in Afrika ist ihre Population höher. Obwohl die Tiere im Etoscha-Nationalpark unter absolutem Schutz stehen, sind ihre Bestände hier gefährdet. Nur zehn Prozent der Geparde Namibias leben in diesem Naturreservat. Den Großteil der Katzen findet man in den kleineren Reservaten im Süden. Hier sind sie allerdings bedroht durch die Nähe des Menschen und teilen das Land mit dessen Zuchtvieh. Sowohl die Geparde im Süden Namibias als auch ihre Artgenossen im Etoscha-Nationalpark müssen sich täglich erneut in ihren angestammten Revieren behaupten.

Geparde sind keine Rudeltiere. Die Weibchen leben mit ihrem Nachwuchs zusammen und sind bei der Aufzucht der Jungen vollkommen auf sich allein gestellt. Bei den ausgedehnten Streifzügen sind die Jungtiere auf den Schutz und die Fürsorge ihrer Mutter angewiesen. Ein Gepardenweibchen des Etoscha-Nationalparks hat es dabei besonders schwer: Es hat einen Wurf von sechs Jungen erfolgreich großgezogen. Um sie ausreichend zu ernähren, muß das Gepardenweibchen täglich auf Beutefang gehen. In der Zwischenzeit messen die Jungtiere ihre wachsenden Kräfte und tragen spielerisch ihre ersten Rangkämpfe aus. Die stets hungrigen Jungtiere sind über ein Jahr alt und erreichen bereits die Körpergröße eines ausgewachsenen Geparden. Erfolgreich einen so großen Wurf durchzubringen, ist eher die Ausnahme, denn normalerweise überleben höchstens zwei bis drei Jungtiere.

Das Gepardenweibchen ist eine höchst fürsorgliche Mutter. Doch auch für eine perfekte Jägerin ist es fast unmöglich, den täglichen Bedarf an frischem Fleisch für sieben Geparde zu decken. Es ist nun an der Zeit, ihre Jagdpraktiken an die unerfahrenen Geparde weiterzugeben. Nur die Kenntnis über den Ablauf eines Beutefangs sichert den Jungtieren künftig das Überleben in den Ebenen des Nationalparks. Für die sechs Jungtiere beginnt ein mühevoller und

Linke Seite:
Geparde sind die schnellsten Landtiere der Erde. In Namibia gibt es noch 3000 der gefleckten Sprinter, mehr als irgendwo sonst in Afrika.

Geparde sind Hetzjäger: Sie pirschen sich etwa 100 Meter an die Beute heran, sprinten ihr nach und schlagen sie mit den Vorderpfoten nieder.

anstrengender Lernprozeß, denn für eine erfolgreiche Jagd ist neben Instinkt und Können auch höchste Geschicklichkeit erforderlich.

Um die hungrigen Jungtiere ausreichend zu füttern, muß das Gepardenweibchen jede Möglichkeit zur Jagd nützen. Ein Beutezug, der Erfolg haben soll, beginnt mit dem vorsichtigen Anpirschen an das Opfer. Ganz langsam nähert sich die gefleckte Jägerin ihrer Beute. Interessiert beobachten die Jungtiere, wie sich der Abstand zwischen dem Springbock und ihrer Mutter immer weiter verringert. Doch einer der neugierigen Zuseher verrät durch eine ungeduldige Bewegung die gute Tarnung. Augenblicklich verfolgt das Weibchen die aufgeschreckte Beute. Bei ihren Sprints erreichen Geparde Spitzengeschwindigkeiten von bis zu 110 Kilometer pro Stunde.

Die Jungtiere verfolgen aus sicherer Entfernung den blitzschnellen Angriff. Wegen der unglaublichen Beschleunigung, mit der Geparde auf ihre Beute losschießen, können sie Wildtiere überrumpeln, die bedeutend größer sind als sie selbst. Nachdem die Jägerin ihren eigenen Hunger gestillt hat, überläßt sie die restliche Beute ihrem Nachwuchs. Während die Jungtiere das frische Fleisch schnell hinunterschlingen, beschützt das wachsame Weibchen den Kadaver vor hungrigen Futterdieben. Die Nähe von Giraffen bietet den Geparden zusätzlichen Schutz. Die hochgewachsenen Tiere überblicken die Landschaft und warnen ihre Herde rechtzeitig vor anschleichenden Räubern. Davon profitieren auch die Geparde und haben diesmal Glück, denn niemand macht ihnen die Mahlzeit streitig.

Sicherheit beruhigt und verleitet zu einem Mittagsschlaf. Im hohen Gras erholen sie sich von den anstrengenden Jagdlektionen. Für die sechs Jungtiere bedeutet die ständige Anwesenheit des Weibchens Wärme und Geborgenheit. Spielerisch suchen die Geschwister immer wieder ihre Nähe und vertiefen die sozialen Kontakte untereinander. Doch diese Zeit in der Obhut ihrer Mutter ist nicht mehr von langer Dauer. Die Anstrengung der täglichen Futterbeschaffung für sieben Geparde übersteigt die Kräfte des Weibchens zusehends. Die Jungtiere sind nun bereits erwachsen und müssen lernen, sich den Gefahren und Anforderungen der Wildnis zu stellen. Gepardenweibchen erreichen durchschnittlich ein Alter von acht Jahren und bringen im Laufe ihres Lebens mehrmals Junge zur Welt. Die Trennung von diesem Wurf ist längst überfällig, und im Schutz der Dunkelheit schleicht das Gepardenweibchen davon und verschwindet in den Savannen des Etoscha-Nationalparks.

Erst in der Morgendämmerung bemerken die Jungtiere das Fehlen des Weibchens. Angestrengt lauschen sie auf ein Lebenszeichen von ihr. Mit schrillen Schreien versuchen sie, die Aufmerksamkeit des Muttertieres auf sich zu lenken. Doch ihre verzweifelten Bemühungen sind vergebens. Ihre unablässigen Rufe bleiben unbeachtet, denn das Weibchen wird diesmal nicht mehr zu seinen Jungen zurückkehren. Im geknickten Gras, dem letzten Rastplatz der Mutter, versuchen sie, eine Witterung von ihr aufzunehmen. Nur so können sie ihre Spur verfolgen. Für die zurückgelassenen Geparde beginnt mit dem Verschwinden ihrer Mutter ein neuer Lebensabschnitt, denn nun müssen sich die Geschwister allein im Etoscha-Nationalpark behaupten.

Gepardenweibchen sind Einzelgänger und leben jeweils nur mit ihrem eigenen Nachwuchs zusammen.

Doch sie haben zumindest einen Vorteil: Sie leben in einem Naturreservat, während im Süden Namibias die Geparde ständig mit der Nähe des Menschen konfrontiert sind. Die weiten Ebenen sind landwirtschaftlich genützt, und unzählige Farmen bedecken das Land. Die ausgedehnten Weideflächen für die Viehzucht beschneiden immer mehr den natürlichen Lebensraum der Geparde. Trotzdem leben hier 90 Prozent der Geparde Namibias. Doch die scheuen Großkatzen durchstreifen diese bewirtschafteten Gebiete nur mit äußerster Vorsicht. Die Farmer, die mit der Viehzucht lediglich einen geringen Profit erwirtschaften, sehen die Geparde vor allem als Konkurrenten. Jeder mögliche Viehdieb wird für die Züchter zur existentiellen Bedrohung. Der Verlust nur eines einzigen Tieres kann den Gewinn der Farmer bereits empfindlich schmälern. Mit allen Mitteln versuchen sie, ihre Herden vor den Räubern zu schützen. Erbarmungslos werden die Großkatzen getötet oder von den Farmen vertrieben. So werden die perfekten Jäger selbst zur bedrohten Tierart.

Vorsichtig schlüpft ein Gepardenweibchen durch den Grenzzaun zwischen den einzelnen Farmen. Auf seinen Streifzügen muß es stets auf der Hut sein, um nicht von einem der Viehzüchter entdeckt zu werden. Selbst das Aufspüren einer Wasserstelle kann für die scheue Großkatze gefährlich werden. Um an die lebenswichtige Flüssigkeit zu gelangen, muß sie ihre Deckung aufgeben und das dichte Unterholz verlassen. Natürliche Wasserstellen sind auf dem Farmland höchst selten. Doch Viehtränken sind häufig zu finden. Auch die Rinder kommen an die Tränke, um ihren Durst zu stillen. Vor allem die Kälber erregen die Aufmerksamkeit des Gepardenweibchens. Junge Rinder sind zwar keinesfalls die bevorzugte Nahrung eines Geparden, doch das Weibchen ist hungrig.

Junge Geparden beim Jagdtraining an einem Gazellenkitz.

Für die Kälber ist die gefleckte Jägerin jedoch keine ernste Bedrohung. Hinter dem dichten Maschengeflecht des Zaunes weiden sie in völliger Sicherheit. Ihr passives Fluchtverhalten bewahrt die Rinder zusätzlich davor, von einem Geparden gerissen zu werden. Der Gepard hetzt seine Opfer normalerweise bis zur völligen Erschöpfung, erst dann tötet er sie. Zuchtvieh läuft im Gegensatz zu Wildtieren nicht um sein Leben und ist somit keine typische Beute für den gefleckten Jäger. Der Gepard bevorzugt schnelle Tiere wie Springböcke, Zebras oder Impalas. Auch Kudus sind auf den Farmen sehr häufig anzutreffen. Oft kreuzen diese scheuen Tiere die Routen der Geparde und werden so zu ihrer Beute.

Durch ihre Schnelligkeit können Geparde auch Kuduantilopen schlagen – Tiere, die viel größer sind als sie selbst.

In den heißen Salzsteppen des Etoscha-Nationalparks warten die Wildtiere sehnsüchtig auf den längst fälligen Niederschlag. Doch dieses Jahr scheint sich die Regenzeit um viele Tage zu verspäten. Die sechs Jungtiere verfolgen noch immer die Spuren ihres Muttertieres. Für Geparde sind einzeln stehende Bäume nicht nur beliebte Schlafplätze. Sie dienen auch zur Orientierung und als Reviergrenze. Der Stamm und die einzelnen Äste werden von jedem vorbeikommenden Geparden mit seinem persönlichen Duftsekret markiert. Falls das Muttertier den Baum passiert hat, müßten die sechs Jungtiere ein Anzeichen dafür finden. Doch sie finden keinerlei Spuren. Nach dieser weiteren Enttäuschung beenden sie die Suche. Sie wenden sich lebenswichtigeren Dingen zu. Seit drei Tagen haben sie nun nichts mehr gefressen, und der Hunger wird immer quälender.

Ausgewachsene Zebras sind höchst wehrhafte Tiere, nur schwache oder junge Zebras können ohne Gefahr von Geparden gerissen werden. Instinktiv würde ein erfahrener Jäger die massigen Zebras meiden. Doch einer der sechs Geparde kann der Verlockung auf Frischfleisch nicht widerstehen und läuft zielsicher auf ein besonders großes Tier los. Das vermeintliche Opfer entkommt ohne besondere Anstrengung dem voreiligen Sprinter. Jeder mißglückte Versuch ist nicht nur eine herbe Enttäuschung, er kostet den Angreifer auch wertvolle Energie. Erst eine vorbeiziehende Herde von Oryx-Antilopen reizt erneut den Jagdinstinkt der Geparde. Im Gegensatz zu den erwachsenen Spießböcken sind die wehrlosen Kälber eine leichte Beute.

Die sechs Geparde spähen aufmerksam auf jede Bewegung der einzelnen Tiere. Langsam und mit höchster

Eine Oryx-Antilope mit Nachwuchs – Geparde meiden erwachsene Spießböcke. Nur den Kälbern droht von den gefleckten Sprintern Gefahr.

Vorsicht nähern sie sich der Herde. Verdeckt durch das hohe Gras schleichen sie sich geduckt an ihre Opfer an. Doch die Spießböcke sind nicht leicht zu überraschen und reagieren auf einen Angriff äußerst wehrhaft. Ein gezielter Gegenschlag der Oryx-Antilopen drängt die Jäger in die Defensive. Die langen spitzen Hörner der erwachsenen Spießböcke sind nicht nur ein prachtvoller Kopfschmuck, sondern vor allem eine ernstzunehmende Waffe. Mit ihren Körpern bilden einige der Tiere einen Schutzwall um das hilflose Kalb. Damit nehmen sie den Geparden die gute Sicht auf das Jungtier und verhindern einen weiteren Angriff. Abgeschirmt durch die Herde ist das Kalb nun in völliger Sicherheit. Für die Geparde ist diese Jagd ein eindeutiger Fehlschlag. Mit Drohgebärden drängen die Oryx-Antilopen die gefleckten Jäger immer weiter zurück und treiben sie schließlich zur Flucht.

Vorhergehende Doppelseite: ***Geparde stillen ihren Durst aus kleinen Tümpeln. Die großen Wasserstellen meiden sie, da sich in ihrer Nähe oft die Reviere der Löwen befinden.***

Ohne nahrhaftes Futter können sich erschöpfte Geparde nicht regenerieren. Mit dem Beginn der Regenzeit wandern jedoch jedes Jahr riesige Wildtierherden in die fruchtbaren Grassteppen des Etoscha-Nationalparks. Nur die damit verbundene Aussicht auf leichte Beute verspricht für die Geparde eine Änderung ihrer bedrohlichen Lage. Vereinzelte Regenschauer kündigen im Süden von Namibia bereits den Wechsel der Jahreszeit an. Das Wasser wird dringend benötigt und in den Reservoirs der Viehfarmen gesammelt.

Das Gepardenweibchen durchquert nur widerwillig die Wiesen am Ufer der Wasserstelle. Der Regen hat den Boden in Schlamm verwandelt, der an den Beinen der Großkatze in Klumpen haften bleibt. Alle Katzen sind ausgesprochen reinliche Tiere, Geparden machen da keine

Junge Geparde beim Herumbalgen – im Spiel erproben sie ihre Kräfte.

Ausnahme. Einige Tage zuvor entdeckten die Viehhüter zwei getötete Rinder. Nicht weit davon entfernt fanden sie die Spuren eines umherstreifenden Geparden. Obwohl auch andere Räuber Zuchtvieh reißen, steht für die Viehhüter der Schuldige bereits fest. Unter einem der Bäume montieren sie einen Gitterkäfig. Da das Gepardenweibchen regelmäßig seine Markierung auf dem Baum erneuert, ist es nur eine Frage der Zeit, wann die Falltüre hinter der Jägerin zuschnappt. Auf diese Weise gehen jährlich Hunderte Geparde in die Falle.

Dunkle Wolkenbänke kündigen im Etoscha-Nationalpark die längst fällige Regenzeit an. Nach der langen Trockenzeit genießen die Geparde den Schatten der dichten Bewölkung. Vor zwölf Millionen Jahren befand sich an der heutigen Stelle des Etoscha-Nationalparks ein Salzsee. Ein Flußlauf verband das stehende Gewässer mit dem übrigen Land. Erst als dieser Zufluß versickerte, verwandelte sich der See in eine steppenartige Salzpfanne. Die Regenzeit dauert etwa vier Monate. In diesem Zeitraum ändert die Steppenlandschaft ihr Aussehen. Nach den starken Regenfällen sind die flachen Ebenen überall mit Wasser bedeckt. Die einzelnen Tümpel locken ganze Scharen von Vögeln an. Tausende Blutschnabelweber sammeln sich in gewaltigen Schwärmen und ziehen von einer Wasserstelle zur nächsten. Wenn sie mit lautem Gezwitscher an den Tränken einfallen, verdunkelt sich für kurze Zeit der Himmel über der Wasserstelle. Die Blutschnabelweber agieren wie Heuschrecken. Zu bestimmten Zeiten beginnen sie zu schwärmen. Doch dies passiert nur in einer Saison mit reichem Wasserangebot, ungefähr einmal in fünf Jahren.

Die Geparde beobachten die anderen Wildtiere aus sicherer Entfernung. Um die großen Wasserstellen liegen meist die Reviere der Löwen. Geparde umgehen diese gefährlichen Gebiete und stillen ihren Durst in kleinen Tümpeln. Geparde können ohne zu trinken mehrere Wochen überleben. Den notwendigen Flüssigkeitsbedarf decken sie aus ihrer Nahrung. Viel dringender benötigen sie frisches Fleisch. Angespannt warten die Jungtiere auf das Auftauchen der großen Herden, die auf ihren Wanderungen auch den Etoscha-Nationalpark durchqueren.

Für das in der Käfigfalle gefangene Gepardenweibchen nähert sich Hilfe der ganz besonderen Art. Eine Tierschutzorganisation erhielt einen anonymen Hinweis auf den Standort des Käfigs. Möglicherweise hatte einer der Viehzüchter Mitleid mit dem eingeschlossenen Tier. Lise Hanssen holte bereits mehr als 300 Geparde aus ähnlichen Fallen. Um das Tier aus dem Käfig zu befreien, muß es zuerst betäubt werden. Als Injektionsträger benutzt Lise einen Betäubungspfeil. Die Gefangenschaft dauerte sicherlich mehrere Tage. In diesem Zeitraum gab es für das Weibchen weder Wasser noch Nahrung. Völlig erschöpft und am Ende seiner Kräfte hat es überlebt. Ein Großteil der eingeschlossenen Geparde wird jedoch zu spät entdeckt oder direkt in den Fallen erschossen.

Erst wenn das Tier vollkommen betäubt ist, öffnet Lise Hanssen die Falltüre des Käfigs. So behutsam wie nur möglich zieht Lise die 50 Kilo schwere Großkatze aus der Gitterbox und trägt sie anschließend zu ihrem Wagen. Lises hohe Erfolgsrate bei der Befreiung der gefährdeten Räuber ist der Lohn einer mühevollen Aufklärungsarbeit. Ihre Tierschutzorganisation »Africat« steht in engem Kontakt mit der Viehzüchtervereinigung und bemüht sich unablässig um Verständnis für das Verhalten der Geparde. Doch auf jedes gerettete kommen noch immer fünf getötete Tiere.

Lise Hanssen bringt die befreiten Geparden auf ihrem eigenen Land in Sicherheit. Die Farm Okonjima beherbergt eine auf Großkatzen spezialisierte Tierschutzstation. Die erste und schwierigste Aufgabe ist es, das völlig verschreckte Tier wieder zur Nahrungsaufnahme zu animieren. Geparde fressen hauptsächlich frisch geschlagene Beute, Aas nur im äußersten Notfall. »Geparde sind extrem scheue Tiere«, weiß Lise Hanssen, »schon die wenigen Handgriffe, um sie zu füttern oder ihr Wasser zu wechseln, können sie in Panik versetzen. Dann flüchten sie völlig orientierungslos, laufen gegen die Zäune und verletzen sich an Gegenständen, die im Gehege herumliegen. Es dauert etwa zwei Wochen, bis sie ruhiger werden und sich an die neue Umgebung gewöhnen.« Erst als Lise das Gehege verläßt, nähert sich das Gepardenweibchen dem Futtertopf.

Lise Hanssen gründete die Tierschutzorganisation »Africat« 1992. Anfangs kümmerte sie sich hauptsächlich um Geparde, die von den Viehfarmen vertrieben wurden. Sie waren auf der Farm ihre ersten Schützlinge. Später kamen zu den teils schwer verletzten Tieren auch verwaiste Gepardenbabys hinzu. Heute tummeln sich über 40 in ihren Gehegen. Während bei den gesunden Tieren die Hoffnung besteht, sie wieder an die Wildnis zu gewöhnen, haben die verkrüppelten Geparde auf Lises Farm eine neue Heimat gefunden. Doch Lises Arbeit beschränkt

Linke Seite:
Geparde erreichen bei der Jagd bis zu 110 Kilometer pro Stunde, sie halten dieses Tempo aber nur höchstens 500 Meter durch.

sich nicht nur auf die Rettung einzelner Tiere. Ihre Ambitionen sind viel weitsichtiger. Sie benutzt ihr großes Wissen über Geparde, um mit viel Einfühlungsvermögen zwischen ihren Schützlingen und den Viehzüchtern zu vermitteln.

Auf den Ebenen des Etoscha-Nationalparks weiden riesige Herden von Springböcken. Ihre Anwesenheit ist eng mit den heftigen Niederschlägen der letzten Monate verbunden. Die Tiere folgen dem Regen, der ihre Wanderungen stark beeinflußt. Doch nicht der Regen selbst, sondern die fruchtbaren Wiesen danach sind ausschlaggebend für das plötzliche Auftauchen der Herden. Nun finden sie genügend Futter für die Aufzucht ihrer neugeborenen Kälber. Im Schatten eines Baumes liegen die Geparde auf der Lauer. Aus ihren früheren Mißerfolgen haben die Jungtiere vor allem eines gelernt: Ein perfekter Jäger ist geduldig und läßt die Beute so nahe wie möglich herankommen. Erst dann sprintet er auf das Opfer los. Diesmal verläuft die Jagd ohne Fehler. Von allen Seiten kreisen sie das Springbockkalb ein.

Mit der Pfote hält einer der Geparde die zappelnde Beute am Boden fest. Das Kalb zu fangen, war relativ einfach, doch nun fehlt dem Jäger die nötige Erfahrung, um das Opfer zu töten. Er hofft, daß einer der anderen Geparde diese Aufgabe übernimmt. Seine Geschwister sind jedoch keine große Hilfe, denn sie sind ebenso unbeholfen wie er selbst. Normalerweise tötet ein Gepard seine Beute instinktiv mit einem einzigen Biß. Die sechs Jungtiere sind jedoch ungeübt und haben als Jäger noch vieles zu lernen. Im spielerischen Kampf um die frische Nahrung setzt eines der Tiere eher unbewußt den Todesbiß. Doch dies ist eine der wichtigsten Erfahrungen auf ihrem Weg zum perfekten Jäger. Denn nur ein zielsicherer Sprint und das Reißen der Beute sichert ihnen eine erfolgreiche Jagd und das weitere Überleben in der Wildnis.

Geparde töten ihre Beute mit einem Biß in die Kehle. Jungtiere lernen diese Technik von ihrer Mutter.

Doch wie können Geparde, die in Gefangenschaft leben, wieder zum Verfolgen der Beute animiert werden? Um ihre Schützlinge wieder an die Jagd zu gewöhnen, installierte Lise Hanssen einen Beutesimulator. Ein Köder wird an einer Schnur befestigt und dann mit einer Geschwindigkeit von bis zu 80 Kilometern pro Stunde knapp über den Boden gezogen. »Die früh verwaisten Jungtiere«, erklärt Lise Hanssen, »haben keinerlei Ahnung von der Jagd, denn sie konnten ihrer Mutter dabei nie zusehen. Mit dem Beutesimulator wecken wir ihre Instinkte, und mit jedem Versuch werden sie bei der Jagd nach dem Köder besser. Nur durch diesen Beutesimulator ist es möglich, den gefangenen Tieren die gleichen Bedingungen wie in der Wildnis zu bieten.«

Es ist für Hanssen jedesmal wieder aufregend, ihre Schützlinge beim Training zu beobachten. Besonders amüsiert sie, daß diese Tiere, die normalerweise nur faul im Gehege herumstreifen, sich ganz plötzlich in hervorragende Sprinter verwandeln können. Das fortwährende Training am Beutesimulator fördert zwar den Jagdinstinkt der gefangenen Geparde. Doch sie werden noch Monate benötigen, um den Grad an Geschicklichkeit zu erreichen, der für freilebende Geparde eine natürliche Voraussetzung ist. Auch das gerettete Gepardenweibchen hat sich im Gehege gut eingelebt. Für ein Lauftraining am Simulator ist es jedoch noch viel zu wild. Durch Lises aufwendige Pflege hat sich die Großkatze nun vollständig erholt und könnte bald wieder in die Wildnis zurückkehren. In seinem angestammten Revier ist die Gefahr jedoch noch nicht beseitigt. Dort steht noch immer der Gitterkäfig. Lise Hanssen muß für das Weibchen eine andere Lösung finden.

Im Etoscha-Nationalpark setzen die sechs Geparde ihre Streifzüge fort. Neben ihren zunehmenden Erfolgen bei der Jagd gibt es nun auch andere Anzeichen dafür, daß sie erwachsen werden. Eines der drei Weibchen ist zum erstenmal paarungsbereit. Für die drei Männchen der Gruppe ist das ein faszinierendes Ereignis. Aufgeregt umkreisen sie das Weibchen. Die männlichen Jungtiere eines Wurfes schließen sich oft zu Jagdgemeinschaften zusammen. Erst wenn sie sich ein eigenes Revier erkämpft haben, trennen sie sich von ihren Brüdern. Spielerisch umwerben die Männchen ihre geschlechtsreife Schwester. Die übrigen Weibchen des Wurfes verfolgen interessiert das unbekannte Verhalten der Geschwister. Im Gegensatz zu den Männchen sind geschlechtsreife weibliche Geparde Einzelgänger.

Jedes geschlechtsreife Weibchen lernt als erstes, wie man sich erfolgreich gegen unliebsame Verehrer wehrt. Normalerweise paaren sich Geparde nie innerhalb eines Wurfes. Ihr Instinkt hält sie davon ab. Wie bei den ersten Jagdversuchen erleben die Männchen eine bittere Enttäu-

Die Organisation Africat hat sich u.a. auch der Rettung der Geparde verschrieben.

schung. Die Zurückweisung ihrer Annäherungsversuche ist jedoch für alle ein klares Signal. Für jedes der sechs Geschwister ist es nun an der Zeit, eigene Wege zu gehen. Ein letztes Mal kuscheln sich die Weibchen aneinander. Schon bald wird jede der drei allein die Wildnis auf der Suche nach einem Partner durchstreifen. Für die drei Männchen bleiben die engen Familienbande bestehen. Weiterhin werden sie gemeinsam ihrer Beute auflauern und als Team auf die Jagd gehen. Bei manchen Geparden hält diese Partnerschaft ein ganzes Leben. Auf ihren Streifzügen durch andere Reviere werden sie sich mit fremden Weibchen paaren und so für eigenen Nachwuchs sorgen. Für ihre Streifzüge werden sie ähnliche Routen wählen wie jene, die sie als Jungtiere auf den Wanderungen mit ihrer Mutter kennengelernt haben.

In einem anderen Teil des Etoscha-Nationalparks versorgt ihre Mutter bereits die nächste Generation Geparde. Im hohen Gras bewacht sie einen Wurf von fünf Jungtieren. Spielerisch fordern sie die Aufmerksamkeit der Mutter. In vier Monaten werden aber auch sie für ihre ersten Jagdlektionen groß genug sein. In den vergangenen 20 Jahren nahm die Gepardenpopulation im Etoscha-Nationalpark rapide ab. Heute kehrt sich der Trend um. Immer mehr Gepardenweibchen schaffen es, alle Jungen eines Wurfes großzuziehen. Die neugeborenen Jungtiere haben eine gute Chance, in den Ebenen des Etoscha-Nationalparks zu überleben.

Auch für das Gepardenweibchen im Reservat von Lise Hanssen gibt es neue Hoffnung. Die Tierschützerin fand einen geeigneten Platz für die Freilassung der eleganten Jägerin. Die schlechte wirtschaftliche Lage vieler Viehfarmen zwingt ihre Besitzer, alternative Wege bei der

Viele Geparde, die Lise Hanssen gesund gepflegt hat, finden in Wildtierreservaten, die auf Ökotourismus spezialisiert sind, ein neues Zuhause.

Nutzung des Farmlandes zu gehen. Einige hundert Kilometer von Okonjima entfernt fand Lise Hanssen ein jüngst gegründetes, auf sanften Tourismus spezialisiertes Wildreservat. Für die Teilnehmer der Safaris sind die Großkatzen stets die Hauptattraktion. Im Gegensatz zu den Viehhütern schießen die Touristen nur Bilder von den Tieren.

Im Alter von etwa 16 Monaten werden junge Geparde selbständig, bis dahin werden sie von der Mutter liebevoll umsorgt.

Die Geparde Namibias sind einer der größten Naturschätze Afrikas. Jahrelang verdrängte der Mensch die gefleckten Katzen aus ihren angestammten Revieren und brachte sie schließlich in vielen Gebieten an den Rand des Aussterbens. Erst die mühevolle Aufklärungsarbeit von Naturschutzorganisationen wie Lise Hanssens »Africat« brachte die Viehzüchter zum Umdenken. Heute ist die Zahl der Tiere wieder ansteigend, denn in vielen kleineren Reservaten stehen sie unter völligem Schutz. Nach langer Zeit gibt es nun wieder neue Hoffnung für die Geparde Namibias.

DIE GEPARDE NAMIBIAS

Eine Produktion von Tigress Production für BBC und Thirteen/WNET in Zusammenarbeit mit ORF

Buch: Linda Bell, Justine Kershaw, Simon Barnes; Regie: Linda Bell, Justine Kershaw;

deutsche Bearbeitung: Andrea Gastgeb

Zweites Kapitel

Edler Tropfen – Vom Werden des Weines

Der Wein heilte, tröstete und nährte die Menschen. Bis heute bleibt es ein ungelöstes Rätsel, wie sich Hunderte von Düften und Aromen zu einem harmonischen Ganzen zusammenfügen können. Ein Wunder der Natur, ein fruchtbares Zusammenspiel von Klima, Bodenbeschaffenheit und der Phantasie des Menschen. Die wertvollsten Reben der Welt wachsen zwischen dem 40. und 50. Breitengrad – in der Toskana, an der Mosel, bei Bordeaux und in Burgund. Und in Österreich. Das Werden des Weines ist ein jahrtausendealter Schöpfungsakt, ein Naturschauspiel mit einem kostbaren Höhepunkt.

Das oberste Gebot, das die Natur den Weinbauern mitgegeben hat, heißt Geduld. Die Genesis des Weines hat ihre eigenen jahrtausendealten Gesetze. Lange bevor der Rebensaft von der Wissenschaft in seine Bestandteile zerlegt wurde, war der Wein gleichsam ein Gott – ein kostbares, anbetungswürdiges Getränk. Manch Kultisches hat sich bis heute gehalten, die hölzerne Katze auf dem besten Faß etwa und natürlich geheimgehaltene Erfahrungen, die von Generation zu Generation weitervererbt werden: der Winzer als Bewahrer des Wissens rund um die uralte Kunst des Weinmachens.

Hoch über den Kellern fegt ein eisiger Wind über das Burgenland. Bis 25 Grad unter dem Gefrierpunkt verträgt die Rebe unbeschadet. Noch fließt kein Saftstrom durch das Gehölz, es ist Zeit für den Winterschnitt: Der Stock wird fachmännisch zurückgeschnitten, das Altholz entfernt. Schon jetzt werden die ersten Weichen für die nächste Ernte gestellt. Einige Wochen später klettert die Anzeige auf dem Thermometer über die Frostgrenze. Zum ersten Mal im Jahr wärmt die Sonne den Boden nicht nur an der Oberfläche, sie verwandelt die Natur rund um die österreichischen Weinbaugebiete in duftende, zart blühende Landschaften.

Von der Wachau bis hinüber in das Burgenland und auch in Wien, der einzigen Weltstadt mit bedeutendem Weinbau, bluten dann die Weinstöcke. Der Saft des Rebenholzes tritt glitzernd an den Schnittstellen aus, die erste Knospenschwellung wird sichtbar, der Stock ist erwacht. Noch sind die Knospen relativ klein, erst in den nächsten sonnigen Tagen wird das erste Grün zu erkennen sein. Immer wieder gefährden die Frühjahrsfröste das keimende

Linke Seite:
Zwischen dem 40. und 50. Breitengrad gedeihen die wertvollsten Reben – so auch in Österreich.

Die Genesis des Weins: von der »blutenden« Rebe über die Knospe ...

Leben. Doch die Natur hat vorgesorgt und schützt die Knospen mit einer isolierenden Wollschicht, die sich wie eine Mütze um den Austrieb gelegt hat. Nach einigen Tagen beginnt sich die Knospe zu strecken, langsam öffnet sie sich, und die ersten Blätter sind zu erkennen. Im Inneren der verschränkten Blattformationen entstehen die Blütenstände der Reben, die sogenannten »Gescheine« beginnen langsam zu wachsen. In den nächsten Monaten wird die Rebpflanze schnell an Höhe gewinnen und bei günstigen klimatischen Verhältnissen über zwei Meter wachsen.

Weltweit sind 15.000 Rebsorten bekannt, aber nur rund fünf werden in nennenswertem Ausmaß kultiviert. Im 19. Jahrhundert stand der gesamte Weinbau kurz vor der totalen Vernichtung, allein in Österreich fielen über 50 Prozent der Anbauflächen einem Schädling zum Opfer, der, aus Amerika eingeschleppt, einen Vernichtungsfeldzug durch fast alle europäischen Weinbaugebiete führte. Heute sind die sagenumwobenen Rebläuse nur mehr selten zu finden. Mit Glück kann man Ende August kleine Ausstülpungen an wilden Reben erkennen, in denen sich eine Laus mit ihrem Nachwuchs verbirgt. Auch im erwachsenen Stadium werden sie keinerlei Interesse an den Trauben haben, sie schädigen vor allem die Wurzeln so nachhaltig, daß seinerzeit kaum ein Weinstock überlebte. Rettung brachten erst die resistenten Reben aus den Vereinigten Staaten.

Schon im Vorjahr haben die Winzer auf die amerikanischen Unterlagen heimische Sorten aufgepfropft, nun werden die Stöcke zum Schutz in Rebwachs getaucht und ausgesetzt. Aus diesen, nicht einmal 20 Zentimeter großen Reben wird man in drei Jahren Wein gewinnen. Natur und Winzer haben in diesem einzigartigen Schauspiel verteilte Rollen. Hier die Naturgewalten, auf der anderen Seite der Mensch, der nur am Rande mitbestimmt, bestenfalls ausgleichend eingreifen kann. Der Boden, auf dem die Rebe wurzeln soll, ist dabei von ganz besonderer Bedeutung. Auf fettem Untergrund kann niemals wertvoller Wein gedeihen. Solche Reben verhalten sich ähnlich einem verwöhnten Kind. Es entwickelt sich ein überladenes dickes Wurzelwerk, die übergroßen Blätter hüllen alles in Schatten und ersticken die Frucht. Das Ergebnis schmeckt schwach und fahl, dem Wein fehlt es an Ausdruck und Charakter. Ende

Februar wird daher die Scholle bearbeitet. Noch immer ist das Pflügen der eigenen Erde für viele Bauern und Winzer ein überaus gefühlsbetonter Vorgang, der einen neuen Anfang symbolisiert.

Die steilen Urgesteinsterrassen in der Wachau sind nun schon von zartem Grün überzogen, doch jeder Beginn birgt auch ein Ende in sich. Die alten Stöcke, die manchmal bis zu 50 Jahre Trauben getragen haben, werden endgültig entfernt. Der herbe Duft brennender Rebstöcke umweht zu dieser Zeit auch die Ufer des Neusiedler Sees. Früher hat man auf diese Weise versucht, die Stöcke vor den gefürchteten Frühjahrsfrösten zu schützen, heute werden durch das Feuer holzzerstörende Pilze und überwinternde Schädlinge vernichtet.

Die Sonne gewinnt nun zunehmend an Kraft, und überall in den österreichischen Weinbaugebieten beginnen die Ranken mit kreisenden Bewegungen nach Halt zu suchen. Die Weinrebe ist eine Kletterpflanze, in ihrer Wildform eng verschlungen und doch in Konkurrenz mit anderen Pflanzen und Bäumen. Keine andere Pflanze hat so lange Wurzeln. Sie können bis zu 20 Meter tief in den Boden eindringen, um den Stock mit dem lebensnotwendigen Wasser zu versorgen. Die Reben werden aufgebunden, je mehr Sonne das Holz, die jungen Sprossen und Triebe bekommen, desto besser fruchtet der Stock. Und auch der Boden muß immer wieder bearbeitet werden, die Flächen zwischen den Stöcken werden von Unkraut und anderen konkurrierenden Pflanzen befreit. Von dieser Arbeit zeugt der Begriff »Weinhauer«.

Der Wein wird nun in Form gebracht. Ist der schattenspendende Blattwuchs zu üppig, wird zurückgeschnitten, aber vorsichtig, denn in der Nacht scheiden die Blätter eines Rebstockes bis zu 1,5 Liter Wasser aus, wodurch das empfindliche Mikroklima des Weinberges reguliert wird. Tagsüber wären Niederschläge jetzt besonders ungünstig, die Weinblüte beginnt. Die zarten Narbentropfen glitzern im Licht, die ganze schlichte Schönheit der Weinberge kommt erstmals zum Tragen. Erholungsuchende Menschen strömen hinaus in die Riede, die Genesis der Rebe wird nur am Rande wahrgenommen. In erster Linie werden die ausgereiften Produkte der Rebstöcke verkostet.

... zum blühenden »Gescheine« bis zur fertigen, vollreifen Traube.

Ein »Klapotetz« wacht über die kostbaren Reben der Südsteiermark.

Viele der heimischen Rebstöcke werden künstlich unter Streß gehalten, man hat sie eng aneinander gesetzt und so die Nahrungskonkurrenz vergrößert. Das Ergebnis ist schärferer Wettbewerb und höhere Qualität, denn wie eine gute Mutter versorgt die Rebe erst ihre Kinder und dann sich selbst. Die Trauben werden besser. Streß für die Weinstöcke gibt es auch sonst genug, denn die Rebe hat unzählige Feinde. Der Hauptschädling ist heute der Heuwurm, die Raupe des Traubenwicklers. Nach dreiwöchiger Fraßtätigkeit verpuppt sie sich in einem Weinblatt. Nach weiteren zwei Wochen schlüpft die Motte. In den Rieden werden nun Klebefallen mit den Sexuallockstoffen der Weibchen angebracht, eine Auszählung läßt Rückschlüsse auf den zu erwartenden Befall der nächsten Generation zu, der Einsatz von Pestiziden kann so drastisch eingeschränkt werden.

Wird nicht gespritzt, legen die Motten Eier, aus denen nach fünf bis sechs Tagen der gefürchtete Sauerwurm schlüpft. Winzige Einbohrlöcher zerstören die schützende Hülle, die Traube verfault langsam. Aber nicht nur auf dem Boden lauern verschiedenste Gefahren, die nächste ernste Bedrohung kommt aus der Luft. Hagel kündigt sich an. Doch bevor sich die vernichtenden Gewitter entladen, machen sich Hagelflieger auf den Weg. Ein einsames Flugzeug im Kampf gegen die Naturgewalten – Silberjodid wird in die Wolke geblasen und verhindert die Bildung von Hagelkörnern.

Der Weinbau hat Tradition in unserem Land, die Reben haben ganze Kulturlandschaften nachhaltig geprägt und den Bewohnern dieser einzigartigen Landstriche zu Selbstbewußtsein verholfen. Hinter all dem Brauchtum und der Kultur steckt aber immer auch ein Nutzen, ein funktioneller Ursprung, ohne den alles Brauchtum als nutzloses Touristenschauspiel entkleidet würde. Dazu gehört auch der »Klapotetz«. So heißt der hölzerne Weinwächter, der als steirische Variante der Vogelscheuche in den Weinbaugebieten der grünen Mark zum Schutz der Trauben aufgestellt wird. Denn auf der einen Seite schützt der Winzer jetzt seine heranreifenden Trauben zwar, auf der anderen Seite wird er nun aber einen beträchtlichen Teil der gesunden Beeren abschneiden und vernichten. Es gibt nur ein Gesetz im Weinbau, das auf der ganzen Welt gleichermaßen gilt: Je weniger Trauben die Rebe trägt, desto größer ist später der Genuß.

Folgende Doppelseite: **_Morgendunst liegt über den Weingärten des Pulkautales._**

Nicht nur die Rebflächen sind Zeugen jahrtausendealter Tradition im Umgang mit der Natur, tief eingegraben in das Kremstal sind die alten Hohlwege für viele seltene Tierarten zu allerletzten Rückzugsräumen geworden. In den windgeschützten Wärmeinseln aus Löß lassen sich noch seltene Insekten mediterranen Ursprungs finden. Ein gewohnter Anblick für jeden Weinhauer ist die Gottesanbeterin, die in den Lößwänden und Rebstöcken nach Heuschecken und anderen Insekten sucht. Oft wartet sie auf ihre Opfer, indem sie sich in den Trauben versteckt. Diese sind nun schon weiter gereift und haben merklich an Süße gewonnen. Schon zuvor hat man die langen Triebe zurückgeschnitten, um dieses kräfteraubende Wachstum der Triebspitzen zu unterbinden und alle Energie der Traube zuzuführen. Das sogenannte »Gipfeln« mit der Sichel hat lange Tradition. Vieles im Weinbau ist Überlieferung, der Umgang mit der Rebe und natürlich die alten Geschichten von Weingeistern und Drachen, die tief unten im

Die sommerlichen Riede des Kamptals.

Rechte Seite: ***Blick in einen alten, von Eichenfässern dominierten Weinkeller.***

Keller ihr Unwesen treiben. Dazu tragen in der Wachau die kleinen Smaragdeidechsen bei, die sich gerne auf den Kellerentlüftungen wärmen. Immer wieder finden sich Exemplare im Weinkeller, mancher Winzer sieht dann düstere Schatten, die über die Faßdauben fegen, der regen Phantasie sind keine Grenzen gesetzt. So haben einige Kellermärchen zumindest ansatzweise einen durchaus realen Hintergrund.

In jedem Weinkeller finden sich Fässer, und es gibt nicht mehr viele, die sie herstellen können. Bis heute ist das Holzfaß einer der wichtigsten Behälter für die Reifung des Weines. Seit Hunderten von Jahren werden die Faßdauben von Menschen nach der gleichen Methode zusammengefügt. Jeder Faßbinder schwört auf sein Holz, üblicherweise werden ältere Bestände aus heimischen Eichenwäldern verarbeitet. Jedes Faß gibt während der Lagerung Stoffe ab, die den Geschmack des Weines nachhaltig prägen, im Laufe der Jahre werden diese Tannine immer weniger, und irgendwann einmal ist das Faß nahezu geschmacksneutral.

Weltweit sind 15.000 Rebsorten bekannt, aber nur fünf werden in nennenswertem Ausmaß kultiviert.

Das ewige Wechselspiel von Hitze und Kälte hat nun die Traubenverfärbung eingeleitet. Erst wenn die Nächte kühler werden, verändern die Rotweintrauben ihre Farben. Von außen nach innen wird die Beere langsam rot. Nun ist die Sonneneinstrahlung von größter Bedeutung, die Zuckereinlagerung hat begonnen. In zwei bis drei Wochen werden die Beeren ihre Vollreife erreicht haben, für dieses Jahr haben die Rebwurzeln den Großteil ihrer Arbeit bereits hinter sich. Aus den Tiefen der Erde wurden mineralische Stoffe nach oben in die Beeren befördert.

Während sich unter der Erde Feldmäuse über die Weinwurzeln hermachen, sind auch die Früchte oben im ersten Stock ein begehrtes Ziel für die verschiedenen Bewohner der Weingärten. Wespen begeistern sich vorrangig für die in den Beeren eingelagerten Zuckerstoffe. Das menschliche Geruchssensorium ist glücklicherweise wesentlich diffiziler. Wir können 2000 bis 4000 verschiedene Gerüche unterscheiden. Die meisten Geschmacksknospen auf der Zunge haben Neugeborene, die wenigsten Greise. Aber auch ältere Menschen können über ein hervorragendes Geschmackssensorium verfügen. Das Zauberwort beim Kosten heißt Erfahrung. In erster Linie ist der Geruch entscheidend, der Duft des Weines kann wesentlich besser wahrgenommen werden als der Geschmack. Auch wenn der Wein bei der Verkostung getrunken wird und durch den Hals abfließt, gelangt sein Duft durch die Nasengänge an die Nasenschleimhaut. Der Mensch vermutet zu schmecken, was er in Wahrheit riecht.

Draußen in den Rieden des Kremstales beginnt es langsam immer kühler zu werden. In den letzten wärmeren Nächten des Jahres setzt ein Insekt all seine Kraft in die lautstarke Brautwerbung. Fast jeder hat schon einmal ein Weinhähnchen gehört, die wenigsten aber haben diese nachtaktive Grillenart zu Gesicht bekommen. Weinhähnchen ernähren sich in erster Linie von pflanzlichen Materialien, aber auch kleine Insekten und vor allem Blattläuse werden nicht ver-

Der Alptraum der Weinbauern am Neusiedler See – Scharen von Staren.

schmäht. Der Werbegesang der Männchen ist im Spätsommer in fast allen österreichischen Weinbaugebieten zu hören. Die mit Schrilladern und Resonanzflächen ausgestatteten Vorderflügel der Männchen werden aneinandergerieben und erzeugen das charakteristische Geräusch.

Trotz verschiedenster Schutzmaßnahmen steht den Weinhauern noch eine große Prüfung bevor. Die vielleicht gefährlichsten Feinde der fast reifen Früchte rotten sich, aus Rußland und Polen kommend, rund um die Rebflächen zusammen: Die Stare sind da. Die riesigen Starschwärme kommen erst seit den fünfziger Jahren in den burgenländischen Seewinkel. Damals hat man die alten Hutweiden in Rebflächen verwandelt, mit dem Angebot stieg auch die Nachfrage. Der Winzer muß sich also zur Wehr setzen, nicht die Vernichtung ist das Ziel, sondern die Vertreibung. Die Retter sind wagemutige Piloten in kleinen fliegenden Kisten, die legendären »Star-Fighter«. Die Flugzeuge werden als Greifvögel wahrgenommen, die versuchen, einzelne Tiere vom Schwarm abzusprengen. Um dies zu verhindern, fliegt der Schwarm in geschlossener Formation, der Stoßpulkeffekt soll den Angreifer verwirren. Bis zu 50.000 Tiere fliegen in einem Schwarm. Die Stare fressen durch die »Star-Fighter« keine einzige Weintraube weniger, sie müssen sich nur immer wieder neue Quellen suchen. Das Beruhigende für den Weinhauer unten auf der Erde: Der Starschaden wird gleichmäßig verteilt, jeder hat etwas davon. Wird das Nahrungsangebot zu gering, ziehen die Stare weiter nach Spanien. Dort werden sie überwintern, reife Oliven ersetzen dann die Weinbeeren als willkommene Futterquelle.

Wenn der Herbst ins Land gezogen ist, werden überall die ersten Trauben reif. In den Weinorten und Kellergassen rund um die österreichischen Rebflächen rüstet man in aller Ruhe für den Höhepunkt des Weinjahres. Noch ist es nicht soweit, aber bald kann mit der Lese begonnen werden. Wärme und Licht führen zu einer ständig steigenden Ansammlung von Zucker in den Beeren. Ein Teil davon wird in der Nacht, wenn es dunkel wird, von der Rebe wieder abgebaut. Tagsüber muß dieser Verlust dann ersetzt werden. Wenn die tägliche Neuproduktion an Zucker geringer ausfällt als die nächtlichen Verluste, ist es soweit: Die Beeren haben ihre Vollreife erreicht. Aber nicht immer wartet der Winzer bis zur Vollreife. Manche Weißweine sollen einen Säureton behalten, die Trauben werden vor der Vollreife gelesen, andere werden bewußt lange am Rebstock behalten, um so süße Beerenauslesen zu produzieren. Mit der Rebschere werden die Trauben abgeschnitten, faule Beeren müssen ausgeschieden werden, das Lesegut soll möglichst rasch zur Kelterung gebracht werden.

In den wenigsten österreichischen Weinbaugebieten zwischen Kamptal und der steirischen Weinstraße werden Maschinen für die Lese eingesetzt. Zu unwegsam ist das Gelände, viele Riede liegen zu steil. So bleibt die Traubenernte wie schon seit Tausenden Jahren mühsame Handarbeit. Um zu verhindern, daß der Saft des grünen Veltliners vor der Pressung zu gären beginnt, werden die Trauben nach Möglichkeit sofort nach der Lese zur Verarbeitung gebracht. In einigen Stunden wird der Winzer dann zum ersten Mal das vorläufige Produkt seiner langen Arbeit, den Traubensaft, verkosten können.

Weinlese in der Wachau.

Zuerst werden die Trauben von den Stielen und Stengeln getrennt, die bitteren Inhaltsstoffe der holzigen Teile könnten sonst in den Saft übergehen und den Geschmack des späteren Weines äußerst negativ beeinflussen. Nach dem Abbeeren wird die Maische in den Preßkorb gefüllt, allein durch das Eigengewicht der Beeren fließt der erste Teil der kostbaren Flüssigkeit, der Seihmost, ab. Der Druck wird kontinuierlich erhöht, die Konsistenz der Flüssigkeit verändert sich, der Most wird mit fortlaufender Pressung immer klarer. Von den jahrhundertealten hölzernen Weinpressen gibt es heute nicht mehr allzu viele. Immer öfter kommen hydraulische Maschinen zum Einsatz, und irgendwann einmal werden auch die letzten Baumkelter von vollautomatischen chromblitzenden Horizontalpressen ersetzt werden. Ein Stück historischer Geschichte des Weinbaues wird dann zwar der Vergangenheit angehören, aber am Geschmack und der schonenden Vergärung ändert sich dadurch letztendlich überhaupt nichts.

Nach dem Fertigpressen kommt der Most dann ins Stahl- oder Holzfaß, die Gärung kann beginnen. Von Zucker lebende Hefepilze, die sich in geringen Mengen auf der Beerenhaut festgesetzt haben und nur durch manche verletzte Schale an Nahrung gelangten, befinden sich plötzlich im Schlaraffenland. Durch das riesige Nahrungsangebot vermehren sie sich immer schneller und verwandeln den Zucker in Alkohol. Die Gärung hat begonnen. Im Faß wirbeln Trübteile durcheinander, es schäumt und brodelt, Gärgase entstehen. Das freiwerdende Kohlendioxid verdrängt den Sauerstoff, die Kerze kann nicht brennen, der Mensch kann nicht atmen. Es besteht akute Lebensgefahr. Erst nach acht bis zehn Tagen ist der größte Teil des Zuckers in Alkohol umgewandelt.

Eine Preßstube aus längst vergangenen Winzertagen.

Im Gegensatz zum Weiß- wird der Rotwein mit seinen Schalen vergoren. Vor der Maischegärung werden die Zweigeltbeeren leicht gequetscht, immer wieder muß der Rebkuchen nach unten gedrückt werden, um mit möglichst viel Flüssigkeit in Kontakt zu kommen. Der Alkohol löst nun die Farbpigmente aus der Schale, der Wein wird rot, die Gärung beginnt. Nach der Gärung werden die Schalen vom Wein getrennt. Die wertvollen Tannine, die sich in den Beerenhäuten befinden und für den rotweintypischen bitter-herben Geschmack sorgen, sind nun in die Flüssigkeit übergegangen.

Immer öfter vergärt man die Weine heute in Stahlbehältern. Auch hier verfügt der Winzer über unzählige Möglichkeiten, die Geschmacksnuancen seines Weines zu verändern und die chemischen Prozesse zu stabilisieren. Größte Bedeutung aber kommt der richtigen Lagerung zu. Fast immer wird der vergorene Rebensaft von einem großen in mehrere kleinere Fässer umgefüllt. So kann der Wein mit mehr Holzoberfläche in Berührung kommen und die spezifischen Geschmackskomponenten des Holzfasses aufnehmen. Rotwein wird im Gegensatz zu Weißwein im Lauf der Jahre immer heller. Gute Rotweine, die viel Tannin enthalten, können Jahrzehnte in einem temperierten Keller überdauern und an Geschmack zulegen. Die Reifung erfolgt zuerst in den kleineren Barriquefässern aus Eichenholz und dann in der Flasche, wo das Tannin oft erst nach Jahrzehnten mürber wird und dem alten Rotwein zu seinem einzigartigen Geschmack verhilft.

Noch immer wird in den Weingärten gelesen. Manche Trauben sind nun schon stärker eingeschrumpft, von der Überreife sind sie direkt ins Fäulnisstadium übergegangen. Was hier wie eine Niederlage für den Weinhauer anmutet, krönt oft das Arbeitsjahr des Winzers. Aus edelfaulen Trockenbeeren werden hervorragende Süßweine gewonnen. In feuchten Klimaten kann dann auch noch ein Schimmelpilz dazukommen, dessen Sporen die Beerenhaut durchdringen und die Wasserverdunstung fördern. Im Inneren der Traube beginnt der Botrytispilz nun auch Säure abzubauen. Die hervorragenden Weine dieser außergewöhnlichen Trockenbeeren zählten weltweit zu den gefragtesten Produkten heimischer Weinbauern.

Eisweinernte am Neusiedler See.

Anfang November geht das Arbeitsjahr der heimischen Winzer allmählich zu Ende. Irgendwann einmal wird die allerletzte Butte mit Riesling oder Grünem Veltliner gefüllt, die Lese in den österreichischen Weinbaugebieten endgültig abgeschlossen. Bald schon werden Schneestürme über die Riede fegen, und in den Kellern wird der Wein für die nächsten Jahre reifen. Das einzigartige Naturphänomen vom Werden des Weines, diese fruchtbare Symbiose von Mensch und Natur, geht weiter. So wie es immer war, wird es auch nächstes Jahr wieder sein.

EDLER TROPFEN – VOM WERDEN DES WEINES

Eine Coproduktion von ORF und Interspot Film

mit Unterstützung des Österreichischen Weinmarketings

Buch und Regie: Karl Hohenlohe

Drittes Kapitel

Erde – gezeichnet von Naturgewalten

Die Erde scheint in unseren Augen unveränderlich. Doch betrachtet man unseren Heimatplaneten in geologischen Dimensionen, dann ist die Erde einem steten Wandel unterworfen. Der Meeresspiegel steigt und fällt. Gebirgsmassive werden aufgefaltet und wieder zu Sand zermahlen. Das Land wird von Wäldern überwuchert oder ergibt sich der Trockenheit. Immer wieder verändern Eiszeiten radikal das Aussehen des Planeten. Und überall, auch an den verstecktesten Orten ist vielfältiges Leben zu bestaunen. Im Laufe der Jahrmillionen hat sich das Leben den ständigen Veränderungen angepaßt. Evolution ist nichts anderes als der Versuch der Natur, mit den neuen Bedingungen Schritt zu halten. Aber indem sich das Leben an die geänderten Verhältnisse anpaßt, verursacht es selbst entscheidenden Wandel. Und die dramatischsten Eingriffe werden meist von den kleinsten Lebewesen hervorgerufen. Winzige, mikroskopisch kleine Organismen sind fast überall zu finden, und es gibt sie in solchen Massen, daß sie die ganze Welt umgestalten können, indem sie die Zusammensetzung der Atmosphäre beeinflussen.

Doch so drastisch der Wandel im Lauf der Jahrmillionen auch war, die Erde hat sich nie über ein bestimmtes Maß hinaus verändert, gerade so, als wolle sie den Weiterbestand des Lebens nicht gefährden. Es scheint, als würde der Planet wie ein einziger riesiger Organismus funktionieren, der sich anpaßt und selbst reguliert. Einige Wissenschaftler glauben, daß das Leben auf der Erde und die Erde selbst Teile eines einzigen Systems sind. Ihre Erklärung: Wäre dies nicht der Fall, könnte Leben nicht über Jahrmillionen existieren. Die Theorie, daß die Erde und alles Leben auf ihr ein einziger, selbstregulierender Organismus sei, nannten sie nach der griechischen Göttin der Erde die »Gaia-Hypothese«.

Doch dann tauchte ein Faktor auf, der das System aus dem Gleichgewicht bringen kann – der Mensch. Auch er verdankt seinen Erfolg, ja selbst sein Entstehen dem steten Wandel. Vor fünf Millionen Jahren begann in Afrika die Erde zu beben und aufzubrechen. Es entstand ein Grabenbruch, der von Norden nach Süden verläuft. Aktive Vulkane sind eine Folge dieses Prozesses, der noch heute im Gang ist. Zweieinhalb Zentimeter pro Jahr driften die afrikanische und

Linke Seite:
Für uns scheint sich die Erde kaum zu verändern. Doch in geologischen Dimensionen ist unser Heimatplanet eine rastlose Welt.

Das Spielerparadies Las Vegas in der Wüste Nevadas – hier leben Millionen von Menschen auf einem Land, das aus eigener Kraft nur wenige tausend erhalten könnte.

die arabische Kontinentalplatte auseinander. In den fünf Millionen Jahren, in denen die Kräfte aus dem Inneren der Erde an den Platten der Erdkruste zerren, entstand das Rift Valley, eine tektonische Störungslinie, die über zwei Drittel des Kontinents verläuft.

Diese dramatische Umgestaltung des Kontinents veränderte auch das Klima in Afrika. Östlich des Rift Valleys ging der Wald zurück, es entstand offene Savanne. Unsere Vorfahren stiegen von den Bäumen und eroberten dieses Land. Hier lag der wirkliche Garten Eden. Aufrecht stehend hatten sie nun die Hände frei, um Werkzeuge zu gebrauchen. Langsam entwickelten sie ein größeres Gehirn. Mit der nun erworbenen Intelligenz waren sie in der Lage, die Welt umzugestalten und ihren eigenen Lebensraum zu schaffen. Die Erde ist zwar die Wiege des Menschen, doch schon streckt er seine Fühler nach anderen Himmelskörpern aus: Im Juli 1969 brachte Apollo 11 die ersten Menschen auf den Mond. Dieser kleine Schritt eines Menschen war tatsächlich der größte Schritt der Menschheit, seit sie Afrika verlassen hat. Zum ersten Mal betrat ein Mensch einen anderen Himmelskörper. Die Bilder, die die Astronauten von ihren Ausflügen ins All mitbrachten, zeigten, wie klein und verletzlich das »Raumschiff Erde« ist.

Doch die Technologie, die den Blick aus dem Weltall ermöglichte, ist nur eine Seite der Erfolgsgeschichte. Es gibt heute mehr Menschen auf der Erde als je zuvor. Und auf der Nachtseite unseres Planeten zeichnen die Lichter der Städte die Umrisse der Kontinente nach. Sechs Milliarden Menschen leben heute auf der Erde, und jedes Jahr werden es um 100 Millionen mehr. Die Technik erlaubt es heute, Städte auch an den unwirtlichsten Orten zu bauen. Los Angeles, Phoenix, Tucson und Las Vegas im amerikanischen Westen liegen mitten in Wüsten. Hier leben Millionen von Menschen in einem Land, das aus eigener Kraft nur wenige tausend versorgen könnte. Die Spielerstadt Las Vegas entstand auf sandigem Wüstenboden – ein Zeichen des Triumphs der Menschheit über die Natur. Sogar einen künstlichen Vulkan schuf man hier, es scheint, als gebe es nichts, was dem Menschen Einhalt gebieten würde.

Als die ersten Pioniere hier ankamen, nannten sie ihre neue Heimat den »Wilden Westen«. Schon sie begannen, das unwirtliche Land umzugestalten. Sie sahen die Natur nicht als Verbündeten, sondern als Feind. Mit einer Geschwindigkeit von rund 50 Kilometer pro Jahr zogen die Pioniere und mit ihnen die Zivilisation westwärts. Aber die Menschen und das Vieh brauchten Wasser, Unmengen von Wasser. Doch in den Wüsten des Westens gibt es dieses Wasser nicht. Hier fallen nur rund 20 Zentimeter Regen pro Jahr. Will man hier überleben, dann muß das Wasser herangeschafft werden. Unzählige Milliarden Dollar wurden aufgewendet, um das Land umzugestalten. Tausende Kilometer Aquädukte wurden gebaut, Tunnels gegraben und sogar der Lauf von Flüssen umgekehrt, um Wasser hierherzubringen. Für einen Moment hat der Mensch Leben in die Wüste gebracht.

Doch auch schon bevor die westliche Zivilisation in der Wüste Einzug hielt und sie umgestaltete, gab es hier Leben. Die alten indianischen Völker der Anasazi und Hohokum lebten hier mit der Wüste anstatt gegen sie. Doch sie verschwanden auf unerklärliche Weise. Wahrscheinlich mußten sie während einer langen Dürreperiode ihre Städte verlassen. Doch seit den Tagen

Die Pueblos von Mesa Verde – die Anasazi lebten mit der Wüste statt gegen sie und mußten ihre Siedlung im 14. Jahrhundert dennoch aufgeben.

Folgende Doppelseite: **Die San-Andreas-Verwerfung ist eine der aktivsten Erdbebenzonen der Welt – im Bild Los Angeles nach dem Beben vom 17. Januar 1994.**

der ersten Pioniere versuchen Menschen, der Natur mit neuen Techniken immer Unmöglicheres abzuringen. Fountain Hill in Phoenix, Arizona, ist ein Symbol dieser Gigantomanie. Mitten in der Wüste wurde die höchste Wasserfontäne der Welt errichtet. An einem Ort, der so trocken und heiß ist, daß die Hälfte des Wassers verdampft, bevor es den Boden erreicht.

Der Mensch kann Wüsten zum Blühen bringen und den Lauf von Flüssen umkehren, aber es gibt eine Naturgewalt, die er niemals kontrollieren können wird – Vulkane. 1996 brach auf der Ferieninsel Montserrat in der Karibik ein gefährlicher Vulkan aus. Gefährlich, weil er so gut wie keine Lava ausstieß, sondern eine kochende Wolke aus brennender Asche, Dampf und Steinen in die Luft schleuderte. Diese tödliche Kombination, ein sogenannter »pyroklastischer Strom«, ist so gut wie unvorhersehbar. Er kann als kontinuierlicher Strom aus dem Krater fließen oder ohne Vorwarnung explodieren. Die einzige Möglichkeit, einem pyroklastischen Strom zu entkommen, ist, das ganze Gebiet zu evakuieren. Die Stadt Plymouth wurde vollständig geräumt, niemand konnte sagen, wann der Vulkan wieder ausbrechen würde. Doch der Boden an den Hängen von Vulkanen ist besonders fruchtbar, von Pompeji bis Montserrat versuchen Menschen deshalb, das Land rund um Vulkane zu bewirtschaften. Im Frühling 1997 schoß wieder ein Dampf- und Ascheregen aus dem Vulkan. 19 Menschen starben, alle hatten sich geweigert, die Stadt zu verlassen.

Die Stadt Plymouth am Fuß des Vulkans mußte vollständig evakuiert werden.

Ein pyroklastischer Strom vernichtet alles, was sich ihm in den Weg stellt. Wenn er das Meer erreicht, ist er noch immer so heiß, daß er das Wasser zum Kochen bringt. Die Wolke gleitet auf einem Polster aus Dampf weit auf das Meer hinaus. In einem pyroklastischen Strom wurden Temperaturen von mehreren hundert Grad Celsius gemessen. Ein Landstrich, der von dieser glühend heißen Wolke überrollt wurde, sieht aus wie nach der Explosion einer Atombombe – verbrannte Ruinen, die von Asche überhäuft sind. Der Vulkan auf Montserrat kann noch über Jahre aktiv bleiben und ist für Menschen, die sich entschieden haben, zu bleiben, eine ständige Bedrohung. Es könnte sein, daß die Insel auf lange Sicht völlig aufgegeben werden muß.

Rechte Seite: **Der Ausbruch des Vulkans Soufrière auf der Karibikinsel Montserrat 1996.**

Aber Zerstörung und Entstehen gehören zusammen. Ohne den Vulkan würde es diese Insel nicht geben. Die Karibischen Inseln wurden durch Vulkane geschaffen, als zwei der großen Kontinentalplatten der Erdkruste aufeinanderprallten. Andere tektonische Platten kollidieren nicht, sondern gleiten aneinander vorbei. Das passiert entlang der Westküste Nordamerikas. Die Reibung zweier Platten schuf die wohl bekannteste tektonische Störungslinie, die San-An-

Um San Franciscos Golden Gate Bridge bebt die Erde immer wieder, das letzte große Beben suchte die Stadt 1989 heim.

dreas-Verwerfung. Die Kräfte, die hier wirken, haben einen gewaltigen natürlichen Hafen geschaffen – San Francisco Bay. Als die Spanier im 18. Jahrhundert hier landeten und St. Francis gründeten, glaubten sie, den perfekten Ort für eine Stadt gefunden zu haben. Sie hatten das »Golden Gate«, das goldene Tor zu Nordamerika, gefunden.

Die Spanier wußten noch nichts über Plattentektonik, und auch die neuen Bewohner lernten erst langsam von der Bedeutung für ihr Zuhause. Die Kontinentalplatten, die hier aneinander reiben, lassen keine Lava an die Erdoberfläche treten, sondern erzeugen Erdbeben. Am 17. Oktober 1989 erschütterte ein schweres Erdbeben San Francisco. Die Erdstöße erreichten 7,1 auf der Richterskala, und der ganze Spuk dauerte nur elf Sekunden. Am Rand der Bucht waren die Häuser auf Sand gebaut. Für wenige Momente verflüssigten die Schockwellen des Bebens den Untergrund. Selbst Häuser, die das Erdbeben anscheinend heil überstanden hatten, mußten abgerissen werden, da die Fundamente instabil geworden waren. Zu Beginn dieses Jahrhunderts war die Stadt von einem gewaltigen Beben verwüstet worden.

Ein Erdbeben ähnlicher Stärke ist längst überfällig. So groß die Schäden 1989 auch waren, das war nicht »the big one«, wie die Amerikaner ihren schlimmsten Alptraum nennen. Doch die Kontinentalplatten setzen ihre unendlich langsame Reise unaufhaltsam fort. Und es ist nur eine Frage der Zeit, wann San Francisco wieder von so heftigen Erdstößen erschüttert wird wie 1906.

Der ganze Pazifische Ozean ist von aneinander reibenden und kollidierenden Kontinentalplatten umgeben. Sie bilden den »Feuergürtel«, einen gewaltigen Ring aus Erdbebenzonen und aktiven Vulkanen. Der Fudschijama auf der anderen Seite des Pazifiks ist der wohl bekannteste dieser Vulkane. Obwohl er seit dem 18. Jahrhundert nicht mehr ausgebrochen ist, gibt es unter seinen steilen Hängen noch immer Magmakammern. Das geschmolzene Gestein heizt Wasser auf und drückt es an die Oberfläche. In den heißen Quellen wärmen sich japanische Makaken, die Schneeaffen. Diese luxuriösen Pools sind ein Zeichen dafür, daß nicht tief unten im Gestein jene gewaltigen Kräfte schlummern, die Erdbeben auslösen können.

Man kann Erdbeben nicht kontrollieren, aber man kann sie vorhersagen. Jahr für Jahr

Japanmakaken baden im Winter oft in den heißen Quellen am Fuß des Fudschijamas.

Am 17. Januar 1995 wurde das japanische Kobe von einem schweren Erdbeben verwüstet. Zerstörte Treibstofftanks und Stromleitungen setzten die ganze Stadt in Brand.

werden gewaltige Summen für Erdbebenvorwarnprogramme ausgegeben. 1995 trafen sich die weltweit führenden Experten in Osaka, um ihre Ergebnisse zu diskutieren. Am 17. Januar wurden Osaka und das nahe gelegene Kobe ohne jede Vorwarnung von einem verheerenden Erdbeben heimgesucht. In Osaka wurden die Wissenschaftler von zitternden Böden und wackelnden Wänden überrascht, doch in Kobe starben mehr als 5000 Menschen. Geborstene Treibstofftanks und durchtrennte Stromleitungen setzten die Stadt in Brand. Die Wasserleitungen waren leck geworden, und so konnte auch die Feuerwehr nicht eingreifen.

Die Japaner leben seit Tausenden Jahren mit Erdbeben und scheinen den Ereignissen distanzierter gegenüberzustehen. Ein japanischer Schriftsteller schrieb einmal: »Nicht Erdbeben töten, sondern die Menschen werden von ihren Besitztümern erschlagen.« Nach einem schweren Erdbeben wird für den Menschen erst sichtbar, welche gewaltigen Energien im Inneren der Erde schlummern. Nicht weit von Kobe liegt Tokio, und wie in San Francisco bereitet man sich auch hier auf das große Beben vor. Sollte ein schweres Erdbeben Tokio heimsuchen, dann sind die Folgen unvorstellbar. Der Wiederaufbau der Stadt würde Milliarden und Abermilliarden Yen kosten – Geld, das Japan überall auf der Welt investiert hat. Würden die japanischen Geschäftsleute durch das Erdbeben zum Verkauf ihrer Geldanlagen gezwungen sein, dann könnte das zu einem weltweiten finanziellen Desaster führen.

Und es gab in der Vergangenheit geologische Ereignisse, die den Planeten als Ganzen verändert haben. Große Vulkane schleudern bei einer Eruption Staub und Asche kilometerhoch in die obere Atmosphäre. Diese Partikel bleiben dort oft monatelang und lassen nur wenig Son-

Vorhergehende Doppelseite: ***Wäre die Finanzhochburg Tokio vom einem so starken Erdbeben wie in Kobe betroffen, die ganze Welt würde die Auswirkungen zu spüren bekommen.***

nenlicht auf die Erdoberfläche dringen. Wirklich gewaltige Eruptionen können das Klima der ganzen Welt verändern. Überall auf der Erde würde es um ein paar Grad kühler werden. Einige Wissenschaftler meinen, in der Vergangenheit hätten Vulkane so viel Staub in die Atmosphäre geschleudert, daß die Temperatur dramatisch gesunken sei. Es ist sogar möglich, daß diese Vulkanausbrüche die größte Klimaveränderung auf der Erde auslösen können – Eiszeiten.

Unser Planet hat im Laufe seines Bestehens schon einige Eiszeiten durchlaufen. Jede hat das Antlitz der Erde völlig umgestaltet. Und auch das Leben auf der Erde mußte sich den dramatisch geänderten Bedingungen anpassen. Wo einst dichte Wälder standen, dehnte sich arktische Tundra aus. Die gigantischen Wassermassen, zu Eispanzern gefroren, senkten den Meeresspiegel ab. Und als sich die Gletscher langsam über das Land schoben, schliffen sie breite Täler und zermalmten ganze Gebirgszüge. Doch Eiszeit bedeutet nicht Millionen Jahre bitterer Kälte, der schneidende Frost wird immer wieder durch Wärmeperioden unterbrochen. Es ist ein sich anscheinend immer wiederholendes Muster: Auf 100.000 Jahre bittere Kälte folgen 10.000 relativ warme Jahre, in denen ein Teil des Eises schmilzt und sich Nord- und Südpol ein Stück zurückziehen. Heute befinden wir uns in einer solchen Zwischeneiszeit am Ende einer 10.000jährigen Wärmeperiode.

Große Vulkanausbrüche können das Klima der ganzen Welt verändern und sogar Eiszeiten auslösen.

Die Zivilisation, alles, was wir über die Menschheit wissen – vom Beginn des Ackerbaus bis zu Apollo 11 –, fand in dieser Wärmeperiode statt. Wenn sich der stete Wechsel von Eiszeit und

Das Wetterphänomen »El Niño« war für die gewaltigen Buschbrände verantwortlich, die Anfang der neunziger Jahre die Vorstädte von Sydney heimsuchten.

Wärmeperiode fortsetzt, dann stehen wir am Anfang eines »ewigen« Winters. London und Paris werden dann gerade das richtige Klima für Eisbären haben. Bis jetzt funktioniert dieser Wechsel von warm und kalt seit rund zwei Millionen Jahren. Doch es wird nicht langsam kälter. Im Gegenteil: Die Erde scheint sich aufzuheizen. Könnte der Einfluß des Menschen das über Jahrmillionen eingespielte Muster verändern?

Um Energie zu gewinnen, verbrennt der Mensch immer mehr fossile Brennstoffe. Kohlendioxid wird freigesetzt. Dieses Kohlendioxid läßt wie in einem Treibhaus die Temperatur langsam ansteigen. Auch Stickoxyde aus den Auspuffen der Fahrzeuge tragen zur Erwärmung der Atmosphäre bei. Im Westen betrachtete man die Erde lange Zeit als Experimentierfeld, es galten keine Limits, keine Beschränkungen. Doch die Zivilisation, der Fortschritt fordern ihren Preis. Die Energie, die den Motor des modernen Lebensstils antreibt, gibt es nicht kostenlos. Die Stadt Los Angeles ist meist von einer dicken Smogwolke verhüllt. Mit drastischen Vorschriften versucht man nun, die Luftverschmutzung in den Griff zu bekommen, doch es ist schwierig, gesetzliche Regelungen gegen unsichtbare Gase zu erlassen. Niemand weiß, welche Auswirkungen der sorglose Umgang mit den Ressourcen auf lange Sicht haben wird. Doch über eines sind sich die Wissenschaftler einig: Durch die Luftverschmutzung steigt die Temperatur der Atmosphäre an, und das könnte einen Teil des Eises an den Polkappen schmelzen. Eis, das eine wichtige Rolle bei der Steuerung der Strömungen in der Tiefsee spielt. Das Eis an den Polen kühlt das Meereswasser ab. Das kalte Wasser sinkt auf den Meeresboden und wird zu einer Strömung, die sehr langsam

in Richtung Äquator zieht. Niemand weiß, wie sich diese Tiefseeströmungen verändern, wenn das Eis schmilzt, doch es ist bekannt, daß diese Strömungen für den Wärmehaushalt der Erde eine wichtige Rolle spielen, denn sie regulieren das Klima.

Ändern sich die Strömungen an der Meeresoberfläche, dann ändert sich auch das Klima und damit das Antlitz der Erde. Normalerweise bläst der Passat im Pazifik das warme Wasser vom Äquator von Südamerika weg aufs offene Meer hinaus. Aber ungefähr alle vier Jahre schlafen die Winde ein, und das tropisch warme Wasser beginnt, den östlichen Pazifik aufzuheizen. Der Wechsel dieser Wind- und Wasserströmung beginnt gewöhnlich um Weihnachten und wurde deshalb »El Niño«, das Christkind, genannt. Diese Änderung der Meeresströmung im Pazifik hat weltweite Auswirkungen auf Niederschläge. Der Westen Amerikas wird dann von Unwettern heimgesucht, doch anderswo trocknen die Wolken ab, die den ersehnten Regen bringen sollen. Zu Beginn der neunziger Jahre gab es fünf El Niños in sechs Jahren. Und Australien, ohnehin ein trockener Kontinent, erlebte eine Serie von schlimmen Dürreperioden. Gewaltige Staubstürme suchten das Land heim. Nahezu undurchdringliche Staubwolken von den verbrannten Feldern brachten ganze Städte zum Erliegen. Das Land war trocken wie Zunder, und überall begann der Busch zu brennen. Während des El Niño zu Beginn der neunziger Jahre erlebte Australien die schlimmsten Buschfeuer seiner Geschichte. Vororte von Sydney waren von meterhohen Flammen eingeschlossen. Am Weihnachtsabend des Jahres 1994 zählte man 145 Buschfeuer.

Ist das eine Vorahnung dessen, was kommt? Ist der Treibhauseffekt die Ursache für den immer häufiger wiederkehrenden El Niño? Ändern sich die Meeresströmungen bereits und mit ihnen das Klima? Eine wissenschaftlich fundierte Antwort auf diese Fragen kann heute niemand geben. Doch eines ist sicher: Viele Eingriffe in die Natur werden, obwohl sie bereits gestoppt wurden, noch Jahrzehnte Auswirkungen haben. Und wir sind nicht die ersten, die die Welt veränderten: Die Mayas waren eine hochentwickelte Kultur in Südamerika. Doch vor rund 1000 Jahren verschwanden sie und hinterließen mächtige Ruinen als einzige Zeugen ihrer Errungenschaften. Was geschah mit dieser Zivilisation, die über Jahrhunderte die Welt in ihrer Einflußsphäre dominierte? Einige Wissenschaftler sind der Ansicht, die Mayas konnten sich an die geänderten Umweltbedingungen nicht anpassen, an Veränderungen, die sie selbst verursacht hatten. Möglicherweise haben auch wir bereits Prozesse in Gang gesetzt, die wir nicht wieder umkehren können. Die Menschheit verdankt ihre Existenz den Elementen, die die Erde seit Jahrmillionen formen und verändern. Doch nun versucht der Mensch, die Naturgewalten zu zähmen und für seine Zwecke zu nutzen. Das könnte ungeahnte Folgen haben. Wird auch unsere Zivilisation verschwinden wie einst die der Mayas? Oder wird es uns gelingen, die Zusammenhänge zu verstehen, mit der Natur zu leben und nicht zu ihren Lasten?

ERDE – GEZEICHNET VON NATURGEWALTEN

Eine Coproduktion von Partridge Films, DOCSTAR und Thirteen/WNET in Zusammenarbeit mit ORF

Buch: Victoria Coules; Regie: Steve Nicholls; deutsche Bearbeitung: Heinz Leger

VIERTES KAPITEL

GALÁPAGOS DIE INSEL DER VAMPIRVÖGEL

Die Schöpfung ist auf Galápagos noch in vollem Gang. Ein Vulkan, der sich aus dem Grund des Pazifiks erhebt, speit fortlaufend Lava und Gase. Über seine öden Flanken ziehen seltsame Reptilien, Nachfahren von Schiffbrüchigen, die hier vor Millionen Jahren gestrandet sind. Einige, die Riesenschildkröten etwa, schaffen es, auf den kargen Hängen ihr Auslangen zu finden. Manche wie die Meerechsen haben gelernt, im Ozean nach Nahrung zu suchen. Anders als das Land ist das Wasser reich an Nahrung. An einigen Stellen brodelt das Meer vor Fischen. Hier versammeln sich Vögel aller Arten, um von den Schätzen des Ozeans zu profitieren.

Das Leben auf diesem neu geschaffenen Land ist hart. Jene Tiere, die nicht im Meer jagen wie die Darwinfinken, müssen außerordentlich erfinderisch sein, um hier existieren zu können. Eine Finkenart, der Spitzschnabel-Grundfink, rollt Vogeleier über Gefälle, damit sie zerbrechen. Ein Baumfink bedient sich eines Werkzeuges. Er stochert mit einem Stöckchen in Ästen und fischt nach Larven. Ein Pflanzenesser-Baumfink hat gelernt, Samen zu knacken. Wieder eine andere Art pickt so lange in die Haut von Seevögeln, bis sie bluten. Dann trinken die Finken das Blut. Diese Finken sind die Vampire von Galápagos.

Die Galápagos-Inseln entstanden – eine nach der anderen –, als Lava aus Spalten im Meeresboden quoll. 1000 Kilometer vor der Westküste Südamerikas und exakt am Äquator wuchsen die Lavamengen an und formten Unterwasserberge. Als ihre Gipfel der Wasseroberfläche zustrebten, zogen sie wie ein Magnet Fische in allen Farben und Formen an. Korallen begannen die erstarrte Lava zu überziehen und brachten ihre eigene Gemeinschaft von Riff-Fischen

Linke Seite:
Die Meerechsen sind das Wahrzeichen des Galápagos-Archipels.

Während Blaufußtölpel (u.) ihre Eier auf den blanken Fels legen, bauen männliche Fregattvögel Nester und locken mit aufgeblähtem Kehlsack Weibchen an.

mit sich. In den seichteren Küstengewässern fanden sich Gäste vom Land ein. Meerechsen ziehen täglich ins Wasser und weiden Algen von den Felsen ab.

Aus diesem Teil des Pazifiks ragen nur vereinzelt Inseln. So kehren Seevögel, die kilometerweit entfernt im offenen Ozean nach Nahrung suchen, regelmäßig hierher zurück, um zu brüten oder die Inseln als willkommenen Rastplatz zu nützen, bevor sie wieder zum Fischen ausfliegen. Die Blaufußtölpel zählen zu den ständigen Bewohnern von Galápagos. Sturmschwalben, kleine Vögel von der Größe eines Stares, nützen Risse in der Lava als Nistplätze. Gabelschwanzmöwen brüten hier ebenso wie Tropikvögel. Prachtfregattvögel bringen die meiste Zeit auf dem Meer zu, zur Fortpflanzungszeit sind sie aber regelmäßige Gäste. Die Fregattvögel sind eine Ausnahme in der Vogelwelt von Galápagos. Anstatt ihre Eier auf blanken Fels oder in den Sand zu legen, bestehen sie darauf, richtige Nester aus Zweigen zu bauen. Sobald der Nistplatz fertig ist, blasen die Männchen ihren Kehlsack auf, um den Weibchen diese Neuigkeit zu verkünden.

Die Finken sind keine Seevögel. Sie müssen hier durch einen Zufall gelandet sein. Möglicherweise mit einem außergewöhnlich starken Sturm, der sie vor zigtausend Jahren aus Südamerika auf den Archipel getragen hat. Seither sind diese Inseln ihre Heimat. Anders als die meisten Vögel auf Galápagos finden die Finken ihre Nahrung nicht im Meer. Einige haben sich darauf verlegt, Samen und Früchte der wenigen Pflanzen zu fressen, die auf der verwitterten Lava gedeihen. Die Finken paßten sich schnell an ihre neue Heimat an und lernten, sich von Insekten zu ernähren, die sie auf der Haut der Reptilien in Überfülle finden.

Folgende Doppelseite: **Ein Darwinfink pickt Parasiten vom Kopf einer Landechse.**

Anno 1835 besuchte der junge englische Naturforscher Charles Darwin während seiner Reise um die Welt die Galápagos-Inseln. Er bemerkte, daß sich viele der tierischen Bewohner auf Galápagos deutlich von ihren Verwandten, die er anderswo beobachtet hatte, unterschieden. Die Landechsen, die auf einigen Inseln des Archipels lebten, waren stämmiger und anders gefärbt als jene, die Darwin in Südamerika gesehen hatte. Diese Drusenköpfe zeigten auch ein völlig anderes Verhalten. Sie konnten sich von Kakteen ernähren. Darwin erfaßte auch mehrere Finkenarten in seinen Aufzeichnungen. Auch sie unterschieden sich von ihren Verwandten auf dem Festland. Obwohl sie alle einen annähernd gleichen Körperbau hatten, variierten ihre Schnäbel beträchtlich in Form und Größe.

Ein Drusenkopf – die Landechsen von Galápgos fressen mit Vorliebe Kakteen.

Schließlich glich auch keine Insel des Galápagos-Archipels der anderen. Auf manchen fanden sich relativ junge Vulkankegel, die noch nicht von Vegetation bedeckt waren. Auf anderen erstreckten sich kilometerweite Krater, die vermutlich um vieles älter waren. Eines haben jedoch alle Inseln gemeinsam: Keine von ihnen ist reich an Nahrung, und die Landtiere lassen keine Chance auf einen Bissen ungenützt. Die Drusenköpfe ziehen beinahe überall hin, wo es etwas Grün zu knabbern gibt. Mehrere Finkenarten suchen die Echsen nach Parasiten in der Haut ab. Die Reptilien ermutigen die Vögel dabei und strecken ihre Beine durch, damit die Finken jeden Quadratzentimeter der Haut erreichen können. Auch die Galápagos-Riesenschildkröten laden die Vögel zum Putzen ein, indem sie eine besondere Haltung einnehmen. Die Finken haben gelernt, dieses Nahrungsangebot auszunützen.

Darwin erkannte, daß die Unterschiede zwischen den Finken auf Galápagos etwas mit der Art ihrer Ernährung zu tun haben mußten. Jene Arten wie der Kleine Grundfink, die Samen vom Erdboden auflasen, hatten kurze und dicke Schnäbel. Andere, die weichere Samen und

Rechte Seite: ***Die Galápagos-Riesenschildkröte wird über einen Meter lang.***

Früchte fraßen, besaßen weniger robuste. Der Waldsängerfink pickt mit seinem dünnen Schnabel nach Insekten und Spinnen. Während sich der Kaktusfink über die Samen und das Fruchtfleisch von Kakteen hermacht, bevorzugt der Mittlere Grundfink Beeren. Der größte von allen ist der Große Grundfink. Er ist kräftig genug, um große und harte Samen zu knacken.

In den niedrigeren Regionen der Inseln, unterhalb der dichten Wolken, sind die Bäume die meiste Zeit des Jahres über kahl und trocken wie Zunder. Hier sucht ein Baumfink nach Insektenlarven. Er klopft mit dem Schnabel auf den Zweig und lauscht nach einem hohlen Ton, der ihm sagt, daß unter dieser Stelle ein Tunnel liegt. Wenn der Fink auf einen hohlen Abschnitt stößt, schält er die Rinde vom Zweig und fischt die Made heraus. Andere Larven sind in längeren Röhren verborgen. Dann ist kein Schnabel lang genug, um sie zu erreichen. Doch der Baumfink weiß, wie er Werkzeuge einsetzen muß. Er sucht sich einen kleinen Zweig und fischt die Maden heraus. Der Baumfink hat auch gelernt, ein grundsätzlich geeignetes, aber zu langes Stöckchen zu kürzen.

Der Kaktusfink frißt Samen und Früchte, der Baumfink (o.) holt mit einem Stöckchen Maden aus Ästen.

In Darwins Aufzeichnungen findet sich kein Eintrag über dieses raffinierte Verhalten. Aber seine Studien auf Galápagos machten ihn und die Finken weltberühmt. Aus ihrer Beobachtung schloß er, daß jene Tiere überleben, die anpassungsfähig sind und sich weiterentwickeln, während weniger anpassungsfähige aussterben. Er begründete die Theorie, daß sich aus einer Art im Lauf von Generationen eine völlig unterschiedliche entwickeln kann. Er nannte diesen Prozeß Evolution durch natürliche Auslese. Seit Darwin stehen die Galápagos-Inseln und die nach ihm benannten Finken im Zentrum der Evolutionsforschung.

Die winzige Insel Daphne im Herzen des Archipels war der Schauplatz einer der jüngsten und aufregendsten dieser Studien. Seit 1973 forschen die britischen Wissenschaftler Peter und Rosemary Grant fast ohne Unterbrechung an den Darwinfinken. Als das Paar erstmals auf die Insel kam, fand es nur drei Finkenarten vor, die hier brüteten – den Mittleren und den Kleinen Grundfinken und den Kaktusfinken. Das Ziel der Grants war es, jeden einzelnen Finken auf der Insel zu erfassen und die Entwicklung in seinem Leben zu verfolgen. Sie wollten überprü-

Wie die Darwinfinken befreien auch Galápagos-Spottdrosseln Meerechsen von Parasiten.

fen, ob die natürliche Selektion tatsächlich zu jenen Veränderungen führt, die Darwin beschrieben hatte. Am Beginn ihrer Forschungen mußten sie jeden einzelnen Vogel mit einem Satz färbiger Plastik- und Metallringe markieren. Während ihrer ersten vier Jahre auf der Insel beringten die Grants beinahe 2000 Finken. Die Grants erkennen heute jeden Finken. Sie wissen etwa, daß das Männchen 17418 sich im vergangenen Jahr mit seiner Schwester, Metall 575, gepaart und vier Junge gezeugt hat. Zwei von ihnen brüten jetzt selbst, einer gleich im angrenzenden Revier.

Im Jahr 1977 war Galápagos jedoch von einer schweren Dürre geplagt. Auf der Insel Daphne fiel eineinhalb Jahre lang kein Tropfen Regen. Für die Finken war es eine harte Zeit. Je weiter die Trockenperiode voranschritt, desto weniger kleine Samen gab es, und den Vögeln blieben nur mehr die großen und harten Samen, die sie kaum aufbrechen konnten. Nur die Finken, die größere Schnäbel hatten, konnten sie knacken. Die anderen hatten Probleme, genug Nahrung zu finden, um zu überleben. Täglich starben mehr Vögel. Es gab einfach nicht ausreichend Futter für alle. Am Ende des Jahres stellten die Grants fest, daß 85 Prozent der Finken zugrunde gegangen waren. Die Überlebenden dieses dramatischen Massensterbens waren jene Finken mit den großen Schnäbeln, die auch mit den großen Samen zu Rande kamen. Und als sich in den folgenden Jahren die Bedingungen verbesserten und die überlebenden Finken wieder brüteten, stellten die Grants fest, daß alle neuen Jungen auf der Insel die größeren Schnäbel ihrer Eltern geerbt hatten. Die Grants hatten somit die Darwinsche Theorie der natürlichen Selektion als Zeugen miterlebt.

Folgende Doppelseite: ***Galápagos-Pinguine umkreisen einen prall mit Fischen gefüllten Pelikanschnabel.***

Doch das war nur ein Teil der Geschichte: 1983 veränderte sich das Wetter abermals entscheidend. Über die gewöhnlich trockenen Galápagos-Inseln brachen heftige Regenfälle herein. Es war jenes Wetterphänomen, das als El Niño gefürchtet ist. Dieser El Niño sollte sich als der extremste seit 400 Jahren herausstellen. Acht Monate lang prasselte ununterbrochen Regen auf Galápagos herab. Wasserläufe auf den größeren Inseln, die jahrzehntelang trockengelegen waren, verwandelten sich plötzlich in reißende Fluten, die über die Vulkanhänge stürzten und sich als Wasserfälle ins Meer ergossen. Der Meeresspiegel stieg im östlichen Pazifik um einen halben Meter, die Wassertemperatur um vier Grad auf 31 Grad Celsius. Eine Katastrophe für die meisten Meeresbewohner: Weite Korallenriffe gingen zugrunde, die Fische starben oder zogen weiter. Die gesamte Nahrungskette war auf den Kopf gestellt. Auch die Meerechsen fanden anstelle grüner Algenwälder nur braunen Schleim. Sie wurden schwächer und schwächer und hatten nicht einmal mehr die Kraft für weitere Tauchgänge. Nur bei Ebbe konnten sie versuchen, Freßbares zu finden. Doch es war kaum mehr etwas übriggeblieben. Die meisten Seevögel hatten die Inseln verlassen. An Hängen, auf denen sich in normalen Jahren Tausende Vögel drängten, waren nur einige wenige Exemplare zurückgeblieben.

Für die Landtiere jedoch wurde das Leben mit einem Schlag weit einfacher. Insekten aller Arten vermehrten sich in Hülle und Fülle. Auf einmal schossen grüne Pflanzen und bunte Blüten hervor, wie es sie seit Jahrzehnten nicht gegeben hatte. Die Galápagos-Riesenschildkröten

Während »El Niño« das Leben im Meer erstickte, brachte der Regen in seinem Gefolge die Inseln zum Ergrünen. Die Riesenschildkröten lebten im Überfluß.

Die Kolonie der Maskentölpel auf der Insel Wolf.

fanden Nahrung im Überfluß. Auch Daphne, die Insel der Grants, war anstelle von kargem Braun mit üppigem Grün überzogen. Es war in diesem El-Niño-Jahr, als eine vierte Finkenart, die von einer nahegelegenen Insel stammte, Daphne besiedelte – der Große Grundfink. Die Grants hatten es völlig unerwartet mit einem neuen Studienobjekt zu tun. Für sie war es ein Glücksfall, ein Experiment der Natur, das sich direkt vor ihren Augen ereignete.

Die heftigen Regenfälle lösten bei den zwei Männchen und drei Weibchen einen Fortpflanzungsdrang aus. Sie blieben auf Daphne und brüteten sehr erfolgreich. In den folgenden 15 Jahren dokumentierten die Grants, wie die Population dieser neuen Inselbewohner von fünf Individuen auf 100 anwuchs. Und je stärker sie sich vermehrten, desto auffälliger wandelte sich ihr Verhalten. Die Gesänge der Männchen veränderten sich. Über mehrere Generationen hinweg wurde eine Tonfolge langsam durch eine andere ersetzt. Schließlich unterschieden sich die Rufe der Männchen deutlich von jenen der Individuen, die vor Jahren als erste auf die Insel gekommen waren.

Die Jungvögel verlassen das Nest im Alter von rund 14 Tagen. Weitere zwei Wochen werden sie von ihren Eltern gefüttert. Doch dann sind sie auf sich allein gestellt, und die Erwachsenen bereiten sich auf die nächste Brut vor. Einige Paare brachten in diesem besonderen El-Niño-Jahr 1983 achtmal hintereinander Nachwuchs zur Welt. Am Ende gab es auf Daphne so viele Finken, daß einige den schmalen Wasserstreifen überwanden und sich auf anderen, entfernteren Inseln niederließen. Solche Rekordjahre können wichtige Faktoren für die Verbreitung der Finken über den Archipel sein. Wenn Populationen zu dicht werden, fliegen junge Individuen auf weit entfernte Inseln, um sich ein neues Territorium zu suchen. Wenn sie dort eintreffen, gibt es in einem so guten Jahr auch ausreichend Nahrung. Und eine Zeitlang vermehren sie sich. Sie errichten Nester und gründen neue Populationen wie am entferntesten und abgelegensten Flecken Land des gesamten Archipels, auf Wolf.

Doch so plötzlich wie der El Niño begann, wendete sich acht Monate später das Blatt. Die Meerestemperatur sank wieder. Anstelle der dichten Regenwolken brachte nur mehr der Bodennebel Feuchtigkeit mit sich. Auf Wolf hielten die Seevögel wieder Einzug. Als die Wassertemperatur abgekühlt war, kehrten auch die riesigen Fischschwärme in die Gewässer rund um die Inseln zurück. Nun gab es ausreichend Nahrung für die Maskentölpel, die wieder zu Tausenden die Brutkolonien bevölkerten. Die Finken, die sich noch immer in beachtlichen Mengen vermehrten, hatten plötzlich neue Nachbarn bekommen. Die Tölpel begannen sofort mit ihrem Balz- und Paarungsritual.

Mittlerweile hatten sich die Vögel dichtgedrängt in den Kolonien versammelt. Revierstreitigkeiten waren unausweichlich. Und wo immer man hinblickte, waren Finken. Sie hüpften neugierig zwischen den Tölpeln umher und schnappten sich jeden freßbaren Bissen, den sie finden konnten. Bei der Eiablage sind die Eier von einer Flüssigkeit umgeben, die sie gleitfähig macht. Einige Finken probierten die Flüssigkeit und fanden heraus, daß sie davon trinken können. Andere entwickelten einen Geschmack für Eier. Manchmal rollt ein Ei aus der Reichweite eines Tölpelweibchens. Wenn das geschieht, betrachtet der Vogel es nicht mehr als sein eigenes Ei und läßt es zurück. Außerhalb eines abgesteckten Bereiches scheint er es einfach nicht mehr wiederzuerkennen. Überall in der Kolonie gehen auf diese Weise Eier verloren. Die Finken können die Schale mit ihren Schnäbeln zwar nicht aufbrechen, aber manche rollen das Ei über einen Abhang hinunter und lassen es zerschellen.

Ein Maskentölpelpaar bei der Balz.

Die Finken auf Wolf sind die einzigen auf Galápagos, die eine solche Taktik anwenden, um Eier aufzubrechen. Diese Tradition entstand aus einer Notwendigkeit heraus. Denn die Finken mußten auf ihrer Insel eine Reihe von neuen Verhaltensweisen entwickeln, um zu überleben. Dabei hilft ihnen auch eine weitere Eigenart der Tölpel: Nach 40 Tagen beginnen deren Küken zu schlüpfen. Die meisten Weibchen haben zwei Eier gelegt. Doch die Küken eines Geleges schlüpfen oft in einem Abstand von mehreren Tagen. So ist zumeist ein Junges größer als das andere. Im Alter von rund fünf Tagen beginnt das ältere Küken, sein jüngeres Geschwister anzugreifen und aus dem Nest zu drängen. Der Gluthitze ausgesetzt, hat der Jungvogel keine Überlebenschance. Wieder bemerken die Eltern nicht, was vor sich geht. Nur die Finken haben die Situation erfaßt und picken Fleischbrocken aus dem toten Küken. Andere Finken untersuchen auch die größeren Jungen und rupfen ihnen die nahrhaften, eißweißhaltigen Federn aus.

Ein Wetterphänomen war der Ausgangspunkt für die große Finkenpopulation auf der Insel Wolf. Die Regenfälle ließen eine Fülle von Pflanzen und Samen gedeihen, aber das ist Vergangenheit. Wenn die Finken in so großer Zahl überleben wollten, mußten sie sich an eine andere Nahrungsquelle halten. Und nichts schien ihnen dabei mehr gelegen zu kommen als die Nachbarschaft zu den Tölpeln. Denn die Fruchtbarkeit ist nach dem Ende des El Niño inzwischen in alle Winkel des Archipels zurückgekehrt. All jene Tiere, die im Meer Beute machen, leben im Überfluß. Nur die ans Land gebundenen Vögel wie die Finken profitieren nicht direkt vom Reichtum des Meeres. Im Gegenteil: Für sie sind harte Zeiten angebrochen. Sie müssen einen Weg finden, um sich ihren Anteil an den Nahrungsvorräten zu sichern. So wurden sie sogar zu Vampiren und trinken das Blut lebender Tiere. Auf Wolf hat der Vampirismus eine besonders extreme Form angenommen. Die Finken picken so lange in die Haut von Küken, bis Blut austritt. Es sieht zwar grauenhaft aus, aber wenn die Vögel kräftig genug sind, tragen sie keinen bleibenden Schaden davon.

Die Finken legen sich sogar mit erwachsenen Tölpeln an. Sobald Blut aus der Wunde austritt, versammeln sich Scharen von Finken um den Vogel, um auch zum Zug zu kommen. Um die

Ein Albatros füttert sein Küken, und Galápagos-Spottdrosseln nützen jede Gelegenheit, einen Bissen zu ergattern.

Manche Finken auf Wolf wurden sogar zu Vampiren. Sie schlagen Seevögeln kleine Wunden und trinken deren Blut.

eiweißreiche Nahrung herrscht ein regelrechter Wettstreit. Wenn ein Fink von seinem Opfer abläßt, nimmt ein anderer seinen Platz ein. Wahrscheinlich entdeckten die Finken nur zufällig, daß Blut nahrhaft ist, als sie einen Parasiten aus der Haut eines Tölpels zogen und dabei ein Blutstropfen austrat. Heute ist diese Art von Vampirismus auf Wolf weit verbreitet und macht einen wichtigen Bestandteil der Ernährung der Finken aus, besonders in Zeiten der Dürre.

Die Grundfinken hier besitzen nun etwas längere Schnäbel als ihre Verwandten in anderen Teilen des Archipels. Diese Schnabelform eignet sich besser dafür, in das dichte Federkleid eines Vogels einzudringen. Vielleicht sind diese Finken erfolgreich, weil sie als Vampire eine Nische gefunden haben. Vielleicht entsteht soeben eine neue Finkenart auf Galápagos, der Vampirfink. Tatsache ist, daß die Umweltbedingungen das Verhalten und die Körpermerkmale von Tieren verändern können. Evolutionäre Prozesse, die auf dem Festland oft Jahrtausende dauern, vollziehen sich auf Galápagos in rasend schnellem Tempo. Hier können wir tatsächlich der Evolution bei der Arbeit zusehen, und wenn der Mensch es zuläßt, wird Galápagos auch weiterhin das bleiben, wofür die Inseln seit Charles Darwin berühmt sind – ein faszinierendes Laboratorium der Natur.

DIE INSEL DER VAMPIRVÖGEL
Eine Produktion von ABC Australia, National Geographic Television und BBC
in Zusammenarbeit mit Telcast International
Buch und Regie: David Parer und Elizabeth Parer-Cook; deutsche Bearbeitung: Sabine Holzer

Fünftes Kapitel

Die Sieben Weltwunder

Seit Urzeiten versucht der Mensch, die Natur zu beherrschen. Er kultiviert das Land und errichtet Bauwerke zum Schutz vor Sturm, Kälte und Hitze. Steinerne Mauern, die ewig bestehen sollen. Und doch zerfielen selbst die größten und berühmtesten Bauwerke der Antike. Was bleibt, sind verwehte Fragmente und ein geheimnisvolles Papyrus, das noch heute von den Sieben Weltwundern berichtet. Ein mutiger Mann muß er gewesen sein, dieser Antipatros von Sidon. Reisen war vor 2.000 Jahren ein Wagnis, ein Lebensabenteuer in einer Zeit, in der die Welt noch voll unentdeckter Geheimnisse war. Antipatros berührte die legendärsten Mauern, wanderte Tausende Kilometer in alle großen Städte der Antike. Er war es, der sich vor mehr als zwei Jahrtausenden aufmachte, um die erste, heute noch erhaltene Liste aller Wunder dieser Welt zu verfassen und sie damit für die Nachwelt unsterblich zu machen.

»Wer sich einmal zu den Sieben Weltwundern aufgemacht hat«, so schreibt der antike Reiseschriftsteller, »der wird erst durch den Tod von dieser Leidenschaft erlöst werden.« Was waren das für Herrlichkeiten, die den Reisenden damals so magisch anzogen? In Ephesos, in der heutigen Türkei, war der Tempel der geheimnisvollen Göttin Artemis zu bestaunen. Nicht weit davon entfernt stand das Mausoleum von Halikarnassos, das prunkvollste Grab aller Zeiten. Im griechischen Olympia befand sich die Riesenstatue des Gottes Zeus. Sie soll so perfekt gearbeitet gewesen sein, daß viele sie für lebendig hielten. Auf der Insel Rhodos stand ein gewaltiges Standbild: der »Koloß von Rhodos«, die alles überragende Bronzestatue des Sonnengottes. An der Küste vor der Weltstadt Alexandria strahlte der größte Leuchtturm aller Zeiten, der »Pharos«, sein Licht weit hinaus auf das Mittelmeer. Bei Memphis erzählten die Pyramiden vom Geheimnis der Pharaonen. Irgendwann nach einem langen Weg durch die Wüste kam Antipatros dann in das sagenhafte Babylon zu den Hängenden Gärten der legendären Königin Semiramis.

So unterschiedlich alle diese Wunder der Alten Welt auch sind: Antipatros machte alle Bauwerke zu einem Mythos, indem er die magische Zahl »Sieben« wählte. Schon seit ältester Zeit umgibt ein geheimnisvoller Zauber diese Zahl. Mutter, Vater und Kind – die Familie – mit ihr ist die Zahl Drei gesetzt. Zusammen mit den vier Elementen, die das Leben erhalten, dem

Linke Seite:
Diese Statue der Fruchtbarkeitsgöttin wurde im Artemistempel von Ephesos verehrt. Die Reste des Weltwunders werden von österreichischen Archäologen seit mehr als einem Jahrhundert ausgegraben.

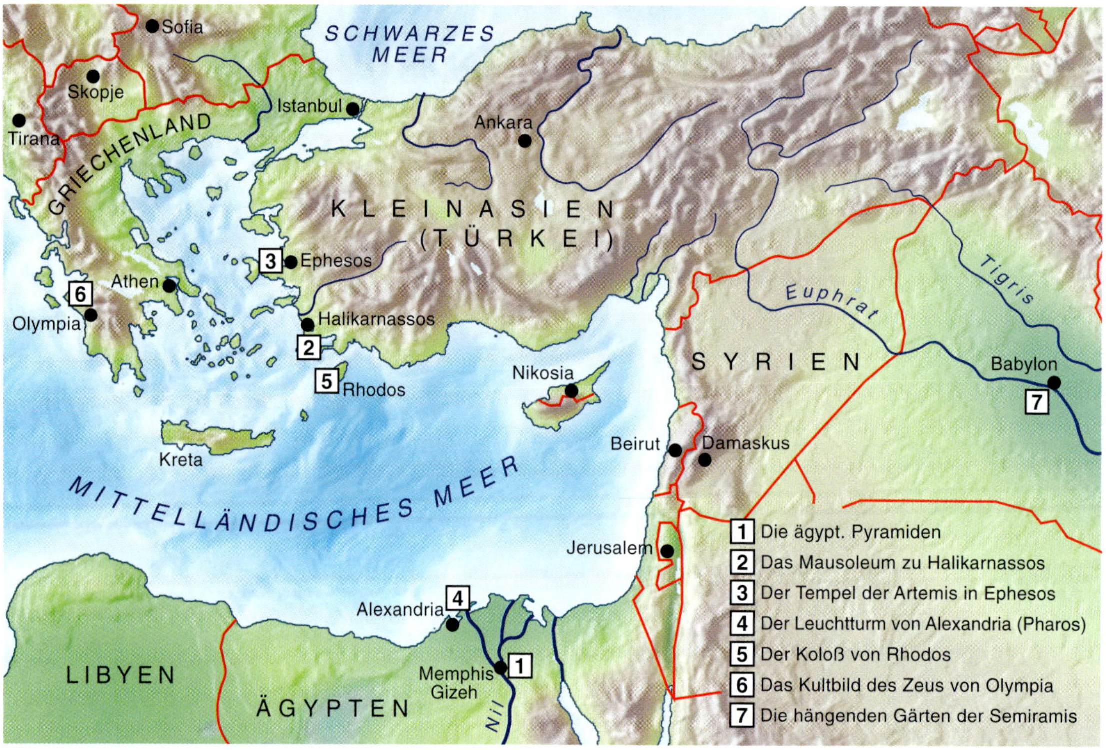

Feuer, dem Wasser, der Luft und der Erde, bilden sie eine Einheit: sieben Teile, aus denen das Dasein gemacht ist. Das antike Genie Pythagoras pries die mathematische Vollkommenheit dieser Zahl. Wenn man alle Ecken der idealen Formen, des Dreiecks und des Vierecks, zusammenzähle, so sagt Pythagoras, dann komme man auf die Sieben. Am siebten Tage ruhte Gott, nachdem er die Welt erschaffen hatte, erzählt nicht nur die Bibel, sondern so überliefert es auch einer der ältesten Schöpfungsmythen, das Gilgamesch-Epos.

Die Sieben schenkt das Leben, die Sieben nimmt es wieder. In ihr liegt nach dem Glauben der Alten das Geheimnis von Leben und Tod. Denn tritt zur Drei des Lebens, zu Vater, Mutter und Kind, der Sturm aus den vier Himmelsrichtungen, dann ist alles Leben gefährdet. Alles Leben, glaubten unsere Vorfahren, sei nichts anderes als das Abbild der kosmischen Ordnung, in der die Sterne und die damals bekannten sieben Planeten die Geschicke der Menschen bestimmten. Die kosmische Dimension der Sieben nimmt im ältesten Weltwunder, den Pyramiden von Giseh, Gestalt an. Auch ihre Konstruktion beruht auf dem Viereck als Grundriß und dem Dreieck als Form.

Vor über 4500 Jahren in der ägyptischen Wüste erbaut, blieb bis heute nur ein Abglanz ihrer einstigen Pracht erhalten. Schon früh hat man die Pyramiden geschändet. Nur wenige Jahrhunderte blieben die Grabmale der Pharaonen, die für die Ewigkeit bestimmt waren, unversehrt. Schon bald wurden sie von Grabräubern heimgesucht. Es müssen kaltblütige Männer gewesen sein. Über Jahre und Jahrzehnte wühlten sie sich durch meterdicke Steinwände – bei Fackellicht, im Staub des Kalksteins, immer in der Angst vor Entdeckung oder vor der »Rache der

Pharaonen«. Schließlich standen sie vor unermeßlichen Schätzen und dem schlichten Granitsarg, in dem der Pharao ruhte. Die Gier nach Gold überwand alle Skrupel. Sicher war es nicht die Kunstfertigkeit der Ägypter, die sie bewunderten, sondern allein der Wert des Edelmetalls, der sie magisch anzog. Wissenschaftler schätzen, daß mehrere hundert Tonnen goldener Grabbeigaben einfach eingeschmolzen wurden. Das Material allein brachte genug Profit und verwischte die Spur des Verbrechens.

Die Hülle des toten Pharaos warfen die Grabräuber achtlos zur Seite. Nie mehr hat man etwas von Cheops, dem unsterblichen Gottkönig, gesehen. Dabei sollten das Grabmal und die Mumie ewig bestehen. Denn nur der unversehrte Körper garantierte dem Pharao ewiges Leben in einer anderen Welt. Das war es, worum es den alten Ägyptern ging. Dafür bauten sie die Pyramiden, und dafür balsamierten sie in monatelanger Arbeit ihre Toten ein. Bilder auf alten Mumien erzählen von der geheimen Prozedur: Zunächst wurde der Leib des toten Pharao gewaschen und mit duftenden Salbölen übergossen. Die Eingeweide wurden entnommen und in besonderen Behältern, den Kanopen, verwahrt. Der Körper wurde wochenlang mit Natronsalz eingerieben und Hohlräume mit Erdpech ausgegossen. Die sorgfältige Konservierung eines Toten konnte Monate dauern, und die Geheimnisse der Balsamierer wurden nur mündlich von Generation zu Generation weitervererbt. Ein Wissen, mit dem man Herr über das ewige Leben war. In einem letzten sakralen Akt wurde dem Leichnam der Mund geöffnet und

Die Pyramiden von Giseh – erbaut vor mehr als 4500 Jahren als ewige Ruhestätten der Pharaonen.

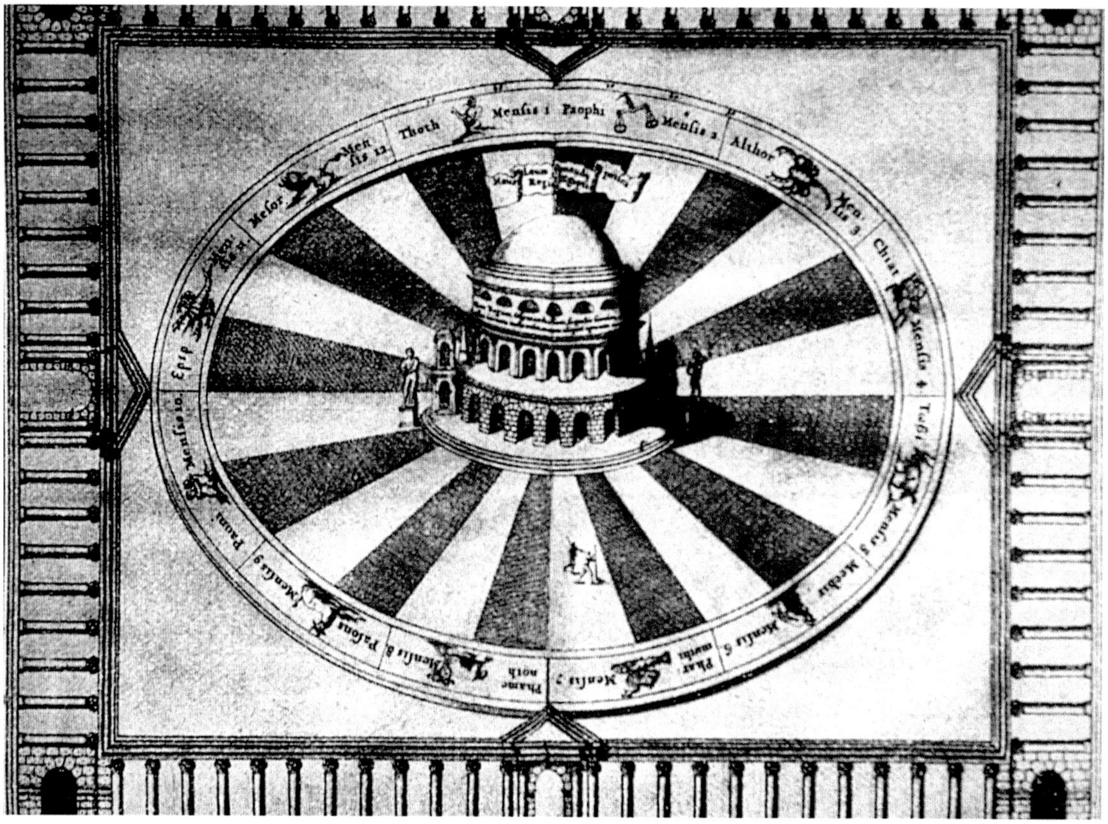

Das Mausoleum von Halikarnassos war ein gigantisches Bauwerk, von dem heute nur mehr wenige Trümmer geblieben sind.

der Pharao damit zu neuem Leben erweckt. Jetzt konnte der Pharao an den glatten Wänden seiner Pyramide aufsteigen, hin zum Sonnengott Re, zu seiner Unsterblichkeit.

Einer, der 2000 Jahre später ebenfalls die Unsterblichkeit im Tode suchte, war der König Mausolos von Halikarnassos und mit ihm seine Schwester und Gattin Artemisia. Als er im vierten Jahrhundert vor Christi Geburt im Sterben lag, wußte Mausolos, König von Karien, genau, daß keine Tat und kein Gedanke seinen Namen unsterblich machen würde. Als Statthalter der persischen Großmacht in der heutigen Westtürkei war er eigentlich nichts als ein Verwalter. Dennoch gelang es diesem unbedeutenden Herrscher, sich im Gedächtnis der Nachwelt zu halten – mit seinem Namen und mit seiner Gestalt. König Mausolos hatte eine Idee, die so genial war, daß man sich durch alle Zeiten bis heute an ihn erinnert, auch wenn zuletzt doch nicht mehr als einige Trümmer von seinem großen Traum blieben. Mausolos wollte durch ein Grabmal, wie es schöner und vollendeter niemals gebaut wurde, im Gedächtnis der Nachwelt unsterblich werden.

Einst ragten die Säulen seines gigantischen Grabmals bis in eine Höhe von 40 Metern empor, dann zerstörte sie ein Erdbeben. Es war ein prachtvolles Bauwerk, in dem die kunstvollsten Stilrichtungen der Antike zusammenflossen. Hochaufragend wie eine ägyptische Pyramide, elegant wie ein griechischer Tempel, verspielt wie ein orientalischer Bazar – es war ein Gesamtkunstwerk über und über mit Steinreliefs bedeckt, bei deren Herstellung sich die berühmtesten

Künstler ihrer Zeit zu übertreffen suchten. Nur durch Zufall blieb ein Teil des Frieses erhalten, der den siegreichen Kampf der Amazonen gegen männliche Angreifer zeigt.

Neben dem Fries fanden die Archäologen im Schutt der Grabung einen perfekt gemeißelten Pferdekopf. Er ermöglichte die Rekonstruktion der Quadriga, die in 50 Metern Höhe das Dach des Grabtempels schmückte. Der Streitwagen bildete den krönenden Abschluß einer Pyramide, unter der sich, von Löwen bewacht, der eigentliche Tempel befand. Unterhalb der Säulenreihe war der Sockel auf allen Seiten mit Reliefs wie dem »Amazonenfries« geschmückt. Zwischen den 39 Säulen standen Dutzende lebensgroße Statuen, jede ein Kunstwerk. So hoch wie ein 15stöckiger Wolkenkratzer ragte das Mausoleum auf, und über 30 Jahre sollen die Künstler daran gearbeitet haben. Alles für nur ein Ziel: einem Toten ewiges Andenken zu sichern.

Dabei geht die Geschichte oft merkwürdige Wege: Einer Legende nach soll der tote Mausolos gar nicht lange in seinem Grabmal gelegen haben. Seine Schwestergattin Artemisia soll, von Sehnsucht gequält, nach und nach die Knochen ihres Gemahls zerrieben haben, um sie, mit Wein vermischt, zu trinken. So wurde sein Mausoleum ein leerer Tempel ewiger Erinnerung. Und schließlich zerfiel der Steinberg. Außer der Bezeichnung »Mausoleum« für ein prächtiges Grabmal ist nichts geblieben, die Steine verbauten die Kreuzritter in ihrer Burg Bodrum. Jeder heutige Besucher tritt mit Füßen, was einst als stolzes Wunder ehrfürchtig bestaunt wurde.

Antipatros, der antike Reisende, hatte das Mausoleum von Halikarnassos noch in voller Pracht gesehen, bevor er sich nach Ephesos aufmachte. Auch hier wollte er ein Weltwunder finden: in der sagenhaft reichen Stadt an der Ostküste der Ägäis. Heute ist der Hafen der alten Handelsmetropole längst versandet, doch einst lag das Mittelmeer der Weltstadt zu Füßen. Direkt am Eingang zum Hafen lag das große Amphitheater mit 24.000 Sitzplätzen. Ephesos war eine von Wohlstand gesegnete Stadt, in der elegante Häuser an Straßen aus reinem Marmor standen. Hier flossen die Kulturen aus Ost und West ebenso zusammen wie die Geld- und Warenströme aus aller Welt. Zwischen dem sechsten Jahrhundert vor und dem zweiten Jahrhundert nach Christi Geburt erlebte die Metropole ihre größte Blüte. Der Apostel Paulus besuchte in dieser Straße eine der größ-

Ephesos war eine blühende Handelsmetropole, das große Amphitheater der Stadt lag einst direkt am Hafen.

ten christlichen Gemeinden der antiken Welt. Prachtbau reihte sich an Prachtbau, und am Ende der Via Sacra ließ der Konsul Celsus eine so gewaltige Bibliothek errichten, daß sie nur mit der von Alexandria zu vergleichen war.

Ephesos war eine moderne Stadt voller Leben. Von dem Weltwunder steht nur noch eine Säule. Trümmerteile, von Gras überwuchert, markieren eher beiläufig, daß hier vor 2500 Jahren ein Gebäude stand, das in seiner Pracht Antipatros von Sidon schier den Atem raubte – der Tempel der Artemis. Er war außer sich vor Begeisterung: »Der Tempel«, so schreibt er, »der sich in den Wolken verliert, läßt alles andere verblassen.« Allein schon die statische Konstruktion des Bauwerks war außergewöhnlich. Direkt in einem Moor hatte der Architekt Chersiphron das Fundament gesetzt, um so das Gebäude gegen Erdstöße abzufedern. Holzkohle und Hunderte von Tierfellen unter dem Fundament dienten als Feuchtigkeitssperre. Je weiter der Bau voranschritt, desto unruhiger wurde der Schlaf des Architekten, wie die Legende erzählt. Bis zuletzt hatte Chersiphron keine Methode dafür gefunden, wie die Arbeiter die tonnenschweren Gesimsblöcke auf die 20 Meter hohen Wände heben sollten. Da erschien ihm im Traum die leibhaftige Göttin Artemis. Leicht wie eine Feder hob sie die Sandsteinblöcke empor und trug die tonnenschwere Last an den Ort ihrer Bestimmung. Als Chersiphron am Morgen erwachte, sollen die Steinquader tatsächlich an ihrem richtigen Platz gelegen sein.

Der Tempel der Artemis war eines der größten und berühmtesten Bauwerke seiner Zeit. 127 Marmorsäulen stützten in über 20 Metern Höhe ein reichverziertes Holzdach. Die Säulen

Rekonstruktion des Artemistempels von Ephesos.

waren mit kunstvollen Reliefs geschmückt und standen auf massiven Felsquadern. Antipatros stand vor diesem Tempel und schrieb: »Von der Heimat der Götter, dem Olymp abgesehen, hat selbst Gott Helios solch Wunderwerk niemals erblickt.« Das Weltwunder selbst wurde nur noch durch den Schatz in seinem Inneren übertroffen – durch die geheimnisvolle Statue der Göttin Artemis, die noch heute als Inbegriff der Darstellung einer Fruchtbarkeitsgöttin gilt. Aus einer fernen Welt kam diese Göttin zu den antiken Menschen von Ephesos, aus einer Zeit vor über 9000 Jahren, als Fruchtbarkeitsriten und Stierkult die Religion bestimmten. Artemis, die Vielbrüstige, Artemis, die Göttin, die diese Stadt so reich gemacht hatte und der daher alle Verehrung galt.

Von den 127 Säulen, die einst den Artemistempel prägten, steht heute eine einzige.

Wirklich alle Verehrung? Vielleicht war es gerade die erdrückende Größe dieses Weltwunders, das seinen eigenen Untergang provozierte? Die Katastrophe kam in Gestalt eines Mannes mit Namen Herostratos und einer Kanne Öl. Vielleicht war Herostratos ein Priester, der den Zulauf zu diesem alten Heiligtum der Göttin neidete. Die zeitgenössischen Berichte nennen aber noch ein anderes Motiv, das ihn geleitet haben soll, ein wahrhaft wahnwitziges. Angeblich erkannte Herostratos sein eigenes Mittelmaß. Von Ehrgeiz zerfressen, sah er nur eine Möglichkeit, die ewige Berühmtheit zu erlangen, die er so sehr ersehnte. Durch eine Tat, die schrecklicher nicht zu denken wäre, wollte er seinen Namen verewigen: Herostratos ging systematisch vor. Ein Feuer am Fuße der steinernen Säulen hätte sicher wenig ausgerichtet. Aber auf dem hölzernen Dachboden des Tempels leistete das Feuer ganze Arbeit. Das Feuer des Herostratos vernichtete in nur einer Nacht den ganzen Stolz von Ephesos. Der Tempel ging in einer rasenden Feuersbrunst unter. Den Namen des Herostratos aber machte die schreckliche Tat tatsächlich unsterblich.

Folgende Doppelseite: ***Die rekonstruierte Celsus-Bibliothek von Ephesos.***

Von Ephesos reiste Antipatros weiter an die Küste Ägyptens: In der alten Hafenstadt erstrahlte ein Licht, das schon von weitem den Weg über das Mittelmeer in eine der größten Metropolen der Antike wies. Der Leuchtturm von Alexandria war jedoch mehr als nur ein Wegweiser. Er

ΑΡΕΤΗ
ΚΕΛΣΟΥ

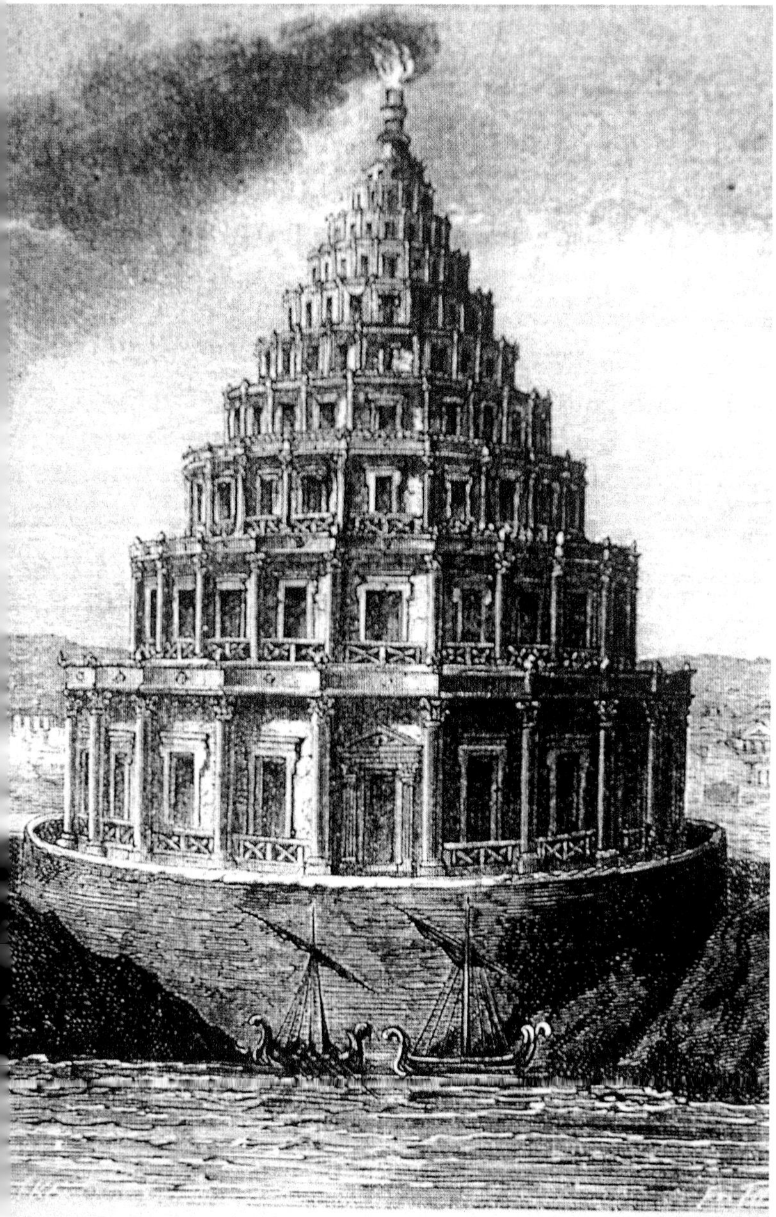

war überragendes Symbol für diese gewaltige Stadt. Alexandria ist damals wie heute das Tor zwischen Orient und Okzident. Eine Millionenstadt, in der die unterschiedlichsten Kulturen in Toleranz nebeneinander leben. Alle Handelswaren der Alten Welt waren zu haben. Alle Sprachen wurden hier gesprochen. Schon in der Antike lebten eine Million Menschen in Alexandria, angezogen vom Wohlstand, der Kultur und der Bildung.

Alexandria war im dritten vorchristlichen Jahrhundert eine hochmoderne, junge Stadt, gegründet von Alexander dem Großen. Es war eine Stadt der Superlative. Und jeder, der über den Seeweg kam, erkannte schon von weitem die typische Silhouette dieser leuchtenden Stadt. Antipatros dürfte vom Glanz und dem pulsierenden Rhythmus der Metropole geradezu überwältigt gewesen sein. Wenn er vom Hafen hinaus aufs Meer sah, erblickte er an genau der Stelle, an der heute das Fort Keit Bey steht, ein Weltwunder: den Leuchtturm von Alexandria. Noch nie hatte er ein so riesiges Bauwerk gesehen, das nur eine Aufgabe hatte: Licht hinaus auf das Meer zu strahlen und über die See hinweg aller Welt zu verkünden, daß hier Alexandria liege, die prächtigste unter den Städten.

In schnurgeraden Linien verliefen die Straßen durch die Stadt. Alles Verwinkelte, Beengende war dieser großartigen Architektur fremd. Ein schmaler Damm führte auf eine vorgelagerte Insel, die den Namen »Pharos« trug. So wurde auch der Leuchtturm genannt, der von hier aus in den Himmel ragte – über 120 Meter, so hoch, wie niemals wieder ein Leuchtturm gebaut worden ist. Ein Erdbeben fällte das Weltwunder im frühen Mittelalter. Die Steine, die am Ufer lagen, wurden in der türkischen Festung weiter verbaut. Aber ganze Gebäudeteile stürzten ins Meer. Hier liegen sie bis heute. Für Unterwasserarchäologen wartet eine aufregende Entdekkungsarbeit von Jahrzehnten. Und vielleicht wird aus dem Wasser des Mittelmeeres die Erinnerung an den ewigen Mythos wieder auftauchen: die Erinnerung an ein Bauwerk, das zum Weltwunder wurde, weil es leuchtendes Symbol für eine einzigartige Metropole war.

Der Leuchtturm von Alexandria war über 120 Meter hoch.

Der Koloß von Rhodos war ein über 30 Tonnen schwerer Gigant aus Bronze.

Noch ein anderes Bauwerk war so ungewöhnlich, daß es Antipatros in seine Liste aller Wunder dieser Welt aufnahm. Auf der Insel Rhodos soll ein gewaltiges Standbild des Gottes Helios den Hafen überragt haben – der sagenhafte Koloß von Rhodos. Als Antipatros die griechische Insel betrat, muß er auch an der alten Stadtmauer vorbeigekommen sein. Anfang des dritten vorchristlichen Jahrhunderts hatten feindliche Truppen eben diese Mauer zu stürmen versucht, und nur der Orakelspruch des Sonnengottes hatte das Unglück abgewendet. Helios zu Ehren hatten die Bewohner dann für die Nachwelt eine riesige Statue anfertigen lassen.

Das moderne Rhodos erinnert nicht mehr an den Stadtstaat der Antike. Der Tourismus floriert und hat die Stadt komplett erneuert. Längst weiß niemand mehr, wie der Koloß wirklich aussah und wo er eigentlich stand. Dort, wo seit dem Mittelalter eine Kreuzritterburg steht, könnte er gestanden haben. Oder gut zwei Kilometer vom Hafenbecken entfernt, wo sich noch ein alter Marmorsockel findet. Ob aber ein solch dürftiges Fundament ausgereicht hätte, den über 30 Tonnen schweren Giganten zu tragen, muß bezweifelt werden. Touristen und Künstler aller Zeiten denken sich die Statue am liebsten am Eingang des Hafens. Der Koloß von Rhodos – ein Weltwunder, wie geschaffen für die Phantasie.

An der Hafeneinfahrt machten sich immer wieder Taucher auf die Suche nach dem Mythos, den nur 66 Jahre nach seiner Aufstellung das gleiche Schicksal traf wie den Leuchtturm von Alexandria: Ein Erdbeben zerstörte das Weltwunder. Nie wurde etwas Außergewöhnliches entdeckt, niemand fand Anzeichen für Metall oder antike Bauteile. Die 15 Tonnen Bronze, die neun Tonnen Eisen, das Steinmaterial – alles muß abtransportiert worden sein, als ein reicher Händler den Metallschrott kaufte und ihn angeblich auf 1000 Kamelen nach Syrien schaffte. Wie der Koloß von Rhodos tatsächlich aussah, bleibt ein Geheimnis, dem man sich allerdings annähern kann. Am besten hilft die Freiheitsstatue im Hafen von New York weiter. Sie gibt die Antwort auf die statischen Probleme einer Kolossalfigur aus Metall.

Statiker und Archäologen rekonstruierten die Gestalt des Kolosses und kamen auf eine erstaunliche Erkenntnis: Die Pose der Freiheitsstatue, die vor über 100 Jahren der Franzose Eiffel entwarf, stellt die einzige stabile Form für eine solche Riesenplastik dar. Und noch etwas fanden die Spezialisten in Modellversuchen heraus: Die Waden der Statue müssen unnatürlich dick gewesen sein, um das schwere Gewicht zu tragen, und eine Stütze, ein »drittes« Bein also, war angesichts des Winddruckes unerläßlich. Was im Modell als Bemalung simuliert wurde, war in Wirklichkeit eine Hülle aus zwei bis drei Millimeter dicker Bronze mit einem Gewicht von immerhin 15 Tonnen. Genau wie die Freiheitsstatue wird der Koloß die im Hafen ankommenden Schiffe begrüßt haben. Und genau wie die Freiheitsstatue wurde der Koloß zum Symbol einer Stadt. Zu einem Weltwunder, in dem das Selbstbewußtsein einer ganzen Kultur lebendig wurde. Doch es blieb nur die Erinnerung und machte in der Phantasie der Nachwelt aus der Statue einen unsterblichen Mythos.

Auch im griechischen Olympia, der Heimat der Olympischen Spiele, sah Antipatros eine Kolossalstatue, die so perfekt gearbeitet war, daß manche seiner Zeitgenossen sie für lebendig hielten – das Standbild des olympischen Zeus. Archäologen entdeckten im vorigen Jahrhundert die Werkstatt, in der das Kunstwerk vor über 2400 Jahren aus purem Gold und Elfenbein geschaffen wurde. Und sie fanden auch einen Hinweis auf den genialen Künstler, der dieses Werk vollbracht hatte. Unter wucherndem Gras, im Schutt der Grabung, fanden sie einen Trinkbecher, auf dessen Unterseite sich eine griechische Gravur befand: »Pheidio eimi«, »Ich gehöre Phidias«.

Phidias war der berühmteste Bildhauer seiner Zeit, der zusammen mit seinem Schüler und Geliebten Pantarkes bereits die riesige Pallas Athene auf der Akropolis in Athen geschaffen hatte. Und nun wartete eine noch größere Herausforderung – eine zwölf Meter hohe Statue des Göttervaters Zeus. Die Geschichtsschreiber berichten, der Eigenbrötler Phidias hätte ein so zärtliches Verhältnis zu seiner Statue entwickelt, daß er eifersüchtig kaum die Bewunderung von Fremden ertrug. Phidias liebte seine Statue, und er liebte das Gold. Schon aus Athen hatte der geniale Künstler fliehen müssen, weil er das Edelmetall, das für das Standbild bestimmt war, in die eigene Tasche gesteckt hatte. Phidias war ein Opfer seiner Leidenschaften. Auch in Olympia brachte ihm das Gold, das er so sehr liebte, kein Glück. Er veruntreute das Gold und auch die Edelsteine, in deren Betrachtung er nächtelang versunken war. Phidias, so berichten die Geschichtsschreiber, starb verlassen und elend hinter Kerkermauern.

Doch zuvor vollendete er seine geniale Arbeit in der Werkstatt ganz in der Nähe des Zeustempels, für den die Statue bestimmt war. Allein dieser Tempel hätte Antipatros schon so faszinieren können, daß er ihn zum Weltwunder erhoben hätte. Aber die meterdicken Säulen und die kostbare Ausstattung waren eben nicht mehr als der schmückende Mantel um ein noch viel bedeutenderes Werk. Es ist die Tragik der Geschichte, daß ein Brand den genialen Mittelpunkt Olympias, die Zeusstatue, völlig vernichtete, während die Reste der schützenden Hülle, der Tempel, heute noch zu bestaunen sind.

Das zwölf Meter hohe Standbild des olympischen Zeus wurde von Phidias geschaffen, dem berühmtesten Bildhauer seiner Zeit.

Olympia war das bedeutendste Heiligtum aller Griechen. Seit dem achten vorchristlichen Jahrhundert trafen sich alle vier Jahre junge Männer aus dem ganzen Land am »heiligen Hain«, um den besten unter ihnen zu bestimmen. Laufen, Ringen, Weitsprung, Diskus und Speerwurf waren die Disziplinen. Während der Spiele ruhten alle Waffen. Der Frieden von Olympia war heiligstes Gut. Dann lenkten Athener, Ionier, Spartaner, Thebaner und Kreter ihre Schritte zum großen Stadion. Hier war ihre mythische Heimat, der Ort ihres gemeinsamen Selbstbewußtseins. Im fairen Kampf wollten sie sich messen, der Wettkampf vereinte die verschiedenen Völker der Griechen. Und Phidias? Er blieb ein Einzelgänger. Es ist eine Ironie der Geschichte, daß ausgerechnet jener Mann, den seine Genialität zum Außenseiter machte, das höchste Heiligtum schuf, das alle Griechen vereinte – die Statue des sitzenden Gottes Zeus, aus purem Gold und Elfenbein, zwölf Meter hoch, mit faustgroßen Edelsteinen in den Augenhöhlen und einer engelsgleichen Siegesgöttin auf seiner rechten Hand.

Antipatros hatte das ganze Mittelmeer bereist und menschliche Werke gefunden, die ewige Mythen waren. Jetzt kam er an Euphrat und Tigris entlang dorthin, wo die Wiege menschlicher Kultur steht – nach Babylon. Diese Stadt hatte einige Weltwunder zu bieten, doch sie waren großteils bereits zerfallen, als Antipatros Babylon auf seiner Suche nach den Hängenden Gärten der Semiramis betrat. Aber ihre Idee, der große göttliche Traum, aus dem sie gemacht waren, hatte ewig Bestand, und auch die Überreste dieser Träume waren überall noch zu finden. Wie die Ziegel, auf denen der babylonische König Nebukadnezar seinen Ruhm verkündete

Die Mauern von Babylon sollen einst die geheimnisvollen Hängenden Gärten der Semiramis umschlossen haben.

und aus denen er ein Weltwunder erbauen ließ, das Antipatros zwar noch sah, das aber schon im dritten vorchristlichen Jahrhundert zerfiel – die Mauern von Babylon, 18 Kilometer lang, bis zu 30 Meter dick, 20 Meter hoch.

Aus Ziegeln war die ganze Welt Babylons gemacht. Denn Lehm gab es hierzulande genug, dafür aber keinen Naturstein und wenig brauchbares Holz. Aus Millionen von Ziegeln war daher auch der berühmte Turm von Babel gemauert, der zu der Zeit des Antipatros aber längst zerstört war. Könnte es sein, daß Antipatros auf seiner Suche nach den legendären Hängenden Gärten der Semiramis den verfallenen Turm zu Babel gesehen hatte, wie einige Wissenschaftler vermuten? Hat ihn vielleicht wilder Bewuchs auf der Ruine an einen hängenden Garten erinnert? Ist der hängende Garten bloß ein Mißverständnis? Wahrscheinlich ist, daß Antipatros wirklich einen Park sah, der innerhalb der Stadtmauer Babylons lag und der ihm nach dem langen Weg durch die Wüste wie ein Weltwunder erscheinen mußte. Und mit ihm ganz Babylon, »die Perle unter den Städten«, wie es in die Bibel heißt. Kein antiker Schriftsteller hat den genauen Ort der Hängenden Gärten der Semiramis je genannt. War dieses Weltwunder vielleicht nur ein Mythos, ein orientalischer Traum? Ein Hirngespinst, inmitten der Pracht Babylons geträumt?

Babylon ist seit jeher eine Stadt, die auch Archäologen magisch anzieht. Detailgenau wurde rekonstruiert, was der deutsche Altertumsforscher Robert Koldewey vor hundert Jahren aus dem Staub zerbrochener Ziegel herauslas. Koldewey grub über ein Jahrzehnt lang unter der sengenden Sonne des heutigen Irak, und nach Jahren der Arbeit entdeckte er die Hängenden Gärten der Semiramis. Jedenfalls behauptete er das. Der archäologische Befund war eher dünn. Allein die Tatsache, daß die Mauern in einem Palastbezirk meterdick waren, ließen den Archäologen zur Ansicht kommen, daß sie das ungeheure Gewicht eines Gartens mit gewaltigen Mengen Erde und großen Bäumen getragen hätten. Zur künstlichen Bewässerung des grünen Paradieses habe ein Schaufelrad Wasser aus den Tiefen des Kellers auf die Höhe des Gartens befördert, meinte der Ausgräber. Im Britischen Museum in London könnte ein Beweis für die Theorie Koldeweys liegen. In der assyrischen Abteilung findet sich ein zweieinhalb Jahrtausende altes Steinrelief unter der Inventarnummer 12-49-39. Das Relief aus der Stadt Ninive – einer mit Babylon konkurrierenden Metropole – zeigt einen Park, der über eine gemauerte Wasserleitung versorgt wird. Offenbar beherrschten die Menschen im Zweistromland vor 2500 Jahren die Technik künstlicher Bewässerung. Warum sollte nicht auch eine Prinzessin aus Babylon in einem solchen Park lustgewandelt sein?

Der Mythos von Prinzessin Semiramis und ihrem Paradies ist aber mehr als eine archäologische Theorie. Die Idee von ewig blühenden Blumen, von erfrischender Kühle und fröhlichen Festen ist ein großer Traum für jeden, der aus der Hitze der staubigen Wüste tritt. Ein solches Paradies ist ewig, weil es in den Wünschen der Menschen lebt. Ein Weltwunder, das immer existieren wird, solange Menschen träumen können. Die Hängenden Gärten der Semiramis: Mit ihnen wird die Erinnerung an alle Schönheiten der Alten Welt wiedergeboren, an die großen Menschheitsträume der Antike, an das, was die Menschen vor über 2000 Jahren im Mittelmeerraum erfüllte.

Längst sind die antiken Weltwunder durch die Errungenschaften moderner Technik überboten. Häusermeere strecken sich zum Himmel, Millionen Lichter machen die Nacht zum Tag, die Metropolen produzieren wie gewaltige Maschinen immer neue Wunder. Was aber wird in 2000, in 3000 Jahren sein? Wird man sich erinnern? Und was wird bleiben? Nichts von alledem wird vergessen lassen, was Antipatros einst sah: die Pyramiden von Giseh, das Mausoleum von Halikarnassos, den gewaltige Tempel der Artemis in Ephesos, den Leuchtturm von Alexandria, den Bronzekoloß von Rhodos, die goldene Statue des Zeus von Olympia und die Hängenden Gärten der Semiramis – die ersten Weltwunder der Menschheit.

DIE SIEBEN WELTWUNDER

Eine Produktion von Ifage im Auftrag des ZDF in Zusammenarbeit mit ZDF-Enterprises und ARTE

Buch und Regie: Günther Klein

Sechstes Kapitel

Geschichten aus dem Wienerwald

Dies ist eine Geschichte von der Sehnsucht nach der perfekten Idylle, die Geschichte vom Wienerwald. Eine liebliche Landschaft, aus der zahllose Künstler Inspiration geschöpft haben, ein Wald für Menschen also, aber auch ein Wald für Tiere. Hier schärft sich der Sinn für die kleinen Dinge des Lebens. Gleich nebenan liegt Wien, und an jeder Ecke wartet eine Geschichte.

Trotz aller Lieblichkeit ist der Wienerwald ein Teil der Alpen. Im Osten, wo sie längst an Kraft und Höhe verloren haben und es nur noch zu einem sanften Hügelland reicht. Es handelt sich weder um einen Nationalpark noch um ein einmaliges Schutzgebiet. Der Wienerwald wird seit jeher schamlos besiedelt, forstlich bewirtschaftet, jagdlich genutzt. Und dennoch umgibt diesen Wald ein Zauber. Er bezieht seinen Mythos von einer herzergreifenden Melange aus Natur und Kunst. Hier entdeckten die Menschen vor etwa 200 Jahren, in der Zeit des Biedermeier, daß die Natur nicht nur feindlich, sondern auch lustvoll sein kann, erbaulich und inspirierend.

Ferdinand Waldmüller, ein Maler, war einer jener heimatverbundenen Künstler, die für die Natur schwärmten und der revolutionären Auffassung waren, daß man sie genau beobachten müsse. Das tat er auch, half der Wirklichkeit ein wenig nach und schuf sich sein persönliches Universum. Andere Maler, Schriftsteller und Komponisten wählten von da an den Wienerwald als Ursprung und Objekt ihres Schaffens. Das hat ihn weltweit berühmt gemacht und eine sentimentale Welt erschaffen, die bis heute lebendig geblieben ist.

Der Wienerwald ist auch geschichtsträchtiger Boden an der Schnittstelle zwischen Ost und West. Hier haben die Römer Weinbau betrieben, das Abendland hat sich gegen die Türken verteidigt, und Napoleons Armeen sind aufmarschiert. Und die Tierwelt? Sicher, Spezialisten mögen hier seltene Arten finden, aber die meisten sind bloß Allerweltstiere. Übt man sich jedoch in schlichter Genügsamkeit nach Art des Biedermeier, wird man auf ein zauberhaftes Land treffen. Auf einer Entdeckungsreise durch diesen Forst lernt man Geschichten kennen, die scheinbar nichts miteinander zu tun haben und doch das Wesen dieses entrückten Waldes bestimmen.

Linke Seite:
Der Wienerwald ist die grüne Lunge der Donaumetropole, aber auch ein Ort in der Seele der Wiener.

Der Nagelfleckfalter ist ein typischer Bewohner des Wienerwaldes.

Es ist Mitte April, ein Vormittag am Wegesrand. Die Sonne bringt Unruhe ins Laub. Wenn sich im Frühling die Knospen der Bäume öffnen, schlüpfen die Nagelfleckfalter. Sie sind alteingesessene Bewohner des Wienerwaldes, die nur in Buchenbeständen vorkommen. Aus einem borstigen Wurm wird innerhalb von 30 Minuten ein fragiler Schmetterling. Wer kann sich diesem Wunder entziehen? Die Weibchen sind vollschlank bis mollig und denken nicht daran, wie ein Schmetterling durch die Luft zu flattern. Mit den Duftdrüsen am Hinterleib versprühen sie ein erotisierendes Parfum, das Verehrer anlocken und verführen soll. Innerhalb von Sekunden entdecken die Männchen die Duftspur. Mit etwas Glück kann man im Buchenwald im Frühjahr überall Nagelfleckfalter zu Gesicht bekommen.

Vorhergehende Doppelseite: ***Der Wienerwald ist kein Nationalpark, sondern wird seit jeher genutzt und besiedelt. Dennoch umgibt den Wald ein Zauber, eine Melange aus Natur und Kunst.***

Der wagemutige Spaziergänger findet im Wienerwald an jeder Kehre ein verstecktes Gasthaus, es sind Kaderschmieden für hoffnungslose Romantiker. Hier spürt man, daß der Wienerwald im Grunde kein geographischer Begriff ist, sondern ein Flecken in der Seelenlandschaft des Österreichers – und mit Sicherheit einer der schönsten. Bleiben wir also bei den kleinen Geschichten, etwa bei den Frühlingsgefühlen der Feuersalamander. Sie sind im Wienerwald so häufig wie die Löwen in der Serengeti – nur schwieriger zu beobachten. Nach einer mehrmonatigen Winterruhe wandern die Weibchen im Schutz der Dunkelheit an die Ufer der schmalen Wienerwaldbäche. Sie haben sich schon im Jahr zuvor gepaart, mittlerweile sind sie hochträchtig. In einem ruhigen Augenblick bringt das Weibchen die zwei Zentimeter großen, durchscheinenden Larven aus der Kloakenöffnung zwischen den Hinterbeinen zur Welt. Die Jungen befreien sich aus der Larvenhülle, und in der Stille der Nacht wird das Rinnsal stromauf, stromab mit Salamanderlarven bevölkert. Am Morgen geben sie sich bereits recht selbstbewußt. Sie haben ein wenig Farbe angenommen, atmen mit Hilfe von Außenkiemen und lauern auf Insektenlarven, Würmer und Flohkrebse. Im Sommer werden sie sich in erwachsene Feuersalamander verwandeln.

Am Rande der Stadt war der Wienerwald schon seit Kaisers Zeiten ein Jagdrevier. Der üppige Bestand an Wildschweinen hat in manchen Gegenden also große Tradition. Damals wie heute gilt unter den Forstmeistern Wiens der Wahlspruch: »Die Sau richtet zwar mancherorts allerlei Schäden an, im Wald jedoch kann sie sich als äußerst nützlich erweisen. Sie vertilgt Schädlinge, lockert den Boden auf, gräbt Samen ein und trägt somit zur Verjüngung des Baumbestandes bei.« Worüber sich nicht nur die Förster freuen, sondern auch die Müllabfuhr, die im Wienerwald aus Mistkäfern besteht. Im Mai sind die Frühlingsmistkäfer an der Reihe. Man findet sie überall dort, wo die Schweine etwas fallen gelassen haben. Der atemberaubend schillernde Chitinpanzer kann über ihren Alltag kaum hinwegtäuschen. Als Mistkäfer hat man im Dreck zu wühlen, sich von ihm zu ernähren, sich von Milben sekkieren zu lassen, Stollen in die Erde zu graben und dort Eier zu legen. Wie nicht anders zu erwarten, erkennen die Mistkäfer potentielle Wohnorte am Geruch. Es gibt Jahre, in denen der Wald mit blau schimmernden Käfern geradezu übersät ist.

Dem Wiener ist die Wildsau ein vertrauter Anblick. Kleine, glitschige Tiere werden dagegen meist absichtlich übersehen. Auf den feuchten Wiesen, wo sich die Schweine suhlen und so kleine offene Tümpel entstehen, siedeln Froschlurche, die mit den rauhbeinigen Schweinen zu

Der üppige Wildschweinbestand des Wienerwaldes hat seit der Monarchie große Tradition.

Siebenschläfer sind im Wald ebenso daheim wie auf Dachböden, wo sie nicht selten Freßbares aufstöbern.

leben gelernt haben. Nur wer die Wiesentümpel des Wienerwaldes kennt, hat mit den Gelbbauchunken Bekanntschaft geschlossen. Sie sind hier mit Abstand die häufigste Amphibienart. Die Weibchen sind nur wenige Tage paarungsbereit, was die Männchen zu zielstrebigem Handeln zwingt. Selbst im kleinsten Tümpel gibt es Nebenbuhler. Es sind zwar nur Gelbbauchunken, und das Stück spielt in einer Wildschweinsuhle, die Idylle ist dennoch zu spüren – ganz wie es der Wienerwald verlangt.

Was die Bäume betrifft, ist der Wienerwald ein geteiltes Land: Im Norden wurzeln sie im Sandstein. Das Klima ist nicht unbedingt anheimelnd, und der Boden ist feucht – gute Voraussetzungen für einen Laubwald aus Rotbuchen, Eichen und Hainbuchen. Im Süden stehen die Bäume auf Kalkboden. Die Landschaft ist vielerorts schroff, und es sind hauptsächlich Schwarzföhren, die lichte, trockene Wälder bilden. Hier am Südrand des Wienerwaldes scheinen sich seit jeher die Musiker besonders wohl gefühlt zu haben. Und manche haben sogar Geschichte geschrieben. Ein Mann namens Ludwig van Beethoven schrieb zu Beginn des 19. Jahrhunderts in der kleinen Stadt Mödling eine Messe, die »Missa solemnis«. Er wanderte stocktaub mit dem Notenpapier »in Bergen, Klüften und Tälern« umher, »fand dennoch im Wald Entzücken« und schrieb in sein Tagebuch: »Es ist, als ob jeder Baum zu mir spräche.« So entstand die »Missa solemnis« unter dem Eindruck der Landschaft. Beethoven hielt sie für sein größtes Werk.

Vorhergehende Doppelseite: ***Junge Wildschweine im Lainzer Tiergarten.***

Beethoven war einer der ersten, der die wahre Bedeutung des Wienerwaldes erkannt hat: Man gönnt sich ein wenig zivilisierte Natur und hat die Stadt und ihre Vorteile dennoch in Reichweite. Ein Argument, dem sich auch die Tierwelt nicht verschließen kann. Manche Tiere sind wie geschaffen für das Niemandsland zwischen Großstadt und Wildnis. Sie sind im Wald ebenso daheim wie auf Dachböden. Die Siebenschläfer zum Beispiel: Wo die Besitztümer mehrerer Generationen verstauben und mitunter Lebensmittel gelagert werden, scheint es ihnen an nichts zu fehlen. In bewohnten Häusern zahlt es sich aus, jede Nacht das Terrain aufs neue zu erkunden. Wer weiß, was der Hausherr tagsüber für reizvolle Dinge abgestellt hat.

Wenn der Morgen dämmert, sind alle Spuren verwischt. Wien und sein Wald werden von sanftem Licht umspült. Eigentlich ist hier der falsche Ort für imposante Sonnenaufgänge, aber es gibt sie doch. Zu jener Gilde von Komponisten, die vom Wienerwald beeinflußt wurden, zählt auch Arnold Schönberg. Im Frühling des Jahres 1900 stieg er nach einer durchzechten Nacht mit dem Mödlinger Gesangsverein auf einen nahe gelegenen Berg und erlebte einen geradezu überirdischen Sonnenaufgang. Dieser Morgen fand Eingang in den Schlußchor seiner »Gurre-Lieder«. Der Titel: »Seht die Sonne!«

Kaum steigen die Tagestemperaturen über 20 Grad, zieht es die Wiener hinaus in ihren Wald. Hier gibt es keine gefährlichen Wetterstürze, keinen Steinschlag, keine Lawinen und keine Stürme. Der Wienerwald ist für den Wanderer keine Herausforderung, sondern ein Freund – das am besten erschlossene Erholungsgebiet der Alpen. Man ist nur wenige Schritte von der Stadt entfernt und spürt doch den Atem der Wildnis. Zum Beispiel in den Wiesentümpeln: Im Sommer ist es hier eher langweilig. Das Wasser ist warm wie eine Nudelsuppe, die Gelbbauchunken lungern in der Gegend umher. Auch vor den Wildschweinen haben sie Ruhe, die flüchten vor der Hitze in den Wald. Nur hin und wieder werden ihre Lebensgeister von einer flügellahmen Fliege mobilisiert.

Wenn sich eine Gelbbauchunke bedroht fühlt, zeigt sie ihre grell gefärbte Unterseite, was jedem Angreifer „Vorsicht, giftig!« signalisiert.

Die wirklich interessanten Dinge spielen sich unter Wasser ab: Seit dem Frühjahr haben die Kaulquappen der Gelbbauchunken ihr Aussehen augenfällig verändert. Sie ernähren sich von Algen, Pollen, Bakterien und einzelligen Organismen, die sie vom Boden abraspeln. Bei einigen sind schon alle vier Beine hervorgetreten. Ein erstes Anzeichen für den Schritt ans Land und auch für den Sauerstoffmangel im Tümpel ist das Luftholen. Die Wiese leidet unter der Hitze. Die Wildschweinsuhle liegt mitten in der prallen Sonne, und nach einigen Tagen kommt es, wie es kommen mußte: Der Tümpel trocknet aus und gibt das kleine Wunder preis. Die Verwandlung von der Kaulquappe zur Unke ist abgeschlossen – im letzten Moment.

Drinnen im Wald ist der Wassermangel weniger gravierend. Die Bäche plätschern recht unbekümmert dahin – zum Vorteil der Salamanderlarven, die bereits eine stattliche

Feuersalamander können mehr als 30 Jahre alt werden.

Größe erreicht haben. Im Laufe des Jahres haben sie allmählich einen Hauch jener charakteristischen Färbung ausgebildet, die ihre Eltern so unverwechselbar macht. Die Außenkiemen werden überdies immer kleiner, und wie die Kaulquappen der Unken müssen nun auch die Salamanderlarven von Zeit zu Zeit zum Luftholen an die Oberfläche. Bald fällt das Schwimmen nicht mehr ganz so leicht, und schließlich kommt es zum entscheidenden Augenblick: Ein vollentwickelter Salamander wagt den ersten Schritt vom Wasser ans Land. Der Wienerwald hat einen neuen, verläßlichen Bewohner mehr. Feuersalamander sind sehr ortstreu und werden mehr als 30 Jahre alt.

Der grüne Gürtel des Waldes verleiht der Wienerstadt Würde und Stabilität. Er hat dafür gesorgt, daß sich in ihren Außenbezirken die Tierwelt bis heute zu behaupten vermag, und er sorgt seit Jahrhunderten für das Seelenheil ihrer Bürger. Denn wo läßt es sich in der trägen Sommerhitze besser faulenzen und philosophieren als mit Hilfe von Wein und Musik in einem schattigen Gastgarten inmitten von Bäumen. Und die gibt es auch am Ostrand des Wienerwaldes, dort, wo am Ufer der Donau die Alpen zu Boden sinken, zur Genüge. Auch hier birgt der Wald der Wiener ein Reservoir von Erzählungen, und auch hier ist es zu fruchtbaren Begegnungen zwischen Landschaft und Künstlern gekommen. Etwa in Klosterneuburg: Dort ging Anfang des Jahrhunderts ein Maler zur Schule, unternahm seine ersten künstlerischen Schritte und ließ sich von der Natur inspirieren: Egon Schiele. Später schrieb er: »Es war mir in jenen ersten Tagen, als hörte und roch ich schon die Wunderblumen, sprachlosen Gärten, die Vögel, in deren blanken Augen ich mich rosa gespiegelt sah. Oft weinte ich mit halben Augen, als es Herbst war.«

Vorhergehende Doppelseite: ***Im Herbst zeigt sich der Wienerwald von seiner farbenprächtigsten Seite.***

Laufkäfer jagen am Waldboden nach Würmern, Schnecken und Insekten.

Je skurriler die Gegensätze, umso deutlicher wird das Phänomen Wienerwald. Tief drinnen im Dunklen, dort, wo die Bäume noch im Alter ehrenvoll in sich zusammenbrechen dürfen, lebt eines der erstaunlichsten Tiere des Waldes, ein Killer – der Laufkäfer. Wie der Name schon sagt, kann er eines besonders gut: laufen. Regenwürmer, Insekten, Schnecken – nichts kann diesen Käfern entkommen. Nachdem sie sich einmal aufs Laufen spezialisiert haben, hat das Fliegen für sie im Lauf der Entwicklungsgeschichte an Bedeutung verloren. Ihre Flugmuskeln sind stark rückgebildet, was seinen Opfern ziemlich egal sein dürfte. Im Normalfall werden Laufkäfer kaum beachtet und höchstens versehentlich zertreten. Aber auch sie sind Bausteine im Gefüge des seltsamen Begriffs Wienerwald.

Es mag Herbst gewesen sein, als Johann Strauß jenen Walzer komponierte, den er »Geschichten aus dem Wienerwald« nannte. Er macht gegen die Kälte immun und ist von großer Symbolkraft, was die Bedeutung des Wienerwalds betrifft. Wie im Walzertakt dreht sich die Erzählung vom Wienerwald unaufhörlich im Kreis. Vom Hundertsten kommt man ins Tausendste, findet zahllose Anfänge und kein Ende. Was bleibt, ist ein Eindruck, ein Ausschnitt aus der wunderbaren Welt der Wiener Seele.

GESCHICHTEN AUS DEM WIENERWALD

Eine Produktion von Cosmos Factory für ORF in Zusammenarbeit mit Stadt Wien und WDR

Buch: Harald Pokieser & Manfred Christ; Regie: Manfred Christ

Siebentes Kapitel

Die Macht des Regenbogens

Das Rot des Morgens ist ein schimmernder Vorbote jener Pracht, die das Sonnenlicht jeden Tag aufs neue auf die Welt zaubert. Wenn sich die Sonne über den Horizont schiebt, taucht sie nicht nur den Himmel rund um sich in leuchtendes Orange. Sie erweckt auf der Erde die schlummernde Kraft der Farben – die Macht des Regenbogens. Alles Lebendige strebt zur Farbe, schrieb schon Goethe. Und diese Farbe verdankt sich gänzlich den Strahlen der Sonne. Pflanzen glänzen in ihrem Widerschein in unzähligen Schattierungen, aus denen die Natur die unglaublichsten Farbkompositionen erschaffen hat. Eine Farbe tritt dabei so deutlich hervor, daß unsere Welt nach ihr benannt ist. Inmitten der tiefschwarzen Weiten des Weltraums funkelt der blaue Planet wie ein Juwel. Wie wertvoll es ist, können wir erst wirklich ermessen, seitdem wir uns von seiner Oberfläche entfernt haben. Den Mond kennzeichnet schon seine Farbe als lebensfeindlichen Ort: Es gibt keine Atmosphäre, die den Himmel in Blau tauchen würde, kein Wasser, das den Sonnenstrahlen ihren saphirenen Glanz entlockt.

Nur auf der Erde zeigt das Sonnenlicht sein wahres Wesen. Die Strahlen der Sonne bergen elektromagnetische Wellen, die wir je nach ihrer Wellenlänge als verschiedene Farben wahrnehmen. Sie alle nebeneinander zu sehen, dazu bedarf es eines optischen Tricks der Natur. Wenn Einfallswinkel der Sonnenstrahlen, Dichte und Form eines Wassertropfens genau stimmen, zerlegt der Wasserkörper das Licht in seine Bestandteile. Auf diesem Effekt beruht der Regenbogen: Die feinen, nach einem Regen in der Luft gelösten Wassertröpfchen spiegeln und brechen die Sonnenstrahlen, so daß sie in ihre verschiedenen Wellenlängen aufgefächert werden. Blau erscheint der kurzwellige Anteil, die langwellige Strahlung rot. In der Mitte des sichtbaren Spektrums kleidet sich das Licht in Grün. Zusammengesetzt ergeben violette, grüne und gelbe Strahlen wieder die Farbe Weiß.

Feste Farbstoffe, wie sie ein Künstler verwendet, verhalten sich genau umgekehrt. Blaugrün, das sogenannte Cyan, Gelb und Purpurrot vereinen sich zu Schwarz. Schwarz erscheinende Körper verschlucken alle sichtbaren Anteile des Lichts, weiß reflektiert alle Farben gleichzeitig. Zwischen diesen Extremen können wir Millionen von möglichen Farbschattierungen unter-

Linke Seite:
Prismen spalten weißes Licht in seine Spektralfarben auf – Rot, Orange, Gelb, Grün, Blau, Violett.

Ein Regenbogen entsteht, wenn das weiße Sonnenlicht von den in der Luft gelösten Wassertröpfchen gebrochen und in seine Spektralfarben aufgefächert wird.

scheiden. Von den unzähligen Koloriten, die die Natur hervorbringt, haben zwei Farben ganz grundlegende Bedeutung für das Leben. Ohne das Rot des Blutes könnten wir nicht existieren. Für die Färbung des Lebenssaftes sorgt ein Stoff namens Hämin, der für Aufnahme und Transport des lebensnotwendigen Sauerstoffs verantwortlich ist. Diese rote Substanz ist der Treibstoff der Lebewesen, ohne den kein Organ funktionieren könnte.

Im Zentrum des Häminmoleküls befindet sich ein Eisenatom. Vertauscht man es mit einem Magnesiumatom, entsteht ein Stoff, der für die zweite Grundfarbe des Lebens verantwortlich ist – das grüne Chlorophyll. Dieses Pigment nimmt die rote Sonnenstrahlung auf und reflektiert die grünen Lichtanteile, daher die Farbe der Blätter. Chlorophyll und Sonnenenergie ermöglichen den Pflanzen, sich zu ernähren. Als Nebenprodukt wird Sauerstoff freigesetzt. Ohne das Grün der Blätter könnte also kein atmendes Lebewesen existieren.

Anders als ihr Grün ist die bunte Pracht der Blätter im Herbst purer Selbstzweck – ein Sterben in Schönheit. Abgestorbene Organismen bilden eine Grundlage für neues Leben. Sie werden zum Beispiel von Schleimpilzen überwuchert, die dabei bizarre, unwirklich erscheinende Formen bilden. Ihre verborgene Schönheit zeigen sie aber erst, wenn es darum geht, für Fortpflanzung zu sorgen. Dann bilden die Pilze Sporenträger in wunderschönen Schattierungen heraus. Die Farben der Sporenträger haben scheinbar keinen anderen Sinn, als den Betrachter zu erfreuen. Andere Lebewesen setzen ihre Kolorierung mit guten Gründen ein.

Schrille Farbverzierungen haben eine deutliche Botschaft, und die lautet meistens: »Vorsicht, giftig!« Marienkäfer erscheinen uns Menschen mit ihren hübschen Punkten zwar sympathisch, ihre Deckflügel sprechen aber eine deutliche Warnung aus. Gefräßige Feinde machen Bekanntschaft mit einer übel schmeckenden und obendrein giftigen Flüssigkeit, die bei Gefahr aus den Beingelenken tritt. Schon im Larvenstadium zeigt eine auffällige Färbung, daß ein Marienkäfer ungenießbar ist. Wer die ekelhafte Kostprobe überlebt, dem dient das Farbmuster als kleine Erinnerungshilfe, es tunlichst nicht noch einmal zu probieren. Ihr Gift beziehen die Marienkäfer aus der Nahrung, wohl auch deshalb sind sie unablässig damit beschäftigt, Blattläuse zu verzehren.

Es sind im Grund nur einige wenige Stoffe, die dem Leben seine bunte Pracht verleihen. Der wichtigste von ihnen ist das Carotin, dem die Karotte zu seinem Namen verholfen hat. In seinen zahlreichen chemischen Variationen hat dieses Pigment den Hauptanteil an der natürlichen Farbenvielfalt. Die Natur produziert jedes Jahr 100 Millionen Tonnen Carotinoide, die vielen chemischen Verbindungen des Carotin. Zu den Hauptabnehmern gehören die Fasane. In den Augenkränzen dieser Vögel ist das Carotin von 10.000 Karotten gespeichert. Carotin macht nicht nur bunt, es kann noch viel mehr: Das Pigment ist lichtempfindlich und kann, unter Mithilfe bestimmter Eiweißverbindungen, Licht in elektrische Impulse verwandeln – die Grundlage des Sehens.

Wer sich mit lichtempfindlichen Carotinoiden schmückt, hat seine Farbe nur geliehen. Flamingos beziehen ihr Rosa aus stark carotinhaltigen Algen und Krebsen. Unterbleibt der Nachschub, bleicht das pinke Gefieder schnell aus. Deshalb wurden sie früher in den Tiergärten mit Paprika gefüttert. Auch in der türkisen Unterwasserwelt sorgen Carotinoide für zusätzliche Farbtupfer. Dabei zeigt sich, daß Carotin so ziemlich jede Farbe annehmen kann. Es kommt nur darauf an, in welche Eiweißverbindung es eingebunden ist. Den Panzer von bestimmten Langusten läßt ein Carotinoid in Blau erscheinen. Auch Hummer schimmern eigentlich in Blau- bis Brauntönen. Wenn das bedauernswerte Krebstier allerdings mit kochendem Wasser in Berührung kommt, wird die Carotin-Eiweiß-Verbindung zerstört. Erst dadurch erhält der Hummer seinen knallroten Panzer.

Flamingos verdanken ihre Farbenpracht ihrer Nahrung – carotinhaltigen Algen und Kleinstlebewesen.

Pigmente unterscheiden sich nicht nur in ihrer Farbe, sondern auch in ihrer Funktionsweise. Melanine etwa treten im Gleichklang mit körpereigenen Hormonen in Erscheinung, Chamäleons haben das zur Kunstform erhoben. Sie ändern ihre Farbe buchstäblich nach Lust und Laune. Aggression, Wohlbefinden oder sexuelles Verlangen – für jede Stimmung haben die bunten Echsen ein spezielles Farbmuster parat. Der Tanz der Hormone findet seinen sichtbaren Niederschlag in den Melaninpigmenten der Haut. Dem kommt natürlich bei Rangkämpfen unter Männchen besondere Bedeutung zu. Mit knalligen Verzierungen lassen die Rivalen einander

Die Färbung der Chamäleons basiert auf Melaninen. Das wechselnde Farbenspiel drückt den Gemütszustand des Tieres aus.

wissen: Auf diesem Ast ist nur Platz für einen von ihnen. Wer bunter ist, gewinnt. Sobald der Verlierer feststeht, fügt er sich zischend in sein Schicksal und verblaßt von einer Sekunde auf die andere.

Bei den besonders prächtigen Pantherchamäleons geht es mitunter auch handfester zu. Doch die Tiere verlassen sich erst auf die Kraft ihrer Kiefer, wenn die Pracht ihrer Pigmente nicht ausreicht, um den Kampf zu entscheiden. Auch das Paarungsspiel der Chamäleons folgt einem strengen Farbleitsystem. Mittels einladender Pigmentstellung ermutigt das Weibchen den Auserwählten, und der kommt der Einladung umgehend nach. Nach der Paarung ändert das Weibchen sofort seine Färbung, um allen anderen Interessenten zu signalisieren, daß es an keinen weiteren Liebschaften interessiert ist.

Die Melanine in der bunten Haut der Chamäleons funktionieren wie alle anderen Pigmentstoffe auch: Sie verschlucken fast alle Farbanteile des weißen Sonnenlichts, nur ein kleiner Ausschnitt des Spektrums wird reflektiert und erscheint als sichtbare Farbe. Doch Farben können auch anders entstehen – als optischer Gauklertrick der Natur. Auch wenn es überhaupt nicht den Anschein hat, aber die schillernden Federn der Pfaue sind eigentlich farblos. Es ist eine spezielle Feinstruktur in den Federn, die den prächtigen Vögeln ihren bunt-metallischen Glanz verleiht. Durchsichtige verhornte Federzellen brechen und reflektieren das einfallende Sonnenlicht so, daß nur Strahlen einer bestimmten Wellenlänge, also Farbe, für den Betrachter sichtbar werden, ähnlich wie bei einer Seifenblase. So kann ein Gegenstand auch ohne eigenen Farbstoff bunt erscheinen.

Mit welcher Maltechnik die Evolution auch arbeitet, sie verfolgt mit ihren Farbphänomenen einen ganz bestimmten Zweck. Das läßt sich selbst im Urwald östlich von Wien beobachten. Im Frühling regt sich in den Donauauen überall neues Leben, vor allem in den unzähligen Vogelnestern. Die Küken haben meist leuchtend rot gefärbte Schlunde. Die Farbe in den weitaufgerissenen Mäulern fordert unmißverständlich Nahrung – ein Schlüsselreiz, der bei den gestreßten Eltern den Fütterungsreflex auslöst. Dabei gilt: Je größer und intensiver der Schlund gefärbt ist, desto mehr Nahrung muß hineingesteckt werden. Genau das machen sich junge Kuckucke zunutze, und die treusorgenden unfreiwilligen Adoptiveltern bemerken den Irrtum daher nicht.

Folgende Doppelseite: ***Pfeilgiftfrösche warnen mit grellen Farben vor ihrer Ungenießbarkeit.***

Ob im niederösterreichischen Donaudschungel oder im tropischen Regenwald – überall hat die Natur tief in ihre Farbtöpfe gegriffen. Wenn am Morgen der Nebel zwischen den Bäumen zerrinnt, gibt die grüne Hölle langsam ihre verborgene Farbenpracht preis. Die diskreteren unter den Waldbewohnern harmonieren bis zur Unkenntlichkeit mit den sanften Grüntönen des Dschungels und vertrauen auf die altbewährte Strategie des Tarnens und Täuschens. Wer aber einen auffälligeren Ornat trägt, hat einen guten Grund. Die extravagante Zeichnung des Rotaugenlaubfrosches schützt ihn vor zudringlichen Nachbarn, er scheint sogar Panik zu verbreiten. Flammende Farben sollen oft Ungenießbarkeit signalisieren. Zur Perfektion getrieben haben dieses Prinzip die Pfeilgiftfrösche. Manche dieser grellbunten Frösche schmecken nicht nur schlecht, sie sind absolut tödlich. Aus den Poren ihrer Haut dringt bei Gefahr eines der wirksamsten Gifte, die in der Natur vorkommen. Die toxischen Ausdünstungen eines einzigen Exemplars können leicht zehn Menschen umbringen.

Pfauenfedern sind eigentlich farblos, erst die Brechung des Sonnenlichts läßt das typische Farbenspiel entstehen.

Die südamerikanischen Indianer präparieren ihre Blasrohrpfeile mit dem Froschgift. Eine kurze Berührung verwandelt den Holzspieß in eine hochwirksame chemische Fernwaffe. Faultiere haben Glück, sie sind für die Indios aus Glaubensgründen tabu. Was man von den Affen nicht behaupten kann – eine geringe Dosis des Froschgiftes reicht aus, um größere Säugetiere auf der Stelle zu töten. Bei Pfeilgiftfröschen funktioniert die Farbkommunikation: Dank ihrer grellen Erscheinung wird kaum ein Tier versuchen, sie zu verkosten. Voraussetzung dafür ist aber, daß die Außenwelt die Signale auch erkennen kann. Tsetsefliegen haben damit allerdings ein Problem, das ihnen vor allem im Umgang mit Zebras zu schaffen macht – sehr zum Vorteil der schwarzweißen Pferde. Für uns erscheint des gestreifte Fell extrem auffällig, aber die Sinne der stechenden Blutsauger werden von dem unregelmäßigen Muster verwirrt. Die Stechmücken erkennen die Zebras nicht als Landeplatz, sie sind darauf programmiert, nach großen, einheitlichen Farbflächen Ausschau zu halten.

Abgesehen von vereinzelten Mißverständnissen sind Farbsignale immer an jene gerichtet, die auch etwas mit der Infor-

mation anfangen können. Auch wenn das bunte Gewirr einer Blumenwiese unübersichtlich anmutet, weiß dennoch jedes Insekt, welche Blüte es ansteuern muß. Viele Pflanzen bedienen sich gefinkelter Farbtricks, um die Fluggäste zu den prallgefüllten Nektarvorräten zu locken und ihnen bei der Gelegenheit ein bißchen Pollenstaub unterzujubeln. Manche bieten einen farbigen Wegweiser an, der den Besucher an die richtige Stelle geleitet – spezielle Saftmale, die als einladende Landemarkierung für Fluginsekten dienen. Viele dieser Saftmale sind stern- oder ringförmig rund um die Fortpflanzungsorgane angeordnet, um den Insekten unnötige Umwege zu ersparen.

Farben helfen den Insekten, ihre Aufgabe möglichst zielgerichtet zu erledigen. Im Fall der Kastanienblüten hat sich sogar ein richtiges Verkehrsleitsystem entwickelt. Die bereits bestäubten Blüten der Kastanie teilen den Bienen mit roten Saftmalen mit, daß bei ihnen kein Nektar mehr zu holen ist. Ein gelbes Saftmal hingegen ist als Einladung zu verstehen. Die frisch geöffneten Blüten leiten mit gelblichen Flecken direkt zu den üppigen Nektarvorräten. Den Blütenstaub kriegen die Bienen als Draufgabe gleich mit auf den Weg.

Doch nicht immer läßt sich die Natur so leicht in die Trickkiste schauen. So manches Gelb enthält verborgene Informationen, die nur für das Bienenauge bestimmt sind. Viele Blüten zeigen ihre Saftmale im UV-Bereich, den die Bienen im Unterschied zu uns wahrnehmen können. Aus der Bienenperspektive sehen alle Farben ganz anders aus. Weiß wird zu Blauviolett, knalliges Rot zu uninteressantem Schwarz. Für den roten Mohn ein Problem, möchte man meinen, doch ultraviolette Lichtsignale, die ein einladendes Muster auf die Blüte zaubern, machen ihn für die Biene dennoch attraktiv. Sonst werden rote Blüten bevorzugt von Tagfaltern oder von Vögeln, etwa Kolibris, bestäubt. Sie nehmen wahr, was den Bienen verborgen bleibt – sie sehen rot.

Rote Blüten werden vornehmlich von Vögeln wie Kolibris bestäubt, weil die meisten Insekten Rot nicht wahrnehmen.

Dasselbe sieht der Stier bei einem Stierkampf – sollte man meinen. Wieso sonst würde der Torero mit einem roten Tuch vor der Nase des Stiers herumfuchteln? Doch es sind wohl eher die schmerzhaften Spieße im Rücken und die Bewegung des Tuches, die den Stier reizen. Das bunte Tuch könnte genausogut grau sein. Der Stier ist absolut rotblind. Dieses bedauernswerte Schicksal teilen viele unserer Haustiere. Sie können die Farben ihrer Umwelt nur eingeschränkt wahrnehmen. Viele Säugetiere können zwar zwischen

Nur der Schein einer Lampe offenbart die grellen Farben der Fische. Ab 15 Meter Tiefe verschluckt das Wasser alle Farben außer Blau.

Blau und Grün, also zwischen Himmel- und Pflanzenfarbtönen unterscheiden, die üppige Farbenpracht einer Blumenwiese aber bleibt ihnen verborgen. Dem Pferdeauge erscheint der knallrote Klatschmohn nicht als hervorstechendes Farbsignal. Welche Farbe ein Wollknäuel hat, dürfte einer Katze ziemlich egal sein. Auch sie kann nicht alle Farben voneinander unterscheiden.

Nicht minder eintönig erscheint die Welt unter Wasser, selbst für den farbsehenden Betrachter. Ab einer Tiefe von etwa 15 Metern ist die Unterwasserwelt einfarbig graublau. Nimmt man eine Farbskala als Vergleich, zeigt sich, wie das Meer mit zunehmender Tiefe die Farben verschluckt. Zuerst verschwindet das Rot, dann das Gelb, schließlich werden selbst die Grüntöne zusehends matter. Den Weg in größere Tiefen kann sich nur das kurzwellige blaue Licht bahnen. Erst im Licht des Scheinwerfers zeigt sich, wie bunt diese finstere Welt eigentlich ist. Der biologische Grund für diese üppigen Kolorierungen bleibt allerdings unklar. Fast scheint es, als hätte die Natur hier unten im reinen Luxus geschwelgt. In der Dunkelheit der Tiefe kann niemand prächtige Körperzeichnungen und knallige Farben sehen. Räuber wie die Muränen müssen sich auf andere Sinne verlassen. Das Wasser ist erfüllt von zahllosen Geruchsbotschaften, die die meisten Meeresbewohner zu deuten verstehen. Anders als an Land dienen extravagante Körperverzierungen hier unten weder der Abschreckung noch der Kommunikation oder Tarnung. Mit einer Ausnahme: Die Farbe Rot verwandelt sich unter Wasser zu Schwarz und könnte wie eine Tarnkappe wirken. All die bunten Korallen und prächtig gemusterten Fische – launische Willkür der Natur? Welche genaue Funktion Farben unter Wasser erfüllen, bleibt jedenfalls noch ein Geheimnis.

Was Farben für uns Menschen bedeuten, ist offensichtlich: Wir fühlen uns magisch zu ihnen hingezogen. Dabei haben wir noch nicht einmal vollständig begriffen, wie der Mensch Farben eigentlich sieht. Zwar kennt man die Funktionsweise der lichtempfindlichen Zellen in der Netzhaut. Aber wie der Farbeindruck im Gehirn genau entsteht, gibt noch einige Rätsel auf. Den Farben wird auch eine wichtige Rolle in unserem Seelenleben zugeschrieben. Sie beeinflussen unsere Stimmungen und Launen, beruhigen oder regen auf, drücken Fröhlichkeit oder Aggression aus. Wir können Farben aber nicht nur mit den Augen wahrnehmen. Unser Körper wird wahrscheinlich direkt von farbigem Licht beeinflußt. Wenn man einen blinden Menschen

Ob in Papua-Neuguinea oder auf den Laufstegen von Mailand bis Paris – Farben spielen für uns Menschen eine enorm wichtige Rolle.

blauem Licht aussetzt, kann seine Körpertemperatur absinken. Bei grünem Licht steigt die Temperatur wieder an und erreicht bei Orangerot ihren höchsten Wert. Auch das menschliche Gehirn reagiert mit unterschiedlicher Aktivität auf bestimmte Farbwahrnehmungen. Grün zum Beispiel stammt aus der goldenen Mitte des Lichtspektrums, daher wird sanften Grüntönen beruhigende Wirkung nachgesagt.

Verglichen mit der elementaren Bedeutung der Farben für uns, sind wir selbst erstaunlich eintönig geraten. Wenn wir uns deutlicher voneinander unterscheiden wollen, müssen wir uns eigens präparieren. Dazu hat man sich seit jeher aus dem Farbenangebot der Natur bedient: Bunte Vogelfedern zeichnen Häuptlinge aus, Farbstoffe, aus Tieren oder Pflanzen gewonnen, verleihen Schamanen und Priestern Autorität. In jeder menschlichen Kultur werden Tätowierungen oder Körperbemalungen eingesetzt, um unseren optischen Eindruck zu verändern. Nicht nur die Haut, auch die schützende Hülle darüber ermöglicht dem Menschen, ein wenig von der natürlichen Farbenvielfalt auf sich selbst zu übertragen. Seit Jahrtausenden kleiden wir uns mit bunten Gewändern. In altägyptischen Königsgräbern fand man gefärbte Gewebe und Steine. Schon die Römer gewannen Farben aus Schildläusen, in den süd- und mittelamerikanischen Hochkulturen kleidete man sich in Cochenille-gefärbte Textilien, deren Farbstoff von der Scharlachschildlaus stammte. Und das dunkelrote Kolorit der Purpurschnecke wurde in Europa ein leuchtendes Symbol der Macht.

Wie Chamäleons oder Paradiesvögel schmücken wir uns nicht nur mit Farben, sie dienen uns auch als Mittel der Verständigung. Aber während die Tiere ihren Ausdrucksformen Millio-

nen Jahre hindurch treu bleiben, ändert sich unsere Farbsprache schneller, oft alle paar Monate, und muß immer wieder aufs neue gelernt werden. Menschen aus anderen Kulturen haben sich eine traditionsbewußtere Beziehung zu den Farben bewahrt. Sie verstehen sie als Teil der Natur, die sie umgibt. In der roten Steinwüste des Monument Valley von Utah finden sich noch Menschen, die um die alte Verbundenheit mit den Mächten der Natur wissen. Seit Urzeiten pflegen die Navajo-Indianer hier eine kunstvolle Sprache der Formen und Farben, um der Natur zu huldigen.

Der 98jährige Medizinmann mit dem farbenfrohen Namen Billy Yellow komponiert in mühevoller Kleinarbeit ein Gemälde aus buntem Sand. Die Sandbilder sind Darstellungen von Legenden aus der Überlieferung der Navajo-Kultur und verdichten Erscheinungen der Natur zu Symbolen. Die Allegorien aus bunter Erde berichten von Begegnungen mit Adlern, Präriehunden oder Schlangen, aber auch von mythischen Figuren wie den Spinnenmenschen, dem Büffelmann oder der Regenbogengöttin. Die komplizierten Kunstwerke dienen als Altar in den viele Tage dauernden religiösen Riten der Navajo.

Einen besonders wichtigen Platz im Glauben der Navajos nimmt die Sonne ein, der Ursprung aller Farben. Sogar von Reisen zu unserem Zentralgestirn wissen die alten Indianerlegenden zu berichten. Dabei ist es sonst die Sonne, die ihre strahlenden Boten ausschickt. Manchmal sendet sie einen ganz besonderen Windstoß zur Erde. Damit ringt die Sonne sogar der Nacht, dem Feind aller Farben, ein buntes Glimmen ab, das sich in der gespenstischen Gestalt des Polarlichts zeigt. Die energiereichen Teilchen des Sonnenwindes tauchen die hohen Schichten der Atmosphäre in fahles Licht, Moleküle werden durch den Aufprall der geladenen Teilchen zum Leuchten angeregt – ein flüchtiger Vorbote des Tages, benannt nach Aurora, der römischen Göttin des Morgenrots.

Selbst die Botschaften aus der Urzeit des Universums nehmen als Farben Gestalt an. Das Lichtspektrum ferner Galaxien verschiebt sich in Richtung der roten Wellenlängen, wenn sie sich von uns weg bewegen. Daraus konnte ihre Geschwindigkeit errechnet werden und damit das Alter des Universums. Wenn große Sterne nach Milliarden von Jahren ihr Leben aushauchen, schrumpfen sie und konzentrieren ihre gigantische Masse auf einem winzigen Punkt. Aus diesem Schwarzen Loch gibt es kein Entrinnen – nicht einmal für das Licht. Erst wo die Kraft der Gravitation unendlich wird, endet die Macht des Regenbogens.

DIE MACHT DES REGENBOGENS
Eine Produktion von AV documenta für ORF
und Bundesministerium für Unterricht und kulturelle Angelegenheiten
Buch: Alfred Vendl, Martin Mészáros; Regie: Alfred Vendl

Achtes Kapitel

Kampf der Geschlechter

Sex ist Egoismus pur. Jedes Tier, ob männlich oder weiblich, tut alles in seiner Macht Stehende, um sich fortzupflanzen und seine eigenen Gene an die nächste Generation weiterzugeben. Eine neue Generation entsteht nur, wenn Ei- und Samenzellen miteinander verschmelzen, und dies zwingt männliche und weibliche Individuen, miteinander zu kooperieren. Ansonsten aber ist Sex nicht etwas, was die Geschlechter eint. Im Gegenteil: Geht es um die mühsamen Seiten der Fortpflanzung, so trifft der Löwenanteil zumeist die Partnerin. Dieses Ungleichgewicht belastet die Geschlechterbeziehung mit Mißtrauen und Aggression. Immer wieder gipfeln diese Spannungen in Ausbrüchen erschreckender Gewalt. Der Zwiespalt zwischen den Geschlechtern ist jedoch ein Motor der Evolution, eine kreative Kraft, der das Leben auf diesem Planeten seine grenzenlose Vielfalt verdankt. Je intensiver die Konkurrenz der Individuen um Möglichkeiten, sich fortzupflanzen, desto erstaunlicher die Dramatik und Schönheit, mit der sie Partner zu beeindrucken und Rivalen auszustechen suchen. Im Tierreich ist Partnertreue kein Wert an sich. Beiden Geschlechtern geht es nur darum, den besten Partner zu finden und möglichst viele Nachkommen zu zeugen. Eine Quelle ständigen Konflikts zwischen der männlichen und der weiblichen Welt ist die mühsame Aufzucht der Jungen. Aber noch davor kollidieren die Interessen männlicher Rivalen.

Linke Seite: ***Löwen bei der Paarung – Sex ist im Tierreich keine einigende Kraft, sondern belastet die Geschlechterbeziehung mit Mißtrauen und Aggression. Aber gerade das ist ein Motor der Evolution, dem das Leben seine Vielfalt verdankt.***

Von windigen Männchen und wählerischen Weibchen

Am Beispiel nordamerikanischer Bisons zeigt sich, welch unterschiedliche Rollen die Geschlechter bei der Fortpflanzung spielen. In einer Bisonherde sorgt jede Kuh allein für ihr Kalb. Die Aufzucht eines Kalbes ist eine enorme körperliche Belastung. Deshalb kann jede Kuh alljährlich nur ein einziges Kalb großziehen. Nach einer strapazreichen Tragezeit muß sie genügend Milch produzieren, um das Wachstum des Kalbes zu gewährleisten. Da die Kuh in ihr einziges Kalb so viel investiert, umsorgt und pflegt sie es liebevoll. Fast das gesamte Jahr ist der Tragezeit und der Nachwuchspflege gewidmet. Für die Paarung bleiben nur wenige Sommer-

Bisonkühe ziehen jedes Jahr nur ein Kalb groß. Dafür brauchen sie nur einen einzigen Vater – einen kapitalen Bullen mit vielversprechenden Genen.

wochen, wenn die Kälber nicht mehr gesäugt werden. Erst wenn die Kühe fruchtbar sind, erwacht das Interesse der Bullen am anderen Geschlecht. Die Bullen übernehmen keinerlei elterliche Pflichten. Trotzdem ist jeder Bulle theoretisch imstande, eine fast unbegrenzte Zahl von Kälbern zu zeugen. Während der kurzen Brunftzeit geht es darum, so viele Kühe wie möglich zu decken. Aber nur wenigen männlichen Tieren gelingt es, sich überhaupt fortzupflanzen.

Erregt vom Duft eines Hormons im weiblichen Urin, kämpfen die Bullen um die sexuelle Vormacht in der Herde. Bei diesen erbarmungslosen Rivalenkämpfen sind die größten und schwersten Bullen im Vorteil. Bisons machen bei solchen Kämpfen bitteren Ernst, denn dem Sieger winkt, im Hinblick auf Nachkommenschaft, reicher Lohn. Die Kühe haben kein Interesse daran, sich mit mehreren Bullen zu paaren. Für das eine Kalb, das jede Kuh tragen wird, braucht sie nur einen einzigen Vater – einen Sieger, der ihrem Nachwuchs seine Qualitäten vererbt. Genetisch gesehen profitiert ein kapitaler Bulle von seiner Überlegenheit gegenüber den Rivalen enorm. Je mehr Kühe er in einer Saison decken kann, desto mehr Individuen der nächsten Generation haben seine Gene.

Die beinahe grenzenlose männliche Zeugungsfähigkeit steht im Gegensatz zur völlig andersartigen Situation der weiblichen Tiere, die den Großteil ihres Lebens an einige wenige Nachkommen gebunden sind. Diese ungleiche Verteilung der Rollen führt zur unterschiedlichen Ausprägung der Geschlechter. Im Kampf um die sexuelle Vormacht hat sich die männliche

Hälfte der Tierwelt zu einem Heer schwerbewaffneter Krieger entwickelt. Voll angeborener Aggression setzen männliche Individuen vieler Arten ihr Leben aufs Spiel, um der weiblichen Welt zu beweisen, daß sie die besten sind. Solche Kämpfe enden tatsächlich oft mit dem Tod des Unterlegenen. Immer wieder zertrümmern Moschusochsen einander die gewaltigen Schädel.

Pinselschwanzbeutlermännchen bezahlen ihre sexuelle Potenz mit dem Leben.

Einem Gegner zu unterliegen, ist aber nicht das einzige Risiko, das männliche Tiere im Wettkampf um möglichst viele Partnerinnen auf sich nehmen. Wenn ein Pinselschwanzbeutlermännchen in Westaustralien zu einer bestimmten Jahreszeit nachts aktiv wird, will es nur eine Sache – Sex, und zwar möglichst oft. Der Haken daran: Alle Weibchen werden zugleich, binnen ein, zwei Tagen, fruchtbar. Um nun innerhalb kürzester Zeit möglichst viele Weibchen zu decken, muß das Männchen über eine gewaltige sexuelle Potenz verfügen. Tagelang befindet es sich in hektischem Aufruhr, ständig auf der Suche nach Partnerinnen, die es von den Bäumen zu locken sucht. Da die Fruchtbarkeit der Weibchen kaum länger als eine Woche dauert, muß das Männchen sich beeilen, seinen genauso eifrigen Rivalen zuvorzukommen. Da bleibt nicht einmal Zeit zum Fressen. Mehrere Weibchen folgen ihm in seinen Bau. Nacht für Nacht deckt er bis zu einem Dutzend. Nach der Paarung kehren die Weibchen zur Nahrungssuche in die Baumkronen zurück. Aber das Männchen zahlt für seine sexuellen Erfolge einen hohen Preis: Es ist völlig am Ende seiner Kräfte. Während die Weibchen fressen und gedeihen, gehen alle Männchen zugrunde. Ihre sexuelle Spitzenleistung war nur ein kurzer Triumph. Der Tod der Männchen ist jedoch nicht vergebens. Vier Monate später hat jedes Weibchen ein Junges zur Welt gebracht, ein sehr schnelles Männchen konnte bis zu 60 Nachkommen zeugen.

Mandarinenten bei der Paarung.

Rivalen mit Pracht und Schönheit zu überflügeln, ist Sache der Vögel. Männliche Mandarinenten präsentieren ihr Prachtgefieder. Aber das Schauspiel, das sie inszenieren, ist

Gelbhosenpipras tanzen, um die Weibchen zu umgarnen und Rivalen zu warnen.

zugleich ein männlicher Machtkampf. Noch deutlicher wird der aggressive Charakter solcher Schönheitswettbewerbe auf den Balzplätzen der Birkhühner. Im Morgengrauen, noch bevor die Hennen sich zeigen, spielen die Hähne Krieg und liefern sich ritualisierte Schaukämpfe. Mit dem Prachtgefieder zu prahlen, ist nicht etwa eine entschärfte Variante echter Kämpfe. Die Rivalität ist nicht weniger ernst als dort, wo tatsächlich Blut fließt. Der beste Schauspieler erntet seinen Lohn, indem er sich mit den meisten Hennen paart.

In Costa Rica lebt einer der glamourösesten Playboys der Tierwelt: Männliche Gelbhosenpipras sind geborene Bühnenstars. Alles an ihnen – ihr augenfälliges Gefieder, ihre elektrisierende Beinarbeit und ihr tausendfach geprobter Flügelschlag – zielt auf dramatischen Effekt. Angestachelt vom weiblichen Publikum, steigern die Männchen die Dramatik ihrer Tanzshow. Einerseits richten sich diese Vorführungen werbend an die Weibchen, andererseits werden sie von rivalisierenden Männchen als Warnung verstanden. Viele Männchen wetteifern miteinander um den Preis eines Weibchens. Jedes einzelne Weibchen zieht Nachkommen groß, aber unter den Männchen sorgt der Konkurrenzdruck dafür, daß die meisten niemals zum Zug kommen. Junge und weniger aggressive Männchen haben keinerlei Aussicht auf eigene Nachkommen.

Diese verlustreiche männliche Konkurrenz bleibt manchen Arten erspart: Bei ihnen werden nur Weibchen geboren. In den Riffgewässern des Indopazifiks haben mehrere Fischarten eine erstaunliche Lösung gefunden: Geschlechtsumwandlung nach Bedarf. Anthias- oder Barbierfische werden allesamt als Weibchen geboren. Werden Männchen gebraucht, so ändern einige einfach ihr Geschlecht. Sie genießen von beiden Welten das Beste: Als junge Weibchen bleiben ihnen Konkurrenzkämpfe erspart, und sie können regelmäßig laichen. Diejenigen, die sich in

Männchen verwandeln, haben den zusätzlichen Bonus, mit einem ganzen Schwarm von Weibchen Nachkommen zu zeugen. Andauernd bedrängen sie die Weibchen in aggressiver Weise, was diese offenbar daran hindert, ebenfalls das Geschlecht zu wechseln. Nur wenn sie verschwinden, verwandeln sich die größten Weibchen in Männchen und treten an ihre Stelle.

Warum nicht mehr Arten diese geniale Lösung gefunden haben, bleibt ein Geheimnis. Aber in den Ozeanen geschieht auch sonst manches, was uns sonderbar anmutet – vor allem in großer Tiefe, wo ewige Dunkelheit herrscht. Auch hier unten gibt es Fische, aber die Individuen sind dünn gesät. Die außerirdisch anmutenden Anglerfischweibchen besitzen einen Leuchtköder, um Beute anzulocken. Die Männchen sind winzig klein und stehen vor einer riesigen Schwierigkeit: Potentielle Partnerinnen sind so rar, daß sie in der lichtlosen Weite kaum zu finden sind. Gelingt es aber einem solchen Zwerg dennoch, eine Partnerin zu finden, so läßt er sie nie wieder los. Mit speziellen Zähnen hakt er sich in ihren Körper ein. Schließlich wächst er an ihr fest und wird zum Sexsklaven auf Lebenszeit. Wenn sie ablaicht, erteilt sie ihm einen chemischen Befehl, ihre Eier zu befruchten.

Anglerfischmännchen sind Sexsklaven auf Lebenszeit. Haben sie in der dunklen Tiefsee einmal eines der riesigen Weibchen gefunden, wachsen sie an ihm fest.

Die wilden Felsgärten der Mojave-Wüste in Südkalifornien sind Schauplatz sexueller Konkurrenzkämpfe. Hier ist List ebenso gefragt wie körperliche Überlegenheit. Männliche Seitenfleckenleguane kommen in drei Varianten vor. Sie unterscheiden sich durch ihr Verhalten und ihre Kehlfärbung. Blaukehlige Männchen sind langlebig und partnertreu. In ihrem Territorium bewachen sie eifersüchtig ein einziges Weibchen, solange es fruchtbar ist. Orangefarbene Exemplare sind die Don Juans unter den Leguanen. Für ein sexuelles Abenteuer nehmen sie es mit jedem Gegner auf. Sie sind ständig in fremden Territorien unterwegs, fordern deren männliche Besitzer heraus und verführen deren keineswegs abgeneigten Weibchen. Die blaukehligen Männchen verteidigen sich zwar nach Kräften, aber gegen die aggressiven, sexgeladenen An-

Manche männliche Seitenfleckenleguane agieren sogar als Transvestit, um Rivalen zu übertölpeln und zur Paarung zu gelangen.

greifer mit den orangen Kehlen ziehen sie in der Regel den kürzeren. Diese gewaltsame Geschichte nimmt jedoch eine überraschende Wende: Es gibt noch einen dritten männlichen Typus. Seine Kehle ist gelb, er sieht aus wie ein Weibchen. Während die beiden Rivalen erbittert kämpfen, schleicht sich der »Transvestit« in das Territorium und macht sich in aller Ruhe an das Weibchen heran. Es kommt tatsächlich zur Paarung. Obwohl der blaufarbene Besitzer des Territoriums sich bereits mit diesem Weibchen gepaart hat, kann es leicht sein, daß noch ein, zwei Eier unbefruchtet sind.

Heimtücke als männliche Strategie bewährt sich vor allem dann, wenn dominante Kämpfer den Partnermarkt beherrschen. Im Tanganjikasee in Ostafrika gibt es so manche Gelegenheit für heimlichen Sex. Junge männliche Buntbarsche, sexuell frustriert und voller Aggression, streifen um eine Gruppe von Weibchen, die von einem riesigen Männchen bewacht wird. Solche Männchen müssen groß sein, damit sie Schneckenhäuser für ihre Weibchen sammeln können. Sie sind bis zu 30mal länger als ihre winzigen, aber dennoch geschlechtsreifen Rivalen. Auch die Weibchen sind winzig, denn sie müssen in den Schneckenhäusern, wo sie die Eier ablegen, Platz finden. Der Riese kontrolliert fortwährend seinen Harem. Findet er in einem Schneckenhaus frischgelegte Eier, so samt er über dem Gehäuseeingang ab, um sie zu befruchten. Junge Männchen haben nur eine einzige Möglichkeit, sich fortzupflanzen: Wenn sie sich zusammenrotten und den Besitzer eines Territoriums gemeinsam überwältigen, können sie sich mit einigen seiner Weibchen paaren. Wenn es dem Riesen gelingt, die Angreifer zu vertreiben, bleibt meistens dennoch ein Rivale zurück. Er wird geduldet, weil er wie ein Weibchen gefärbt ist und sich auch wie eines verhält: Er tut so, als suche er nach einem freien Schneckenhaus. Er bleibt zeitlebens ein Zwerg und ist ein überaus geschickter Verführer. Im richtigen Augenblick schlüpft er in ein Schneckenhaus zu einem der Weibchen. Der Riese ahnt nicht, daß sich der Winzling buchstäblich unter seiner Nase mit einem seiner Weibchen paart.

Für den Großteil aller männlichen Tiere gilt jedoch: je größer, desto besser. See-Elefantenbullen liefern sich Kämpfe, bei denen nur rohe Kraft und Körpermasse zählt. Drei Tonnen wabbelnden Fleisches verleihen einem kapitalen Bullen so viel Sex-Appeal, daß er zum Anziehungspunkt für einen ganzen Harem wird. Aber so ein Bulle ist ständigen Herausforderungen von neidischen Junggesellen ausgesetzt. Erst ab einem Alter von zehn Jahren werden Bullen für die Weibchen überhaupt interessant. Da die Männchen im Schnitt nur zwölf Jahre alt werden, kann es sein, daß ihre erste Paarungssaison zugleich ihre letzte ist. Nur einem von zehn Bullen gelingt es überhaupt, sich jemals fortzupflanzen. Wer dieser eine ist, entscheidet sich in zahlreichen blutigen Kampfrunden. Nachdem der stärkste Bulle seine Überlegenheit mit aller Brutalität demonstriert hat, holt er sich den Lohn des Siegers: eine ganze Serie von Paarungen.

Aber die Weibchen sind nicht nur passive Objekte männlicher Lust. Auch wenn es so aussieht, als wären sie alle einem großen männlichen Sieger zu Willen, trifft dies keineswegs zu. Zunächst einmal sind Weibchen wählerisch, und das aus gutem Grund: Sie tragen die Hauptlast der Fortpflanzung. Eine weibliche Karettschildkröte ist da keine Ausnahme. Während der Beitrag des Männchens zur Fortpflanzung gerade ein Teelöffelchen Sperma ist, legt das Weibchen in einer einzigen Saison bis zu 500 dottergefüllte Eier. Weibliche Tiere wenden in der Regel mehr Zeit und Energie für die Fortpflanzung auf als ihre Partner. Diese ungleiche Verteilung der Lasten veranlaßt die Weibchen, sehr genau zu prüfen, wessen Nachkommen sie gebären und großziehen wollen.

Eier zu produzieren, ist eine gewaltige körperliche Leistung. Diese nährstoffreichen Kraftpakete erfordern monatelange Aufbauarbeit. Da Eier Garanten künftiger Generationen sind, wenden Männchen jedes nur erdenkliche Mittel an, um Weibchen davon zu überzeugen, daß gerade sie diese Eier befruchten sollen. Die Männchen vieler Tierarten haben eine Prüfung zu bestehen, bevor sie als Partner in Frage kommen. Vor allem unter den Vögeln haben die Weibchen enorme Macht über die Männchen. Manche zwingen die männlichen Bewerber, zu allererst ihre Tüchtigkeit als Erbgutspender zu demonstrieren. Für Webervögel etwa hängt der Bruterfolg von einem tragfähigen Nest ab. Die Weibchen lassen sich mit einem Männchen erst

Webervögelweibchen wählen den Vater ihres Nachwuchses nach seiner Fertigkeit im Nestbauen aus.

Bei den Laubenvögeln wird jenes Männchen von den wählerischen Weibchen erhört, das die schönste Liebeslaube bauen kann.

dann ein, wenn es sich als guter Baumeister ausgewiesen hat. Zu Beginn der Brutsaison versuchen alle Männchen, auf die Weibchen Eindruck zu machen, aber nicht alle sind dabei gleichermaßen erfolgreich. Sobald das Fundament gelegt ist, warten die Männchen ungeduldig darauf, daß ein Weibchen die Baustelle inspiziert. Hat sich ein Weibchen für einen Partner entschieden, kann er die Arbeit zu Ende führen. Ist der Rohbau komplett, richtet das Weibchen ihn ein und legt die Eier.

Ob die Brut überlebt und gedeiht, hängt also zunächst einmal von der Wahl des richtigen Partners ab. Auch in den Dschungelteichen von Ecuador setzen Weibchen ihre Partner unter enormen Druck. Die Qualität eines Guppymännchens ist an seiner Färbung erkennbar. Die farblosen Weibchen fühlen sich von grellorange gefärbten Männchen angezogen. Diese Farbe stammt von mikroskopisch kleinen Beutetieren. Die Farbintensität eines Männchens läßt darauf schließen, ob es ein tüchtiger Jäger ist – eine Eigenschaft, die sich jedes Weibchen für seine Nachkommen wünscht. Wenn ein Weibchen ein besonders grell gefärbtes Männchen ins Auge gefaßt hat, erlaubt es ihm, sich zu nähern und mit dem Werberitual zu beginnen. Eine der Flossen am Bauch des Männchens ist zu einer Begattungsröhre umgeformt, in einem Sekundenbruchteil ist die Paarung vollzogen.

Vorhergehende Doppelseite: **Eine weibliche Karettschildkröte legt in einer Saison bis zu 500 Eier. Der Beitrag des Männchens ist gerade ein Teelöffel voll Sperma.**

Der Druck, den Weibchen auf potentielle Partner ausüben, hat bei manchen Arten zu erstaunlich komplexen Verhaltensweisen geführt – so etwa in der Familie der Laubenvögel. In den Regenwäldern Neuguineas legen männliche Hüttengärtner kunstvolle Lauben an, um Weibchen zu erobern. Die Hennen haben sich über viele Generationen zu Kunstkennerinnen entwickelt und paaren sich nur mit Besitzern äußerst phantasievoll dekorierter Lauben. Zur Paarungssaison baut jedes Männchen eine Laube und schmückt sie aufwendig mit allerlei natürlichen Schätzen wie Schneckenschalen oder bunten Blüten – alles in der Hoffnung, die

Aufmerksamkeit eines vorbeikommenden Weibchens zu fesseln. Für das unauffällig gefiederte Männchen ist diese Art der Partnerwerbung vorteilhafter als ein prachtvolles Federkleid. Es kann auf den Geschmack bestimmter Weibchen eingehen und sein Kunstwerk entsprechend abwandeln. Das Männchen verbessert sein Kunstwerk unaufhörlich in der Hoffnung, daß ein Weibchen es irgendwann unwiderstehlich findet. Sogar Käferflügel werden fortwährend neu angeordnet, damit sie das Licht reflektieren und als Blickfang wirken. Der beste Künstler schafft es schließlich, seine Konkurrenten mit einem genialen Werk zu übertrumpfen. Ein Zustrom an Weibchen ist ihm sicher.

Noch schwerer zufriedenzustellen als die Weibchen der Laubenvogelfamilie sind jene der Langschwanzpipras von Costa Rica. Hier wählt sich jedes Weibchen aus etwa 80 Männchen einen Partner und fordert dabei die Bewerber bis zur völligen Erschöpfung. Die Männchen bilden Tänzerduos. Ein junges Männchen tut sich dabei mit einem erfahrenen älteren Partner zusammen. Es bedarf jahrelanger Übung, bevor die Weibchen die Show auch nur eines Blickes für würdig erachten. Aber Tanzen allein ist nicht genug, die Weibchen wollen auch hören, ob die beiden im Duett singen können, und so gibt ein solches Duo pro Tag bis zu 4000 Rufe von

Langschwanzpipras tanzen im Duett, um die Weibchen zu betören. Nur der Seniorpartner gelangt – wenn überhaupt – nach zehn Jahren Training zur Paarung.

Für männliche Große Paradiesvögel ist ein prächtiges Federkleid ausschlaggebend, um von den Weibchen auserwählt zu werden.

sich. In den Augen der Weibchen sind die meisten Männchen schlichtweg Versager. Nur etwa eines von 40 Duos finden sie sehens- und hörenswert. Und von diesem einen Siegerduo gelangt wiederum nur der Seniorpartner zur Paarung. Etwa zehn Jahre arbeitet das Vögelduo an seiner Nummer, um an die Spitze zu kommen, und der Seniorpartner verliert in der Paarungssaison mitunter ein Viertel seines Körpergewichts. Völlig erschöpft und ausgezehrt wird er am Ende doch mit Sex belohnt. Ob er das Jahr überlebt, ist fraglich.

In den Ebenen von Uganda haben wählerische Moorantilopenweibchen die Böcke dazu gebracht, sich an bestimmten Orten zu versammeln und eine Art Partnermarkt zu bilden. Jeder Bock besetzt und verteidigt sein eigenes kleines Territorium. Die Böcke stehen tagelang auf ihren Plätzen und warten auf weibliche Kundschaft. Die meiste Zeit leben die Geschlechter getrennt. Sobald sie fruchtbar werden, suchen sie einen der traditionellen Brunftplätze auf. Hier können sie nach Belieben unter Dutzenden Böcken wählen. Zwar sind die meisten Böcke

gut gebaut und attraktiv, aber manche haben bessere Adressen als andere. Der stärkste Bock steht in der Mitte des Areals. Dorthin zieht es alle Weibchen. Natürlich will jeder Bock den Platz in der Mitte für sich beanspruchen. Wer auch immer ihn gerade besetzt, wird daher ständig von Rivalen bedrängt und kommt nie zur Ruhe. Selbst der stärkste Bock kann sich höchstens ein paar Tage lang halten. Dann ist er am Ende seiner Kräfte und wird von einem unverbrauchten Gegner verjagt.

Die ultimative Form weiblichen Selektionsdrucks findet man in Papua-Neuguinea. Im Kronendach des Dschungels versammeln sich männliche Große Paradiesvögel. Ihr prachtvolles Federkleid hat sich über unzählige Generationen entwickelt. Antrieb dieser Entwicklung waren und sind die hohen Ansprüche der Weibchen. Bei Tagesanbruch erheben die Männchen ein lautes Geschrei, so daß ihre Zusammenkunft für die Weibchen leicht zu finden ist. Die Weibchen besuchen eine solche Gruppe nach der anderen und beurteilen die Vorzüge jedes einzelnen Männchens. Die Ankunft der Weibchen löst größte Aufregung aus. In jeder Gruppe besetzt ein Männchen eine zentrale Stelle, die den Weibchen besonders attraktiv erscheint. Die Männchen werden erst im Alter von sieben Jahren geschlechtsreif, und erst dann tragen sie ihr Prachtkleid. Die Weibchen sind viel früher reif und deshalb in der Überzahl. Jahr für Jahr werden dieselben Balzplätze benutzt. Der Mittelpunkt eines solchen Platzes gehört immer dem stärksten und prachtvollsten Männchen. Der Dschungel ist so reich an Früchten, daß die Weibchen ihre Jungen allein großziehen können. Die Männchen dienen lediglich als Samenspender.

Diese Unabhängigkeit erlaubt es den Weibchen, umherzustreifen und sich die aufregendsten Männchen auszusuchen. Jede Generation von Weibchen wählt sich nur eine Handvoll der besten Männchen. Die überwiegende Mehrzahl der Männchen scheidet aus dem Rennen. Ob allerdings die wenigen Auserwählten auch die Väter der Nachkommen der Weibchen sind, steht auf einem anderen Blatt. Noch finden die Hennen genügend Gelegenheiten, sich mit anderen begehrten Männchen zu paaren. Auch wenn der männliche Konkurrenzkampf um die Paarung gewonnen scheint, der Kampf um die eigentliche Empfängnis ist noch keineswegs entschieden.

Wer ist der Vater?

Zwischen einem Wildeselfohlen und seiner Mutter besteht eine enge Bindung. Aber wer sein Vater ist, kann das Fohlen nicht wissen. Selbst der Hengst, der es gezeugt hat, kann sich dessen nicht sicher sein. Die Hengste kämpfen miteinander, um zu entscheiden, wer sich mit einer

Wer der Vater ihres Fohlens ist, weiß eine Wildeselstute nicht. Sie wurde von einigen Hengsten gedeckt.

Stute paart. Der Sieger eines solchen Duells wird der Erzeuger eines oder mehrerer Fohlen sein – oder zumindest scheint es so. Eine paarungsbereite Stute löst in einem siegreichen Hengst unbändiges sexuelles Verlangen aus. Irgendwann läßt sich die Stute decken, aber ein einzelner Deckakt garantiert noch keine Empfängnis. Der Hengst kann nicht wissen, ob sich die Stute nicht bereits mit einem anderen gepaart hat. In diesem Fall tritt sein Sperma in Konkurrenz zu dem eines anderen Hengstes. Und nach ihm warten bereits weitere Rivalen auf ihre Chance. Der Paarungsakt ist nur der Startschuß zu einem Wettlauf verschiedener Samenzellen zur Eizelle.

Die geschlechtliche Vermehrung hat ihren Ursprung in der Weite des Meeres. Hier liegt die größte Schwierigkeit darin, daß Ei und Same einander überhaupt begegnen. Riffbauende Korallen vertrauen ihre Keimzellen nachts dem offenen Meer an. Zu Millionen driften sie, wohin auch immer die Strömung sie trägt. Die winzigen Korallenpolypen sind am Untergrund festgewachsen. Bei Vollmond, wenn die Flut am höchsten steigt, geben sie alle zugleich Eier und Sperma in das vorbeiströmende Wasser ab. Um die Wahrscheinlichkeit einer Befruchtung zu optimieren, spielen die Korallen mit astronomisch hohem Einsatz. Trotzdem wird im Durchschnitt nur ein einziges von zehn Millionen Eiern befruchtet.

Wenn Tiere sich von der Stelle bewegen können, wird ihr Paarungsverhalten zielgerichtet und komplex. Bei der Paarung der Kofferfische folgt das Männchen jeder noch so kleinen Bewegung des Weibchens. Es samt genau in dem Augenblick ab, in dem das Weibchen ablaicht. Indem diese Fische ihre Keimzellen paarweise ins Wasser abgeben, kann das Männchen sicher sein, daß die gezeugten Nachkommen seine eigenen sind. Lippfischweibchen hingegen überlassen ihre Eier einem ganzen Schwarm von Männchen. Ist ein Weibchen bereit, abzulaichen, so schießt es mit einer Schar von Bewerbern im Gefolge pfeilschnell an die Oberfläche, wo dann gleichzeitig Wolken von Eiern und Sperma explodieren. Auf die Spitze getrieben wird ein solcher von Weibchen angestifteter Wettbwerb der Männchen in den flachen Buchten der Bermudas. Drei Nächte lang nach Vollmond, jeweils etwa eine Stunde nach Sonnenuntergang, erscheint auf dem Meer ein geheimnisvolles Leuchten. Es stammt von weiblichen Feuerwürmern, die aus dem Meeresgrund kommen, an die Wasseroberfläche aufsteigen und ihre Eier in langen, leuchtenden Schleimschnüren absondern. Dieses Leuchtsignal lockt männliche Würmer an. Sie schwimmen um die Wette, um die driftenden Eier zu befruchten.

Weibliche Feuerwürmer haben keinerlei Einfluß darauf, ob ihre Eier befruchtet werden oder nicht. Aber im Meer gibt es auch Arten, wo dies sehr wohl der Fall ist: Vor der Küste Kaliforniens versammeln sich Kalmare zu einer Orgie. Hier werden die Eier im Körper des Weibchens befruchtet. So hat jedes Weibchen die Gewißheit, daß die Paarung erfolgreich ist. Die männlichen Tiere ringen miteinander, um den Körper eines Weibchens in Besitz zu nehmen und dessen verborgene Eier zu befruchten, indem sie Spermienpakete in die Geschlechtsöffnung pressen. Erst nach vollzogener Paarung – möglicherweise mit mehreren Partnern – deponieren die Weibchen ihre länglichen Eisäcke auf dem Meeresgrund. Wenn die Befruchtung im Inneren des Körpers stattfindet, wird der weibliche Körper Gegenstand des männlichen Konkurrenzkampfes. Männliche Tintenfische gehen in diesem Punkt noch einen Schritt weiter. Sie setzen voraus, daß jedes Weibchen bereits von einem anderen Männchen begattet sein könnte. Tintenfische paaren sich Kopf an Kopf. Vor der Paarung pumpt das Männchen seiner Partnerin einen kräftigen Wasserstrahl in die Geschlechtsöffnung, um etwaige Spermapakete anderer Männchen herauszuspülen.

Obwohl Schnecken Zwitter sind, die ganz allein für Nachwuchs sorgen könnten, versuchen sie, sich mit einem Artgenossen zu paaren, ohne selbst befruchtet zu werden.

Die Befruchtung innerhalb des Körpers ist eine der Voraussetzungen dafür, daß Tiere sich auch an Land fortpflanzen können, denn nur so sind die empfindlichen Keimzellen vor dem Austrocknen geschützt. Auf dem Festland aber eskaliert der Kampf der Geschlechter. Landschnecken hängen eng umschlungen an einem Schleimfaden. Als Zwitter könnte jede Schnecke sich zwar selbst befruchten. Um jedoch den eigenen Nachkommen den größtmöglichen Vorteil zu verschaffen, bemüht sich jede Schnecke, einen anderen Artgenossen zu befruchten, ohne selbst befruchtet zu werden.

Diese Haßliebe geht so weit, daß jedes der beiden Individuen versucht, dem Partner, der zugleich Gegner ist, den Penis abzubeißen. Daß Geschlechtspartner zugleich erbitterte Rivalen sind, liegt bei Zwittern wohl in der Natur der Sache. Aber auch zwischen männlichen und weiblichen Tieren kann die Paarung gefährlich – sogar lebensgefährlich – werden.

Im australischen Busch lebt eine der giftigsten Spinnen der Welt. Sie gehört zur Familie der Schwarzen Witwen. Das Männchen ist winzig im Vergleich zum Weibchen. Der Körper des Weibchens ist eine monströse lebende Eierfabrik. Wirbt ein Männchen um eine Geschlechtspartnerin, so ist dies ein heikler Hochseilakt zwischen Leben und Tod. Eine einzige falsche Bewegung, und der Bewerber wird zu Spinnenfutter. Ob er Vater wird oder als Junggeselle stirbt, hängt allein von seinen Massagekünsten ab. Während er seine Partnerin geschickt massiert, bringt er sich vorsichtig in Stellung. Zwei seiner Taster dienen als Paarungsorgane. Sie sind mit Sperma gefüllt. Nach einem kurzen Vorspiel dringt er mit einem dieser Organe in die weibliche Geschlechtsöffnung ein und pumpt den Inhalt hinein. Was dann geschieht, ist in der Tat ungewöhnlich: Er springt seiner Partnerin direkt zwischen die riesigen Klauen – ein Selbstmord mit dem einzigen Ziel, das weibliche Monster solange abzulenken und zu beschäftigen, bis sein Same die Eier sicher befruchtet hat. Das Männchen wird gefressen. Es hatte im Leben eine einzige Mission, und die ist erfüllt.

Bei vielen Spinnen sind die Weibchen Riesen und die Männchen Zwerge. Nach der Paarung werden die Winzlinge zu Spinnenfutter.

Im Gegensatz dazu wirkt die Paarung der nordamerikanischen Strumpfbandnattern unkompliziert. Sie versammeln sich zu einer Massenorgie, bei der immer mehrere Männchen ein geschlechtsreifes Weibchen verfolgen. Binnen weniger Wochen wird jedes Weibchen bis zu 70 Nachkommen produzieren. Kein männliches Tier will sich diese Chance zur Fortpflanzung entgehen lassen. Schließlich setzt sich eines der Männchen durch. Sein hakenbewehrter Penis sitzt im Körper des Weibchens fest. Die vielen Penisformen im Tierreich lassen darauf schließen, daß der Penis mehr kann, als nur Sperma abzugeben. Klapperschlangen etwa haben nicht nur eine gespaltene Zunge, sondern auch einen gespaltenen Penis. Der Penis des Ameisenigels ist an der Spitze viergeteilt, jener der Makis ist mit Borsten besetzt. Viele Huftiere haben ein in Sekundenschnelle ausfahrbares Organ.

Für eine Elefantenkuh ist die Paarung ein gefährlicher Akt. Ihr Partner ist um einige Tonnen schwerer.

Manche Penisse, etwa jene der Wildschweine, sind spiralig gedreht. Der Penis bestimmter Tiere wird durch einen Penisknochen versteift, andere Penisse sind durch Blutdruck beweglich. Wie auch immer der Penis geformt ist – es ist seine Aufgabe, eine möglichst sichere Empfängnis zu gewährleisten, also Sperma möglichst nah an die Eizellen zu bringen. Manchmal bedarf es dazu spezieller Techniken. So etwa schwillt der Penis eines Schakals – wie bei allen hundeartigen Tieren – nach dem Samenerguß im Inneren des weiblichen Körpers so sehr an, daß die Partner sich etwa eine halbe Stunde lang nicht voneinander lösen können.

Bei Elefanten ist die Paarung eine heikle Angelegenheit. Ein zehn Tonnen schwerer Elefantenbulle hat sich seinen sexuellen Rang in der Herde schwer erkämpft. Ein solcher dominanter Bulle ist durchschnittlich 40 bis 50 Jahre alt. Ständig wandert er von einer Kuh zur anderen und prüft, welche gerade fruchtbar ist. Erwartungsgemäß ist der Penis der Elefantenbullen riesig. Was jedoch überrascht, ist seine Beweglichkeit. Sie ist ein notwendiger Ausgleich für die relative Unbeweglichkeit des massigen Körpers. Der bewegliche Penis agiert scheinbar völlig selbständig. Ein Bulle kann um mehrere Tonnen schwerer sein als eine Kuh. Sein Ungestüm kann für die Partnerin zur echten Gefahr werden. Die Kuh lenkt durch Rufe die Aufmerksamkeit anderer Bullen auf sich. Sie will sicher sein, daß nur der stärkste sie deckt. Nach der Paarung bewacht der Bulle seine Partnerin noch eine Weile. Es sind viele Rivalen in der Nähe, und auf die Treue der Kuh kann er nicht vertrauen. Offenbar ist die Kuh immer noch an Sex interessiert. Sie ist jetzt trächtig und hat eine Tragezeit von 22 Monaten vor sich. Dann wird sie weitere fünf Jahre damit ausgelastet sein, ihr Kalb großzuziehen. Der Bulle übernimmt für seine Nachkommen keinerlei Verantwortung.

Folgende Doppelseite:
Gemeine Tintenfische beim Paarungsspiel.

Diese ungleiche Verteilung elterlicher Lasten findet man in den unterschiedlichsten Nischen des Tierreichs, so auch in den flachen Gewässern des Malawisees. Junge Buntbarsche sind nicht auf sich allein gestellt. Ihre Mutter ist immer in der Nähe und behält sie im Auge. Wenn Gefahr droht, ist sie sofort zur Stelle, um ihre Jungen auf höchst ungewöhnliche Weise in Schutz zu nehmen: Die Fische sind Maulbrüter, das Weibchen sammelt die Jungen immer wieder in seiner Mundhöhle. Das Männchen hat mittlerweile Zeit, sich nach neuen Partnerinnen umzusehen. Sobald das Weibchen Junge hat, wird es vom Männchen verlassen. Aber da die Jungen sich selbständig ernähren können, schafft das Muttertier die Aufzucht allein.

Junge Buntbarsche suchen im Maul der Mutter Zuflucht. Der Vater kümmert sich nicht um die Brut.

Seegraswiesen hingegen bieten relativ wenig Nahrung. Bei den hier lebenden Seepferdchen muß das Männchen mithelfen, die Brut großzuziehen, sonst könnten die Jungtiere in dieser kargen Umwelt niemals überleben. Seepferdmännchen gehen dabei sehr weit: Sie übernehmen einige tausend Eier vom Weibchen in einer Bauchtasche, in der es die Eier befruchtet. Die Larven ernährt es mit einem Sekret, das von der Innenhaut der Tasche abgeschieden wird. Das Weibchen kann indessen wieder auf Nahrungssuche gehen, seine Körperreserven regenerieren und weitere Eier produzieren. Das Männchen vollzieht sogar eine Art Geburt: Unter Preßwehen entläßt es die herangewachsenen Jungen ins Wasser. Bei dieser Art von Paarung kann das Männchen absolut sicher sein, daß es der Vater dieser Jungen ist. Genau das – garantierte Vaterschaft – hat es den Weibchen dieser Art ermöglicht, den Männchen die Brutpflege zu übertragen.

Rechte Seite: ***Seepferdmännchen übernehmen vom Weibchen den Nachwuchs in eine Bauchtasche und bringen ihn sogar unter Geburtswehen zur Welt.***

Auch bei den Afrikanischen Ochsenfröschen übernehmen die Väter die Aufzucht der Jungen. Sobald ausgiebige Sommerregen vorübergehend Tümpel entstehen lassen, setzt schlagartig eine Massenpaarung ein. Jedes Männchen versucht gegen heftige Konkurrenz, eine Reihe von Weibchen zu gewinnen und deren Eier zu befruchten. Die Weibchen legen in mehreren Klumpen einige tausend Eier ab. Nach der Eiablage verlassen die Weibchen erschöpft den Tümpel. Die Männchen bleiben zurück und hoffen zunächst auf neue Partnerinnen. Es gibt aber einen weiteren Grund, dazubleiben: Die Kaulquappen, die aus den Eiern schlüpfen, brauchen Schutz vor der tropischen Sonne und Hilfe, wenn die Tümpel schrumpfen. Das männliche Tier treibt seine Kinderschar vor sich her wie ein Hund eine Herde Schafe. Wenn sich das Wasser zu sehr erwärmt, führt es die Kaulquappen in tieferes, kühleres Wasser mit höherem Sauerstoffgehalt, ja baggert manchmal sogar unter großen Anstrengungen einen Kanal zu einem

angrenzenden Tümpel, damit entweder Frischwasser nachfließen kann oder die Kaulquappen einen Fluchtweg haben. Zugleich schützt der Frosch seine Jungen vor Freßfeinden.

Albatrospaaren gelingt die Aufzucht von Jungen nur mit vereinten Kräften. Die Vögel bleiben einander 40 Jahre treu. Der Grund dafür ist die mühsame Aufzucht der Jungen. Sobald das einzelne Junge das Licht der Welt erblickt hat, braucht es neun Monate lang die uneingeschränkte Zuwendung beider Eltern. Alle drei Tage macht sich ein Elternteil auf eine lange Reise über antarktische Gewässer. In diesem Zeitraum fliegt ein Albatros bis zu 1500 Kilometer. Für Albatroseltern bedeutet Fortpflanzung lebenslange Schwerarbeit. Das Junge braucht Wärme und regelmäßig Futter. Die Aufzucht eines Jungen in der Antarktis ist so mühsam, daß Albatrosse nur jedes zweite Jahr brüten. Sollte einem der Eltern etwas zustoßen, kommt das Junge unweigerlich um. Tausende Albatroseltern werden alljährlich Opfer des industriellen Thunfischfangs. Damit ein junger Albatros nach neun Monaten die Schwingen ausbreiten und warten kann, bis der Wind ihn über die Weite des Meeres trägt, bedarf es also nicht nur großer Mühe, sondern auch einer riesigen Portion Glück.

Trauerschnäppermännchen sind Bigamisten. Sie paaren sich manchmal mit zwei Weibchen, unterstützen aber nur eines bei der Brutpflege.

Die meisten Meerestiere überlassen ihren Nachwuchs sich selbst. Doch in Bereichen, die auch unter Wasser Schutz bieten, macht Brutpflege eher Sinn. In reichgegliederten Riffgewässern tun Hummerweibchen ihr Bestes, um das Überleben der Brut zu sichern. In einer Felsspalte verborgen behält das Weibchen seine Eier so lange bei sich, bis sie reif sind. Dann aber vertraut es seine Nachkommenschaft dem Meer an. Die winzigen Larven vermischen sich mit dem übrigen freischwebenden Plankton. Unter den vielen Riffbewohnern gibt es aber auch Fische, deren Weibchen die Brutpflege allein dem Vater ihrer Nachkommen übertragen. Sofort nach dem Ablaichen, noch während der Partner die Eier befruchtet, macht sich das Demoiselleweibchen davon. Für das Männchen haben damit die sexuellen Streifzüge ein Ende. Instinktiv bleibt es in der Nähe des Geleges, um es zu bewachen, und es tut auch gut daran. Gefräßige Schwärme von Laichräubern suchen systematisch den Meeresgrund nach Eiern und Larven anderer Fische ab. Ohne eine solche aktive Brutpflege durch die Männchen wäre diese Demoiselleart wohl bald ausgestorben.

Unter anderen Umwelt- und Lebensbedingungen jedoch bewährt sich gerade die gegenteilige Strategie: Ein Trauerschnäppermännchen singt, um eine Partnerin anzulocken. Sie läßt auch nicht lange auf sich warten, und er zeigt ihr, wo sie ihre Eier legen kann. Sofort nach der Paarung beginnt es zu legen, aber noch bevor das Gelege vollzählig ist, verfolgt sein Partner andere Interessen. Im Wald gibt es noch weitere Brutgelegenheiten, also lockt er ein zweites Weibchen an, das ebenfalls Eier legt. Während es mit Legen und Brüten beschäftigt ist, eilt er zurück zu seiner ersten Partnerin. Dort sind inzwischen die Jungen geschlüpft, und das Männchen versorgt sie in musterhafter Weise. Das zweite Weibchen dagegen hat es nicht so leicht. Diese Mutter ist sitzengelassen worden, ihr Partner hat sich nie wieder blicken lassen. Die Jungen ständig warm zu halten und zugleich Nahrung zu beschaffen, ist mehr, als sie allein schaffen kann. Während also die eine Brut täglich schrumpft, wächst die andere kräftig und vollzählig heran. Das Doppelspiel des Männchens hat dessen erster Familie in keiner Weise geschadet. Und dem zweiten Weibchen gelingt es manchmal, ein bis zwei Junge durchzubringen. Das Männchen hat nur profitiert: Ohne die geringste Mühe zu investieren, hat es zwei zusätzliche Nachkommen.

Aber nicht alle Bigamisten kommen so billig davon: Beutelmeisenweibchen in Österreich etwa kennen die Tricks der Männchen und haben ihre eigenen. Das Männchen baut ein eindrucksvolles Nest. Es möchte sich so früh im Jahr wie nur möglich paaren. Sobald das Weibchen Eier gelegt hat, verfolgt das Männchen in der Regel anderwärtige Interessen. Ein interessiertes Weibchen inspiziert das Nest und wird vom Männchen eingeladen, sich häuslich einzurichten. Nun täuscht das Weibchen den Partner: Es legt zwar täglich ein Ei, versteckt es aber in der dicken Auskleidung. Das Männchen glaubt, seine Partnerin habe noch kein Gelege. Sie kann die Täuschung mehrere Tage lang aufrechterhalten und legt inzwischen noch weitere Eier. Am Ende fliegt sie davon und läßt das Gelege offen liegen, so daß ihr Partner es findet. Die Entdeckung trifft ihn völlig unerwartet. Er hat zuviel Zeit verloren, um sich eine zweite Partnerin zu suchen, und ist nun gezwungen, das Gelege allein auszubrüten und die Brut großzuziehen.

Wo es Nahrung im Überfluß gibt, versuchen oft beide Elternteile, sich ihrer Pflichten zu entledigen, aber in der Kargheit des australischen Busches müssen die Partner Kompromisse eingehen. Bei den Emus dominiert das Weibchen. Es bestimmt, wann die Paarung beginnt, und ruft Bewerber zu sich. Das Weibchen hat Monate gebraucht, Eier zu produzieren. Nun benötigt es jemanden, der sie ausbrütet. Vor der Paarung prüft das Weibchen das Gewicht jedes Bewerbers, um zu sehen, ob er genügend Fettreserven für die bevorstehende Aufgabe hat. Das Männchen muß den ganzen Winter auf dem Nest aus-

Bei den Emus sind die Weibchen das starke Geschlecht. Sie legen die riesigen Eier, die Männchen müssen sie ausbrüten.

Rechte Seite: ***Gorillamännchen sind polygam. Ein Silberrücken wacht über einen ganzen Harem von Weibchen.***

harren und ohne zu fressen überleben. Dem Männchen bleibt nichts anderes übrig, als sich in dieses Arrangement zu fügen, denn das Weibchen hat alle seine Reserven für die Produktion der riesigen Eier aufgebraucht. Es hat nicht mehr genügend Energie zum Ausbrüten und zur Aufzucht der Jungen. Nur indem das Männchen das Brutgeschäft allein übernimmt, kann es sicherstellen, daß seine Nachkommen überleben.

Eine ganze Gruppe von Tieren kommt mit solch kargen Umweltbedingungen gut zurecht. Sie hat, entwicklungsgeschichtlich gesehen, eine radikal neue Methode der Jungenaufzucht eingeführt. Säugetiere produzieren Milch. Das heißt: Säugetiermütter produzieren Milch, die Jungen hängen buchstäblich an ihnen. Männliche Säugetiere sind frei von dieser Last und können sich neue Partnerinnen suchen. Manchmal jedoch liegt es in ihrem Interesse, bei der Familie zu bleiben. In den trockenen Steppen Südafrikas brauchen Erdwolfjunge ihren Vater. Sie verbringen den Tag geschützt in einem Erdbau mit ihrer Mutter. Bei Sonnenuntergang rührt sich das Männchen von seinem Schlafplatz, der in einiger Entfernung vom Bau liegt. Während der Nacht muß die Mutter die Jungen verlassen, um auf Nahrungssuche zu gehen. Sie lebt von Termiten und braucht allnächtlich etwa eine Viertelmillion dieser winzigen Tiere, um satt zu werden. Eine solche Mahlzeit dauert mehrere Stunden. Deshalb kommt der Vater nachts zum Bau, um den Wurf zu beschützen. Eine Erdwolfmutter ohne männlichen Schutz verliert in der Regel alle ihre Jungen, denn die afrikanische Nacht ist voller Gefahren. Freilich hat die scheinbare Aufopferung des Rüden für seine Jungen ein eigennütziges Motiv: Dank seiner Mithilfe überleben durchschnittlich fünfmal mehr Nachkommen.

Alle Jungtiere einer Gorillafamilie sind Nachkommen des einen dominanten Silberrückens.

Diese Zusammenarbeit der Geschlechter bei der Aufzucht der Jungen ist eine erfolgreiche Strategie. Sie ermöglicht es den beiden, mehr Junge großzuziehen, als ginge jeder seine eigenen Wege. Bei afrikanischen Wildhunden wirkt sich die Beteiligung der Rüden an der Aufzucht in geradezu spektakulärer Weise auf die Überlebensrate der Welpen aus. Die Rüden schaffen die Jagdbeute heran, um die säugenden Mütter zu ernähren. Dank der männlichen Mithilfe können nur zwei Weibchen gemeinsam bis zu 30 Welpen großziehen. In gemeinschaftlicher Jagd kann eine Hundemeute große Beutetiere erlegen und Nahrung über weite Strecken transportieren. Indem die Hunderüden bei ihrem Klan bleiben und Nahrung beschaffen, begründen sie ein höchst erfolgreiches kommunales System.

Ein männlicher Berggorilla ist alles andere als ein zärtlicher Vater. Aber auch er ist in eine feste Gemeinschaft eingebunden. Seine einzige Lebensaufgabe ist die eines allgewaltigen Schutzherrn über seinen Harem und die Jungtiere, die alle seine Nachkommen sind. Das fruchtbare Gelände, das er bewacht und verteidigt, bietet genügend Nahrung für seine Sippe. Den Weibchen allein obliegt die Pflege der Jungen. Aber das ist kein Nachteil, denn das polygame Zusammenleben ist ein Kompromiß zwischen den Geschlechtern: Die Weibchen tei-

len sich einen starken Partner, während dieser mit mehreren Weibchen Nachkommen zeugen kann. Aber auch in dieser Gesellschaft gibt es Spannungen. Immer wieder muß ein Silberrücken seinen erwachsenen Söhnen zeigen, wer der Herr des Harems ist. Es geht vor allem um das Recht auf Sex. Sex kann eine Gemeinschaft gewaltsam auseinandertreiben. Mit dem Entstehen sozialer Gruppen beginnt unweigerlich auch ein neuer Kampf – der Kampf um den sozialen Frieden.

Linke Seite:
Eine Baßtölpelkolonie ist ein feindseliger Ort. Jedes Brutpaar muß ständig sein winziges Nistareal gegen die Nachbarn verteidigen.

Klans und Klone

Zu den eindrucksvollsten Schauspielen der Natur zählen die ungeheuren Massenansammlungen mancher Arten. Solche riesigen Partnermärkte sind Schmelztöpfe, aus denen immer neue genetische Kombinationen hervorgehen. Aber gerade hier eskalieren sexuelle Konflikte und drohen Gemeinschaften zu zerreißen. Solche von sexueller Rivalität getriebene Gewalt steht in krassem Gegensatz zum Bedürfnis nach Zugehörigkeit, etwa zu einer Herde oder einem Klan: Auf nackten Granitfelsen in der Nordsee sammeln sich alljährlich Zehntausende Baßtölpel. Diese Bewohner des offenen Meeres kommen nur an Land, um sich zu paaren und zu brüten. Dann aber brauchen sie entlegene Inseln, wo ihre Brut nicht von Räubern bedroht ist. In einer Baßtölpelkolonie zeigt sich immer wieder die destruktive Seite sexueller Energie. Jeder Vogel ist gezwungen, sein winziges Nistareal ständig gegen Übergriffe von Nachbarn zu verteidigen. Ein Baßtölpel hat nur einen einzigen Freund – seinen Paarungspartner. Die ganze Kolonie ist eigentlich eine Ansammlung von feindseligen Fremden, die gezwungen sind, die Insel gemeinsam zu nutzen. Manchmal kommen Vögel bei solchen Territorialkämpfen sogar ums Leben. Dennoch gibt es in dieser Vogelmetropole auch Gesetze: Unter Nachbarn herrscht so etwas wie ein Waffenstillstand. Ist das Brutgeschäft abgeschlossen, lösen sich Kolonie und Paare wieder auf.

Dscheladapavianweibchen leben in ständiger Angst vor männlicher Gewalt.

Bei manchen Arten jedoch bleiben männliche und weibliche Tiere das ganze Jahr über zusammen, und dort herrschen noch weit größere Spannungen. Im Hochland von Äthiopien leben die Dscheladapaviane. Die bodenbewohnenden Primaten sind ausgesprochen gesellige Tiere. Aber gerade deshalb leben die meisten von ihnen in ständiger Furcht. Das Leittier ist ein Tyrann. Er und seine männlichen Rivalen versetzen die Gruppe immer wieder in Angst und Schrecken. Die männlichen Tiere wenden Gewalt an, um zu bekommen, was sie wollen – so viele Weibchen wie möglich. Die dominanten Männchen profitieren von Gewalt: Ihre überlegene Körperkraft und ihr unbändiger Geschlechtstrieb macht sie zu rücksichtslosen Despoten. Ein männlicher

Die männlichen Dscheladapaviane sind aggressive Tyrannen. Nur Sex kann sie besänftigen.

Dschelada kann für sich einen Harem von sechs oder sieben Weibchen beanspruchen. Sex sorgt für ständige Hochspannung, denn jeder männliche Tyrann ist von seinesgleichen umgeben. Die Rivalen versuchen, einander die Weibchen abspenstig zu machen.

Die aufgeregten Männchen paaren sich mit den Weibchen, um Aggression und Streß abzubauen. Vielen Tieren dient Sex nicht allein zur Fortpflanzung: Für weibliche Dscheladas ist die ständige Aggression schwer zu ertragen. Sie wollen mit ihrem Nachwuchs in Frieden gelassen werden. Und sie wissen, was sie tun müssen, um die despotischen Männchen einigermaßen im Zaum zu halten. Zärtlichkeiten sorgen für Entspannung. Die gegenseitige Fellpflege verstärkt auch soziale Bindungen. Wenn ein Männchen eine seiner Gefährtinnen mißhandelt, bilden die

Weibchen eine gemeinsame Front. Der Tyrann kann also nicht immer seinen Willen durchsetzen. Paradoxerweise brauchen die Weibchen aggressive Partner, und zwar zum Schutz vor umherstreifenden jungen Männchen. Von ihnen gibt es nicht wenige. Banden sexuell frustrierter Junggesellen lauern ständig in der Nähe der Sippe. Jeder von ihnen würde gern selbst über einen Harem herrschen. Die Aggressionen der männlichen Jugend unter Kontrolle zu halten, scheint ein universelles soziales Problem zu sein. Wo eine solche Bande auftaucht, entsteht Chaos. Der Sippenälteste ist gezwungen, seine Position mit Gewalt zu verteidigen. Solche Begegnungen sind Machtproben, und irgendwann kommt der Tag, an dem der Despot von seinem Thron gestoßen wird.

Auch männliche Löwen sind für jeden, der sie provoziert, äußerst gefährliche und brutale Gegner. Im allgemeinen sind sie aber kaum aggressiv. Das Geheimnis ihrer Friedfertigkeit ist Sex im Überfluß. Den Mittelpunkt ihrer Sippe bildet eine Gruppe von weiblichen Tieren. Sie sind miteinander verwandt und ziehen gemeinsam ihre Jungen groß. Die Löwinnen und ihr Nachwuchs sind auf kämpferische männliche Tiere angewiesen, die das Jagdrevier gegen andere Rudel verteidigen. Meist sind die Männchen Brüder und mit den Weibchen nicht verwandt. Die Schutzherren werden immer wieder von anderen Männchen angegriffen, die selber Partnerinnen suchen. Wenn sie eine solche Auseinandersetzung verlieren, ist es um ihre Jungen geschehen. Die neuen Herrscher töten eines nach dem anderen. Die Löwinnen können nichts dagegen tun, sie sind den männlichen Tieren körperlich weit unterlegen. Ein ganzes Jahr mütterlicher Mühe ist dahin.

Den männlichen Löwen kommt der Tod der Jungen jedoch zugute, denn sobald die Weibchen nicht mehr säugen, werden sie sofort wieder fruchtbar. Die Löwinnen brauchen auch in Zukunft den Schutz von mindestens zwei starken Löwen. Damit ihre neuen Beschützer sich nicht gegenseitig aus Eifersucht bekämpfen, müssen sie ausgelastet sein. Dafür sorgen die Weibchen mit sexueller Unersättlichkeit. Sobald eine Löwin fruchtbar ist, will sie alle 20 Minuten gedeckt werden. Innerhalb von drei Tagen kann eine Löwin bis zu 300mal kopulieren. Wenn eines der Männchen erschöpft ist, wird es vom anderen abgelöst. Drei Monate später

Die Gesellschaft der Tüpfelhyänen wird von den Weibchen dominiert. Die Männchen nehmen in der Hierarchie den untersten Rang ein.

werfen die Löwinnen. Die Kätzchen haben von den mächtigen Beschützern des Rudels nichts zu befürchten, denn jedes der beiden männlichen Tiere hält sich für ihren Erzeuger. Da sich beide Brüder mit den Löwinnen gepaart haben, beschützen sie nun gemeinsam die Familie so lange, bis auch sie eines Tages abgelöst werden.

Wenn Weibchen tatsächlich die Oberhand behalten wollen, müssen sie die Männchen mit deren eigenen Waffen schlagen. Genau das geschieht bei den Tüpfelhyänen. Der ständige Kampf um die besten Beutebrocken hat den Körper der Hyäne geformt. Hier kommt nur zum Zug, wer stark und bissig ist. Dies gilt besonders für Muttertiere, die einen Wurf versorgen müssen. Hyänenklans werden von starken weiblichen Tieren dominiert. Vollgepumpt mit Testosteron, agieren sie wie aggressive weibliche Supermänner. Sie sind sogar mit einem erigierbaren Organ ausgestattet, das an einen Penis erinnert. Wenn Hyänen einander begegnen, ist eine solche Erektion ein Zeichen von Dominanz. Das Überleben eines Wurfes hängt weitgehend von der Aggressivität des weiblichen Klanoberhauptes ab. Die Jungen werden fast zwei Jahre lang gesäugt. Das Muttertier muß sich an einem Kadaver genügend Nahrung für die Milchproduktion erstreiten können. Männliche Hyänen sind den Weibchen völlig untergeordnet und nehmen im Klan den untersten Rang ein. Besonders deutlich zeigt sich die Macht der Matriarchin innerhalb des Baues: Sie kann das Geschlecht ihrer Nachkommen bestimmen. Gibt es Nahrung im Überfluß, gebiert sie Töchter, die ihr Rudel erheblich verstärken. In schlechten Zeiten bringt sie Söhne zur Welt, die das Territorium verlassen und ihre Gene in benachbarte Klans tragen.

In einem Mangustenklan ist Sex kein Auslöser von Gewalt. Manche Tiere verzichten sogar bewußt darauf und übernehmen Aufgaben im Dienst der Sippe.

Wenn über der afrikanischen Savanne Regengüsse niedergehen, wird der steinharte Boden für einige Tage weich. Dann haben die unterirdisch lebenden Klans der Nacktmulle Großeinsatz. In nur zwei bis drei Tagen können sie ihr Tunnelnetzwerk um etliche Kilometer erweitern und dabei Tonnen von Material bewegen. Im Hauptquartier ruht das dominierende Weibchen, die Königin, auf einer Unterlage von geknechteten Männchen. Ihr Bauch ist zum Bersten voll mit Embryos. Diese tyrannische Königin unterdrückt den Fortpflanzungstrieb ihrer erwachsenen, aber viel kleineren Töchter, indem sie sie ständig ihre Macht spüren läßt. Selbst auf den Neugeborenen trampelt sie buchstäblich herum. Sie unterdrückt ihre Nachkommen, weil sie viele Arbeitstiere braucht. Ihr Trupp muß an den wenigen Regentagen blitzschnell graben, um genügend Knollen für das ganze Jahr zu sammeln, und das tut er nur unter dem Zwang der Königin.

Folgende Doppelseite: **Eine Löwin steht meist unter dem Schutz eines männlichen Brüderpaars, den Vätern ihrer Jungen. Werden sie gestürzt, töten die neuen Herrscher alle Jungen ihrer Vorgänger.**

Teamwork funktioniert in einer Mangustenfamilie auch ohne Unterdrückung, und alle profitieren davon gleichermaßen. Manche Klanmitglieder verzichten offenbar freiwillig auf Sex. Obwohl alle erwachsenen Tiere sich fortpflanzen könnten, tun es nur einige wenige tatsächlich. In einer Sippe von 20 erwachsenen Tieren sind im Durchschnitt nur vier Weibchen sexuell aktiv. Die Mangusten können im afrikanischen Busch nur überleben, indem sie als Familie kooperieren. Die Gruppe gibt ihnen Sicherheit. Die sexuell enthaltsamen Individuen übernehmen ganz bestimmte Aufgaben innerhalb der Gruppe. Wenn der Klan gemeinsam auf die Jagd geht, bleiben einige Männchen beim Bau zurück. Die Jungen kennen die vielen Gefahren, die im Busch auf sie lauern, noch nicht. Darum brauchen sie erfahrene Babysitter. Einige Weib-

Für Bonobos dient Sex zur Gewaltvermeidung, als gesellschaftlicher Kitt. Sie zeigen sexuelle Rituale, die nichts mit Fortpflanzung zu tun haben.

chen, die selbst keine Jungen haben, betreuen den Nachwuchs ihrer Schwestern. Auf diese Weise tragen sie dazu bei, daß die Gene der Sippe weiterbestehen. Die Vorteile eines solchen Familienlebens liegen auf der Hand. Erstaunlicherweise gibt es kaum sexuelle Rivalitäten. Wie Mangusten es schaffen, so friedlich miteinander zu leben, ist immer noch ein Rätsel.

Kein Geheimnis ist, wie eine bestimmte Art von Menschenaffen dies zuwege bringt. Bonobos sind Zwergschimpansen, die sich in der Isolation der Kongo-Urwälder zu einer eigenen Art entwickelt haben. Bonobos leben in festen Familien. Die friedliche und entspannte Stimmung in diesen Gruppen ist im gesamten Tierreich einzigartig. Auf seinen Streifzügen durch den Wald bleibt der Trupp immer zusammen. Selbst wenn es zu Konflikten kommt, läßt ein Bonobo seinen Ärger eher an einem Baum aus, als daß er einen Artgenossen verletzt. Das erstaunlichste jedoch ist, daß diese Primaten mit Hilfe von Sex Gewalt vermeiden: Nach einem Streit reiben männliche Bonobos ihre Genitalien aneinander – ihre Version eines versöhnlichen Händedrucks. Sex ist in dieser Gemeinschaft allgegenwärtig. Die Genitalien werden ständig präsentiert, jedoch nicht als Symbole sexueller Dominanz, sondern als freundliche Geste. Sexuelle Spiele sind bei jungen und erwachsenen Tieren gleichermaßen häufig zu beobachten. Es sind Rituale, die nichts mit der Fortpflanzung zu tun haben. Wenn ein Weibchen tatsächlich fruchtbar ist, kommt es zwischen den Männchen durchaus zu Eifersuchtsszenen, aber die meisten Konflikte werden gewaltlos ausgetragen.

Diese Funktion von Sexualität als bindende Kraft in einer Gemeinschaft hat im Tierreich keinerlei Parallele. Bei fast allen anderen Arten ist Sex die Ursache heftiger und oft verlustreicher Konflikte – sowohl zwischen den Geschlechtern als auch zwischen männlichen Rivalen. Bei der Hirschbrunft lautet die Devise: jeder gegen jeden und jeder für sich allein. Jeder Hirsch will alle weiblichen Tiere für sich, aber die sind zurückhaltend und kennen keine Loyalität gegenüber irgendeinem männlichen Tier. Alle Bewerber müssen beweisen, was sie wert sind, denn für einen Verlierer sind die Kühe nicht zu haben. Einer verliert immer, der Sieger hat den Preis für sich allein. Auf den Kühen lastet die gesamte elterliche Mühe. Männliche Hirsche sind geborene Kämpfer. Zumindest zur Brunftzeit stellen sie fortwährend ihre Überlegenheit zur Schau. Völlig anders die weiblichen Tiere: Sie sind fürsorglich gegenüber dem Nachwuchs und untereinander relativ friedfertig.

Warum sind die Rollen der Geschlechter so verschieden? Und warum gibt es in diesem Spiel nur zwei Rollen? Sex ist ein riskantes Abenteuer. Welchen Grund gibt es, sich überhaupt darauf einzulassen? Der Kampf der Geschlechter rührt wohl daher, daß die weibliche Hälfte der belebten Natur eine alte Rechnung offen hat. Die Geschichte begann vor etwa einer Milliarde Jahren, als simple Einzeller die Erde eroberten. Einzellige Individuen sehen alle gleich aus, aber sie haben unterschiedliche Gene. Nur unterschiedliche genetische Typen können sich vereinen und vermehren. Ihre Membranen verschmelzen miteinander, und ihre Zellinhalte vermischen sich. Nach der Paarung trennen sie sich wieder als neue Individuen. Das ist Sex einfachster Art: Es gibt nicht zwei Geschlechter, sondern jedes Individuum kann sich mit jedem paaren, so-

Die Hirschbrunft kennt nur einen Sieger. Der beste Kämpfer kommt zur Paarung.

lange die beiden nicht dieselben Gene haben. Aber das änderte sich vor langer Zeit, als zufällig eine Zelle entstand, die erheblich kleiner war als alle anderen. Dies war der wohl wichtigste Meilenstein in der Geschichte des Lebens.

Diese kleineren Zellen konnten sich leichter fortbewegen, und damit hatten sie Kontrolle über das Paarungsgeschehen. Ihre großen Partner konnten sich nur erfolgreich fortpflanzen, indem sie noch größer wurden und so die geringe Zellsubstanz ihrer zudringlichen kleinen Partner ausglichen. In der Folge entwickelte eines der Geschlechter immer mehr Masse. Das andere wurde ein immer schnellerer Schwimmer. Die winzigen, schnellen Zellen verdrängten schließlich alle anderen Geschlechter mit Ausnahme der großen, massereichen Zellen. Aus den kleinen wurden Spermien, aus den großen Eier. Es war die Geburtsstunde der Geschlechter, wie wir sie heute kennen. Von da an spaltete sich die belebte Natur in Männchen und Weibchen. Heute zwingen Weibchen ihre Partner zum Konkurrenzkampf um ihre kostbaren Eier. So entstand die Kluft zwischen den Erscheinungsbildern und dem Verhalten der Geschlechter.

Dabei gibt es auch andere Methoden, sich zu vermehren – zum Beispiel durch Klone. Korallen etwa vermehren sich, indem ihre festsitzenden Polypen exakte Kopien ihrer selbst produzieren. In tropischen Gewässern, wo die Umweltbedingungen stabil und vorhersagbar sind, ist das die beste Vermehrungsstrategie. Aber selbst Klone konkurrieren miteinander. Jahrzehntelang kämpfen sie um begrenzten Lebensraum. Und genau da bietet Sex eine gute Lösung. Die korallenähnlichen Hydrozoen vermehren sich ungeschlechtlich durch Knospung. Aber an einem dichtbevölkerten Riff ist der vorhandene Raum schnell aufgebraucht. Sobald es am Riff zu eng wird, wechseln die Hydrozoen von ungeschlechtlicher zu geschlechtlicher Vermehrung. Manche Individuen produzieren winzige Larven, sogenannte Medusen, die männliche oder weibliche Geschlechtsorgane haben. Sie driften davon und geben ihre Spermien und Eier in das Wasser ab. Daraus entstehen neue Polypen, die sich an freien Stellen niederlassen können.

Alle Lebewesen wollen sich vermehren. Klone, also exakte Kopien von sich selbst zu bilden, ist die direkteste Art, dies zu tun. Zu den wenigen höheren Tieren, die dazu imstande sind, gehören Sechsstreifenrennechsen. Sie leben in Populationen, die aus lauter genetisch identischen Weibchen bestehen. Jedesmal, wenn sie Eier legen, produzieren sie Klone von sich selbst. Diese Echsen leben in den Wüsten von Arizona und New Mexico. Sie sind in vollkommener Weise an ihren Lebensraum angepaßt. Das letzte, was sie brauchen, ist eine Veränderung ihres Erbgutes durch männliche Tiere. Den Weibchen dieser Art ist es irgendwann gelungen, ihre bestens bewährten Gene selbst zu reproduzieren und die Männchen aussterben zu lassen. Trotzdem hat ihr Körper die Erinnerung an das männliche Geschlecht bewahrt: Damit es überhaupt zu einem Eisprung kommt, brauchen die Weibchen vor der Eiablage jene Stimulation, die normalerweise von einem Männchen ausgeht, und so übernimmt eine Geschlechtsgenossin die Rolle des männlichen Tiers. Ausgelöst durch die Ausschüttung des männlichen Hormons Testosteron in seinem Blut, spielt dieses Weibchen das gesamte Repertoire männlichen Paarungsverhaltens durch.

Rechte Seite: ***Sechsstreifenrennechsen haben die Männerwelt hinter sich gelassen. Es gibt nur genetisch identische Weibchen, aus deren Eiern wiederum identische Klone schlüpfen.***

Diese Echsen sind nicht die einzige Art, die das männliche Geschlecht abgeschafft hat. Eine Reihe von Meerestieren hat ebenfalls diesen Weg gewählt. Zwischen den Weichkorallen und Schwämmen der Karibik lebt der kaum bekannte Hamletfisch. Es gibt mehrere unterschiedlich gefärbte Typen. Alle sind weiblich, aber erstaunlicherweise können sie auch Samen produzieren. Hamletfische können also auch ihre eigenen Eier befruchten. Darüber hinaus aber kann jedes Weibchen mit seinem Sperma weitaus mehr Eier befruchten, als es selbst produziert. Bei Sonnenuntergang treffen sich die Fische paarweise mit gleichfarbigen Partnern. Jeder versucht, den anderen zu befruchten. Die Frage ist, wer von beiden zuerst ablaicht. Das Verhalten der beiden erinnert an jenes von Männchen: Sie trauen einander nicht. Sobald eines der Tiere ablaicht, muß es befürchten, daß das andere die Eier befruchtet und dann einfach davonschwimmt, ohne selbst abzulaichen. Also geben die beiden abwechselnd einige wenige Eier ab und tauschen sie portionsweise gegen das Sperma des Partners ein.

Was ist der Sinn einer Paarung, wenn man sich genausogut selbst befruchten kann? Die Paarung befriedigt den männlichen Trieb, eigene Gene so weit wie möglich zu verbreiten. Ein anderer im Meer lebender Zwitter versucht, dies auf noch ungewöhnlichere Weise zu erreichen – blaue Meeresschnecken. Sie leben zwischen den nesselbesetzten Tentakeln von hochgiftigen Quallen, den sogenannten Portugiesischen Galeeren. Sie sind Parasiten und ernähren sich vom Fleisch ihrer Wirte. Wie die Hamletfische können auch diese Schnecken ihre eigenen, an Schnüren aufgereihten Eier befruchten. Auch sie können mit ihrem überschüssigen Sperma die Eier von Artgenossen befruchten. Beide Tiere verfolgen dieselbe Absicht: Sie wollen die Eier des Artgenossen befruchten, ohne daß die eigenen befruchtet werden. Konkret geht es darum, dem Artgenossen Sperma in dessen schlauchartigen Penis zu injizieren. Damit der Partner nicht dasselbe tut, versucht jeder, dem anderen das Geschlechtsorgan abzubeißen. Männliche Konkurrenz treibt selbst Körper, die an sich geschlechtslos sind, in gewaltsame Konflikte.

Die Portugiesische Galeere ist nicht nur hochgiftig. Die Qualle ist mit ihren bis zu 30 Meter messenden Tentakeln auch eines der längsten Tiere der Welt.

Sex ist aber nicht nur Auslöser von Konflikten innerhalb einer Art, sondern auch eine Waffe gegen Bedrohungen von außen. Krankheiten etwa sind eine solche universelle Bedrohung. Dieser Zusammenhang zwischen Krankheit und Sex wird in den Sumpfwäldern des Amazonas besonders deutlich. Hier fallen Moskitos in gierigen Schwärmen über jedes warmblütige Wesen her. Sie sind Überträger einer tödlichen Krankheit. Zu den Warmblütern, die ständig mit Mos-

Linke Seite:
Uakaris signalisieren ihre Immunität gegen Malaria mit knallig rotem Gesicht.

Auf der Nordseeinsel Rona gibt es Kegelrobben, die sich lieber eine Partnerin fürs Leben suchen, anstatt nach alter Sitte polygam zu leben. Beide haben davon nur Vorteile.

kitos leben müssen, gehören die Uakaris. Die Moskitos infizieren ihre Opfer mit Malaria. Die Affen könnten hier niemals überleben, wären nicht die meisten von ihnen gegen Malaria, eine der verheerendsten Tropenkrankheiten, immun. Ob ein Individuum immun ist oder nicht, entscheiden seine Vorfahren weitgehend bei ihrer Partnerwahl. Männliche und weibliche Tiere demonstrieren einander mit ihrer leuchtend roten Gesichtsfarbe, daß sie malariafrei sind. Infizierte Männchen haben ein blasses Gesicht. Durch selektive Paarung sind zunächst manche Individuen gegen die Krankheit immun geworden, nun paaren sich nur noch rotgesichtige, malariaresistente Tiere. Malariaanfällige Tiere kommen als Partner nicht in Frage und verschwinden nach und nach von der Bildfläche.

In allen Lebensräumen dieses Planeten passen sich Arten an besondere Umweltbedingungen an, indem die Individuen ihre Partner nach entsprechenden Kriterien auswählen. Die Entwicklung der Arten bleibt so immer in Bewegung. In derselben Weise kann sich auch das soziale Verhalten einer Tierart verändern: Auf der Nordseeinsel Rona nördlich von Schottland versammeln sich im Frühwinter weibliche Kegelrobben. Die Tiere sind hochträchtig. Die Männchen warten auf die Ankunft der Weibchen. Sobald die Weibchen da sind, werden sie von den stärksten Männchen eifersüchtig bewacht. Kurz nachdem die Weibchen geworfen haben, sind sie wieder fruchtbar. Nun werden die Männchen aggressiv. Die Sieger dieser Rivalenkämpfe sind bei den Weibchen begehrt, aber oft müssen sich die Weibchen auch gegen ihren Willen von Verlierern decken lassen.

Dieses Paarungsverhalten ist seit langem für viele Säugetiere typisch, auf Rona kündigt sich jedoch eine Veränderung an: In jüngerer Zeit hat man immer wieder Kegelrobben beobachtet, die den Rummel des allgemeinen Partnermarktes meiden. Sie pflegen eine feste Partnerschaft mit einem Partner, und das seit mehreren Jahren. Jedes Jahr finden sich diese Paare an einer Stelle weit weg vom allgemeinen Paarungsplatz. Ihnen ist ein ruhiges, monogames Leben lieber: Die Männchen können sich paaren, ohne kapitale Kämpfer zu sein, den Weibchen bleiben die brutalen Übergriffe frustrierter Verlierer erspart. Diese Tiere gehen einen eigenen, neuen Weg, der für beide von Vorteil ist.

Möglicherweise ist dieses Verhalten ererbt. Vielleicht wurde es irgendwann durch sexuelle Selektion in Gang gesetzt – jene kreative Kraft, der das Leben auf der Erde seine erstaunliche Vielfalt von Farben, Formen und Verhaltensweisen verdankt und auch in Zukunft verdanken wird. Die geschlechtliche Vermehrung ermöglicht es den Geschöpfen dieses Planeten, immer neue und immer genialere Lebensformen zu entwickeln. Sex ist der Motor der Evolution – einer Evolution, die Pflanzen und Tiere selbst die letzten Nischen der Erde erobern läßt und erstaunliche Wesen in verborgenen Welten hervorbringt. Fänden wir Leben an irgendeinem anderen Ort des Universums, so wäre es vermutlich durch die dort herrschenden Bedingungen völlig anders geformt als auf unserem Planeten. Aber dennoch ist es gut möglich, daß es auch dort, aus denselben Gründen wie auf der Erde, zwei Geschlechter gibt und, aus denselben Gründen wie auf der Erde, einen immerwährenden Kampf zwischen den beiden.

Es ist möglich, daß die »emanzipierten« Kegelrobben auf Rona ihr monogames Sexualverhalten an ihre Jungen vererben.

KAMPF DER GESCHLECHTER

Eine Produktion der BBC in Zusammenarbeit mit Discovery Channel und ORF

Buch und Regie: John Sparks; deutsche Bearbeitung: Klaus Feichtenberger

Neuntes Kapitel

Feuer – Kräftespiel der Natur

Die Natur braucht Luft, Licht und Wasser. Und Feuer. Das ist eine ungewöhnliche Feuergeschichte, keine Chronik der Katastrophen, sondern die Geschichte vom Feuer des Lebens. Feuer hat die Menschheit von der ersten Stunde an begleitet und formt seit Millionen von Jahren die Landschaften unserer Erde. Was wir als Zerstörung wahrnehmen, gehört wie Regen und Wind zum Kräftespiel der Natur. Wie viele Erzählungen beginnt auch diese an einem Lagerfeuer. Die Flammen erinnern an den Beginn unserer Zeit, als Mensch und Feuer noch Verbündete waren. Wir haben stets seine Nähe gesucht, es wärmt, fasziniert und regt zum Träumen an. Nur die Lagerfeuer sind ungeschoren davongekommen. Alle anderen Feuer, auch die natürlichen, werden von uns, so gut es eben geht, bekämpft. Doch es gibt Landschaften, die ohne Flammen überhaupt nicht existieren würden. Wie das Land der Indianer und der Cowboys, die Prärie im Mittleren Westen der Vereinigten Staaten: Sie erstreckte sich einst über eine Fläche von fast zwei Millionen Quadratkilometern und lieferte Nahrung für 30 Millionen Bisons. Von diesem Ozean aus Gras sind nur wenige Flecken übriggeblieben, und Bisons findet man allenfalls in Schutzgebieten. Heute ist die Prärie vor allem Weideland für Rinder.

Kansas im April: Die Viehzüchter bereiten sich auf die Saison vor. Ihre Werkzeuge sind Streichhölzer und Treibstoff. Wie in jedem Frühjahr muß das alte, staubtrockene Gras abgefackelt werden, um die Weide für die Rinder genießbar zu machen. Die Landschaft soll in wenigen Wochen mit frischem Grün überzogen sein. Dafür muß sie jedoch zuvor in Brand gesetzt werden. So rigoros die Brandstiftung auch scheinen mag, ist es dennoch kein Eingriff, der dem Boden das Letzte abfordert. Die Flammen liegen gewissermaßen in der Natur der Sache. »Die Prärie«, sagen auch die Wissenschaftler des Konza-Prairie-Reservates im Norden von Kansas, »hat schon immer gebrannt, und das ist gut so.« Hier arbeiten Biologen der Kansas State University seit mehr als zwei Jahrzehnten daran, das Rätsel der Präriebrände zu lösen. Auch sie stecken Jahr für Jahr die Prärie in Brand, allerdings bleibt nichts dem Zufall überlassen. Vor jedem Feuer werden Sensoren vergraben, um die Hitzeentwicklung im Boden zu messen, und

Linke Seite:

Früher war das Feuer ein Verbündeter des Menschen. Heute wird es – bis auf das Lagerfeuer –, so gut es geht, bekämpft.

Nordamerikas Prärien müssen brennen, um zu gedeihen. Kurz nach den Bränden wuchert sattes Grün.

jede Brandfläche wird präzise kartiert: botanisch und zoologisch, geologisch und hydrologisch. Soviel steht bereits fest: Die Prärie kann ohne Feuer nicht existieren. Nur dort, wo die Forscher regelmäßig Brände legen, blieb alles beim alten. Andere Flächen hingegen wurden jahrelang bewußt von den Bränden verschont. In der Folge eroberten Bäume und Sträucher das Terrain, und die Gräser verschwanden.

David Hartnett ist nicht nur wissenschaftlicher Leiter, sondern auch der ranghöchste Brandstifter des Teams. Er bestimmt, wann und wo gezündelt wird. Das Gebiet ist in Versuchsflächen unterteilt. Manche werden jährlich, andere in größeren Abständen verbrannt. So will man herausfinden, wieviel Feuer das Grasland braucht, um weiterbestehen zu können. Früher, als der Westen noch wild war, genügte ein Blitzschlag, um die gesamte Prärie in Brand zu setzen. Heute stoppt das Feuer an jeder Straße. Es sind also Benzinfackeln, mit denen Hartnett für den entscheidenden Funken sorgt. Hartnetts Brandstiftungen sind im wahrsten Sinne des Wortes ein Strohfeuer – kurz und schneller, als ein Pferd laufen kann. Die Präriegräser überleben den Feuersturm, weil ihre Wurzeln der kurzen Hitze widerstehen können und am Leben bleiben. Bäume, Sträucher und andere Konkurrenten überleben die Hitze nicht. Die Bisons sind vom Feuer unbeeindruckt. Sie bleiben zwar in der Nähe, weichen aber auf unbrennbares, steiniges Terrain aus. Auch die anderen Wildtiere kümmert das Ereignis nur wenig: Insekten, Nager und Schildkröten ziehen sich in die Erde zurück. Dort sind sie sicher, denn das Feuer rast so schnell über das Land, daß sich der Boden niemals gefährlich aufheizen kann. In die Prärie kommt das Feuer als Gärtner und räumt gründlich auf – mit einem Rechen aus Flammen.

Das Gras wurde im Winter von Wind und Schnee zu einer filzigen Matte gepreßt. Nun löst sie sich in Rauch auf. Unter dem alten Gras war die Erde noch winterkalt. Mit dem Brand ist die Bodentemperatur auf 20 Grad Celsius gestiegen. Jetzt erwachen in der schwarzen Wüste die Gräser zum Leben und versprechen den Bisons bald ein Festmahl. Früher folgten die Herden den großen Feuern. Sie wußten, daß dort bald frisches Gras wachsen würde. Die Indianer wiederum legten selbst Brände, um so die Bisons anzulocken. Vier Wochen später ist der Frühling eingezogen, und es ist, als stünde man in einem anderen Land. Das reinigende Feuer hat alle Schleusen des Lebens geöffnet. Anfang Juni flutet über die Asche ein Ozean aus Gras. Die größte Vielfalt an Pflanzen finden die Forscher auf jenen Flächen, die nur alle drei bis vier Jahre brennen. In diesen Abständen fegten wohl früher die natürlich entzündeten Feuer durch die Prärie, die sich zu jener Zeit von Kanada bis Texas erstreckte.

Dieses Bündnis zwischen Feuer und Gras ist keine Laune der Natur. Das gleiche Spiel der Kräfte findet auch auf anderen Kontinenten statt, zum Beispiel in Afrika. Das älteste Grasland der Erde liegt in Kenia – die Serengeti. Seit mehr als einer Million Jahre regiert hier eine Pflanzengesellschaft, die von einem Kreislauf aus Regen- und Trockenzeit, von Wind und vor allem von Feuer am Leben erhalten wird. Auch die afrikanische Savanne ist eine Feuerlandschaft, und sie ernährt eine legendäre Menagerie. Die Serengeti, Inbegriff des Tierparadieses, würde es ohne das Regime der Flammen nicht geben.

Auch die Savannen Afrikas sind mit dem Feuer verbündet. Ohne die Brände gebe es kein frisches Grünfutter für die riesigen Tierherden.

Alljährlich lodern zum Herz-Jesu-Fest in Osttirol aus Fackeln zusammengesetzte Symbole der Christenheit von den Berghängen – und manchmal auch sehr zeitgemäße Parolen.

Das Feuer bereitet den Boden für alle pflanzenfressenden Savannentiere auf und damit auch für jene, von denen sie gejagt werden. Für die Großkatzen ist das Feuer ein alter Verbündeter. Sie wissen, daß die Flammen den Beutetieren mitunter die Fluchtwege versperren und sie damit in einer tödlichen Falle sitzen. Auch die Weißstörche suchen geradezu die Nähe des Feuers. Sie halten nach fliehenden Insekten Ausschau. Die Massai, Krieger und Viehzüchter, legen in der Trockenzeit gezielt Feuer, um neue Weiden wachsen zu lassen. Am Beginn seiner Geschichte hat der Mensch wohl hier in Afrika gelernt, das Feuer zu zähmen. Er hat gelernt, Landschaften zum eigenen Vorteil zu gestalten – im Rhythmus der Natur.

Auch Europa wurde mit Hilfe von Feuer umgestaltet: Wo heute Felder und Ackerflächen liegen, standen bis ins Mittelalter Urwälder. Der Kontinent wurde mit der Fackel für immer verändert. Brandrodung verwandelte Wald in Forst, Wildnis in Kulturlandschaft. Nun ist das Feuer für immer ausgesperrt und gesetzlich verboten. Was bleibt, ist die Erinnerung an das Bündnis zwischen Feuer und Mensch. In Bräuchen und christlichen Festen lebt es als Symbol des Lebens weiter. In Osttirol feiert man im Juni zum Dank für die Errettung vor feindlichen Heerscharen das Herz-Jesu-Fest. Rund um das kleine Dorf Kartitsch werden auf Steilhängen, Graten und Gipfeln zur Zeit der Sonnenwende mehr als 70 Wachsfackeln entzündet. Bis in 2600 Meter Seehöhe flackern für einige Stunden die großen Symbole des Christentums.

Aus Mitteleuropa ist das Feuer vertrieben worden. In den Wäldern des Nordens hingegen ist es nie verloschen. Ein mächtiger Wald erstreckt sich von Finnland über Sibirien bis nach Kanada. Hier hat das Feuer leichtes Spiel. Es ist ein weites Land, einsam und gleichförmig, der Wald reicht in allen Himmelsrichtungen bis zum Horizont. In den kanadischen Northwest Territories leben nur 60.000 Menschen auf einer Fläche achtmal so groß wie Deutschland. Die Nadelwälder sind hier bis heute einem Feuerzyklus unterworfen. Jeden Sommer entzünden sich infernalische Brände, die riesige Flächen innerhalb von Stunden in Aschenwüsten verwandeln. Und doch dominiert sattes Grün die Landschaft.

Die Sommer dauern hier nur wenige Wochen, und die arktische Sonne geht niemals unter. Tagsüber wird es unerträglich heiß, nachts fallen die Temperaturen unter zehn Grad. Die Northwest Territories sind trotz ihrer Schönheit kein Urlaubsparadies, dafür sorgen die Moskitos, die an den wenigen heißen Tagen zu Milliarden alles umschwirren. Am Ufer des großen Flusses, des Mackenzie River, liegt einer der raren Außenposten der Zivilisation: Fort Providence. Eine Kirche, ein Saloon, drei kleine Läden, ringsherum Wald. Es gibt hier nur einen einzigen Highway. Er kommt aus dem Süden und endet im Nichts. Die nächste Siedlung ist 150 Kilometer entfernt. Fast alle Einwohner von Fort Providence gehören zum Volk der Dene. Ihre Vorfahren haben hier schon gejagt und gefischt, als der erste weiße Trapper noch weit entfernt war.

Ende Juni 1998: Wenige Kilometer nordöstlich von Fort Providence wird die Stille des Waldes gewaltsam unterbrochen. Bei den Ruhestörern handelt es sich um 60 Forscher aus den USA, Kanada, Rußland, Frankreich und Australien, drei Helikopter, eine Flotte von Fahrzeugen und drei Einsatzgruppen von Feuerwehrleuten. Alle Teams haben nur ein Ziel – den Wald in

Ein Wald brennt für die Wissenschaft. Unter kontrollierten Bedingungen wollen Forscher vor allem die berüchtigten Kronenfeuer studieren.

Folgende Doppelseite: ***Ein Blick in die Hölle auf Erden – ein voll entfachter Waldbrand ist ein ehrfurchtgebietendes Naturschauspiel.***

Flammen aufgehen zu lassen und das Ereignis mit möglichst vielen Meßgeräten aufzuzeichnen. Eine Aufgabe, die nur auf den ersten Blick einfach erscheint: Wirklich große Waldbrände, vor allem die entfesselten Kronenfeuer, können nur bei ganz besonderen Wetter- und Bodenverhältnissen entfacht werden. Rettungszelte aus Aluminiumplanen sollen getestet werden, in denen Feuerwehrleute im Ernstfall Schutz suchen könnten. Aber in erster Linie geht es darum, den Charakter und das Verhalten eines solchen Waldbrands besser kennenzulernen: Wie heiß wird der Boden? Woraus besteht der Rauch? Wie reagieren die Pflanzen?

Anfangs übt ein Team mit dem Flammenwerfer, der das Inferno in der richtigen Minute auslösen soll – zur Vorsicht in einem Waldstück, das bereits im Vorjahr gebrannt hat. Ein einziges Glutnest zum falschen Zeitpunkt am falschen Ort, und der Wald brennt, wo er nicht brennen soll. Denn hier ist alles Zündstoff: Das Gebiet besteht überwiegend aus amerikanischen Kiefern, den »Jack Pines«, die buchstäblich aus Feuer geboren werden. Schon im Alter von 60 bis 80 Jahren geht es mit ihnen zu Ende – und immer in einem verheerenden Brand. Ihre Äste sind trocken, spröde und extrem leicht entflammbar, vor allem, wenn es zum gefürchteten »Cross-over« kommt. Das sind Tage, an denen die Temperaturwerte höher sind als die Feuchtigkeitswerte. Dann genügt ein einziger Funke.

Nach einer langen Woche des Wartens nützen die Forscher die erste Gelegenheit, und der Leiter des internationalen Forscherteams, der Kanadier Brian Stocks, gibt »Feuer frei«. Die Zapfen der »Jack Pines« warten seit vielen Jahren auf diesen Augenblick. Sie sind der Garant für den Fortbestand des Waldes. Während alle Nadeln verbrennen, können die Zapfen den Flammen widerstehen. Wenige Sekunden lang springen die Flammen hinauf zu den Wipfeln der Bäume. Aber das Feuer will nicht so richtig. Es steckt nach wie vor zuviel Feuchtigkeit im Boden. Das Experiment ist bald vorbei, die Forscher sind ein wenig enttäuscht. Der Brand war keineswegs jene Hölle auf Erden, die man eigentlich heraufbeschwören wollte. Minuten nach dem Verlöschen der Flammen ist das Gebiet wieder zugänglich: weiße Asche, pechschwarze, tote Bäume, kein Anzeichen von Leben. Und doch birgt der Wald die Kraft zur Erneuerung in sich. Noch liegt beißender Rauch in der Luft, da wird der Wald wiedergeboren: Hoch oben in den Kronen öffnen sich die Zapfen und lassen ihre gut behüteten Samen hinabfallen. Unten angekommen, finden sie ideale Bedingungen vor: Es gibt keine Konkurrenten mehr – sie sind alle verbrannt –, und der Boden besteht zu einem Gutteil aus reinem Dünger, aus Asche. Bevor noch die ersten Pionierpflanzen auftauchen, haben sich die jungen Kiefern bereits etabliert. Im Jahr darauf sind sie imstande, es mit jedem Kraut aufzunehmen. Dem Erwachsenwerden steht nichts mehr im Wege, nur die Zeit.

Rechte Seite: ***Die gefährlichen Kronenfeuer entstehen vor allem dann, wenn es zum gefürchteten »Cross-over« kommt: Wenn die Temperatur höher als die Luftfeuchtigkeit ist, genügt der kleinste Funke.***

Auch nach zehn Jahren wird hier von einem Hochwald noch nichts zu sehen sein. Aber das spielt keine Rolle, denn das System der Feuerwälder funktioniert nur in grenzenloser Wildnis. Hier entsteht durch Blitzschlag und Selbstentzündung ein Mosaik von Brandflächen verschiedenen Alters. Die verkohlten Stämme versorgen die nachfolgende Generation solange mit Nährstoffen, bis ein Brand alles von neuem beginnen läßt. »Diese Wälder«, sagt Brian Stocks,

»sind vom Feuer abhängig. Bevor der Mensch hier auftauchte, hat sich der Wald ausschließlich mit Hilfe von Feuer verjüngt. Zuerst wurden die Feuer von Blitzen ausgelöst, später von den Ureinwohnern und Siedlern. Wir müssen den Menschen klar machen, daß dies ein natürlicher Vorgang ist.« Bei den Dene braucht Stocks für sein Anliegen nicht zu werben, denn die Ureinwohner dieses Landes haben seit jeher zu den Elementen ein vertrautes Verhältnis. Einmal im Jahr bezeugen sie dem Feuer ihren Respekt. Sie danken dem Feuer und nähren es mit Tabak – eine Zeremonie, in der sich Tradition und christlicher Glaube harmonisch verbinden.

Linke Seite:
Die »Jack Pines«, die nordamerikanischen Kiefern, müssen brennen, um sich zu vermehren. Nur wenn ihre Zapfen versengt werden, öffnen sie sich und geben die Samen frei.

Seit dem ersten Versuch, den Wald lichterloh brennen zu lassen, hat das internationale Forscherteam sechs Tage vergeblich auf ideale Bedingungen gewartet. Einmal war es zu feucht, dann wieder zu windig, dann wieder zu feucht. Nun scheint erstmals alles zu stimmen. Die Helikopter schaffen Löschwasser heran, die Rettungszelte, von denen keiner weiß, ob sie zu etwas nütze sind, werden aufgestellt, und der Amerikaner Jim Kautz bereitet seine in Aluminium und Keramikplatten verpackten Kameras vor, die erstmals Filmaufnahmen aus dem Zentrum der Flammenhölle liefern sollen. Der Einsatzleiter versammelt die Crews zu einer Lagebesprechung. Alles wird streng nach Vorschrift abgewickelt, zu groß ist das Risiko, daß bei einem Wechsel der Windrichtung das Feuer außer Kontrolle gerät und Menschen in Lebensgefahr geraten. Alle warten auf die letzten Daten des Meteorologen: Der Wind steht richtig, und es hat 33 Grad Celsius, das ist mehr als die Luftfeuchtigkeit von 31 Prozent. Der ersehnte »Crossover« ist da! Wieder gibt Stocks »Feuer frei«, und diesmal erfüllen sich alle Wünsche der akademischen Zündler: Riesige Flammen steigen in den Himmel, das Kronenfeuer läßt die Wipfel explodieren, eine lodernde Feuerwalze rollt über das Dach des Waldes. Der Anblick ist atemberaubend.

Nach dem Brand scheint der Wald tot. Doch die Asche ist fruchtbar und birgt die Kraft zur Erneuerung. Bald werden hier frische Sämlinge Wurzeln schlagen.

Als sich der Rauch allmählich verzieht, ist von den getesteten Rettungszelten nichts mehr zu sehen. Sie sind zu Asche zerfallen. Das Kronenfeuer ist mit mehreren tausend Grad durch den Wald gefegt. Die Flammenwände waren 40 Meter hoch. 20 Minuten vergehen, dann dringen wieder Sonnenstrahlen durch die Rauchwolken. Alle Bäume sind tot, alle Kräuter verdampft, die Tiere geflohen, jeder Zentimeter Boden von Asche bedeckt. So könnte die Welt auch am Ende des Jüngsten Tages aussehen. Doch die Feuerökologen wissen heute ebensogut wie das Volk der Dene, daß diese Wüste nicht das Ende bedeutet. Schon nach wenigen Monaten, im nächsten Frühjahr, wird der Boden voller Keimlinge sein, die Pionierpflanzen werden Fuß gefaßt haben, und die Asche wird ihnen Kraft verleihen. Wenn dann Jahrzehnte vergangen und aus den Keimlingen stattliche Bäume geworden sind, wird an einem trockenen Sommertag ein Kronenfeuer den Kreislauf beenden und gleichzeitig von neuem entfachen.

Solange solche Feuerzyklen vom Menschen weitgehend unbeeinflußt bleiben, bedeutet Feuer auch Leben. In den tropischen Regenwäldern der Erde hingegen dient in unseren Tagen das Feuer nur noch der Zerstörung. Die größten Brandherde im globalen Netz der Regenwälder liegen in Indonesien. Im indonesischen Teil der Insel Borneo, auf Kalimantan, verbrannten 1997 und 1998 mehr als vier Millionen Hektar Land. El Niño sorgte für extreme Trockenheit, der sonst feuchte Wald ging beim kleinsten Funken in Flammen auf. Der Rauch verdunkelte das Land, zog über Malaysia bis Singapur, machte Millionen von Menschen das Leben zur Hölle und legte tagelang den Flugverkehr lahm. Im Osten der Insel gingen die letzten Reste ursprünglichen Regenwaldes in Flammen auf. Weil der Rauch selbst aus dem All zu sehen war, sprachen Schlagzeilen in aller Welt von einer Naturkatastrophe. Doch die Feuer gehören in Indonesien zum Alltag.

Ostkalimantan, sechs Monate nach den Bränden: Schlingpflanzen überwuchern den toten Urwald. Es waren Reste in einer gezeichneten Landschaft. Seit Jahren wird hier im Rahmen eines Regierungsprogramms großflächig gebrannt und gerodet, einerseits um Holz zu gewinnen und Plantagen anzulegen, andererseits, um neuen Siedlungsraum zu schaffen. Tausende Menschen wurden von übervölkerten Inseln wie Java nach Kalimantan übersiedelt. Sie brennen Ackerland frei, nach einigen wenigen Ernten sind die kargen Böden ausgelaugt und das nächste Waldstück fällt. Gerade in El-Niño-Jahren wird vermehrt gezündelt. Ob legal oder illegal, vor allem die Holz- und Plantagenunternehmer nutzen die Gelegenheit, um lästige Waldreste rasch zu beseitigen, ohne an die Konsequenzen zu denken. Ausgelaugte Böden und öde Graswüsten bleiben zurück, wenn man den alten Vertrag mit dem Feuer bricht.

Diesen Vertrag haben vor Hunderten Jahren die Dayaks abgeschlossen. Diese Stämme bilden die Urbevölkerung Indonesiens, sie waren noch vor wenigen Jahrzehnten gefürchtete Kopfjäger, heute kennt man sie vor allem als begnadete Kunsthandwerker. Die Dayaks führen noch heute ein traditionelles Leben, sofern man sie läßt. Nur wenige Stämme bleiben ungestört, die meisten finden sich in Restwäldern am Rande von Plantagen wieder. Ursprünglich kamen sie als Jäger auf Borneo, aber sie betreiben seit Jahrhunderten Feldbau. Doch im Unterschied zu den neuen Siedlern besitzen die Dayaks eine uralte Feuerkultur: Sie brennen, ohne den Regenwald zu zerstören. Die Nutzpflanzen sind an die Böden angepaßt, und das Abbrennen wird auf Klima und Jahreszeit abgestimmt, damit die Feuer nicht entkommen. Die Felder der Dayaks sind abgegrenzte Inseln. Früher wären die kleinen Flächen nach Gebrauch wieder zugewachsen. Doch im dichtbesiedelten Osten Kalimantans stehen die Dayaks auf verlorenem Posten. Rund um ihre Dörfer fressen sich Bulldozer durch den Regenwald.

Nichts scheint in dieser dampfenden, feuchten Welt deplacierter als lodernde Flammen. Doch in der Natur, sagen die Forscher, gibt es nur ein Land ohne Feuer: die Arktis. Und so hat

auch dieser Regenwald eine eigene, phantastische Feuergeschichte, zu der einzelne verbrannte Bäume den Weg weisen: Unter dem Dickicht verbirgt sich eine Feuerquelle, die in der Erde glüht – dünne Kohleschichten, die nur wenige Meter unter dem Boden liegen. Diese sogenannten Flöze wurden einst von Blitzen in Brand gesteckt. Dort, wo die Glut zutage tritt, kann sie bei trockener Witterung mächtige Waldbrände auslösen. Entdeckt hat dieses Phänomen der deutsche Feuerökologe Johann Goldammer. Seine Altersbestimmungen der verbackenen Erde ergaben, daß solche Flöze seit mindestens 18.000 Jahren brennen. Auch die Regenwälder können also Feuer ertragen, vorausgesetzt, sie haben einige Jahrhunderte Zeit, um nachzuwachsen. Die Glut im Boden des Regenwaldes läßt sich nicht löschen, selbst der tropische Regen verdampft wirkungslos. Feuer läßt sich eben nicht einfach entfernen, denn es ist ein untrennbarer Bestandteil der Natur.

In den »El-Niño«-Jahren 1997 und 1998 verbrannten im indonesischen Teil der Insel Borneo, auf Kalimantan, mehr als vier Millionen Hektar Land.

Das Spiel mit dem Feuer hat komplizierte Regeln, die wir nun langsam begreifen. Vielleicht haben wir sie auch nur vergessen. Feuer und Mensch sind alte Verbündete. Wird die Freundschaft erneuert, droht vom Feuer keine Gefahr. Im Gegenteil: Man kann von ihm profitieren. Und man kann es genießen – als schönstes Lebenszeichen im Kräftespiel der Natur.

FEUER – KRÄFTESPIEL DER NATUR

EINE PRODUKTION VON COSMOS FACTORY FÜR ORF, TELCAST INTERNATIONAL UND ZDF

BUCH UND REGIE: HARALD POKIESER & MANFRED CHRIST

Zehntes Kapitel

Drau – Ein Fluss zwischen Krieg und Frieden

Das ist die Geschichte eines Flusses, der den Menschen und die Landschaft Mitteleuropas seit Jahrtausenden prägt. Er hat viele Gesichter: In den Bergen ist er ein wildes Wasser mit riesigen Fischen, im Tiefland ein breiter Strom, der bedrohten Tieren Schutz und Nahrung bietet. Einst waren auch Bären hier zu Hause. Ein Refugium für Vögel ist er heute noch. Ein Teil ist wirklich Wildnis geblieben, ein friedliches Vogelparadies, von dem unzählige Arten profitieren. Aber er hat auch ein anderes Gesicht. Ein strenges, gezeichnet von der Hand des Menschen. Sein Lauf ist begradigt, seine Energie ebenso heiß umkämpft wie seine Ufer. Allein im 20. Jahrhundert wurde hier dreimal Krieg geführt. Die Drau ist ein Fluß zwischen Krieg und Frieden.

Ihren Ursprung nimmt die Drau inmitten der Dreitausender Südtirols unweit der berühmten Drei Zinnen. Im Naturpark Sextener Dolomiten sprudeln ganz im verborgenen fünf Quellen aus dem Waldboden. Auf dem ersten Teil ihres Weges plätschern sie als unscheinbare, kleine Rinnsale zu Tal. Schließlich mündet ein Bächlein in das andere, bis sich alle zu einem einzigen Wasserlauf vereinigt haben, der von nun an den Namen Drau trägt. Das Toblacher Feld am Fuß der Dolomiten ist eine von Europas Wasserscheiden. Ein Teil der hier entspringenden Flüsse fließt in die Adria, der andere in die Donau und mündet mit ihr ins Schwarze Meer. Der junge Fluß Drau darf nur ein kurzes Stück auf dem Toblacher Feld frei fließen. Nach wenigen Flußkilometern ist die Drau bereits in ihr erstes Korsett gezwängt. Ein Schicksal, das den Fluß beinahe bis zu seiner Mündung in die Donau rund 750 Kilometer weiter östlich verfolgen wird.

Schon bevor die Drau sich im Südtiroler Innichen mit dem Sextener Bach zusammenschließt, begleiten Begradigungen und Betonmauern den Fluß auf seinem Lauf. Zahlreiche Zuflüsse, die Schmelzwasser aus den Bergen führen, verleihen dem Oberlauf der Drau bald eine beachtliche Geschwindigkeit und Breite. Auf den ersten Blick gleicht sie hier einem dynamischen, unberührten Wildfluß. Aber sobald die Drau österreichischen Boden erreicht, ist es vorbei mit der Idylle. Von den Quellen im Norden Italiens bis zur Mündung in die Donau ist fast die gesamte Fließstrecke fest in Menschenhand. In Österreich, Slowenien und Kroatien ringen

Linke Seite: ***Eine der Drauquellen in den Sextener Dolomiten.***

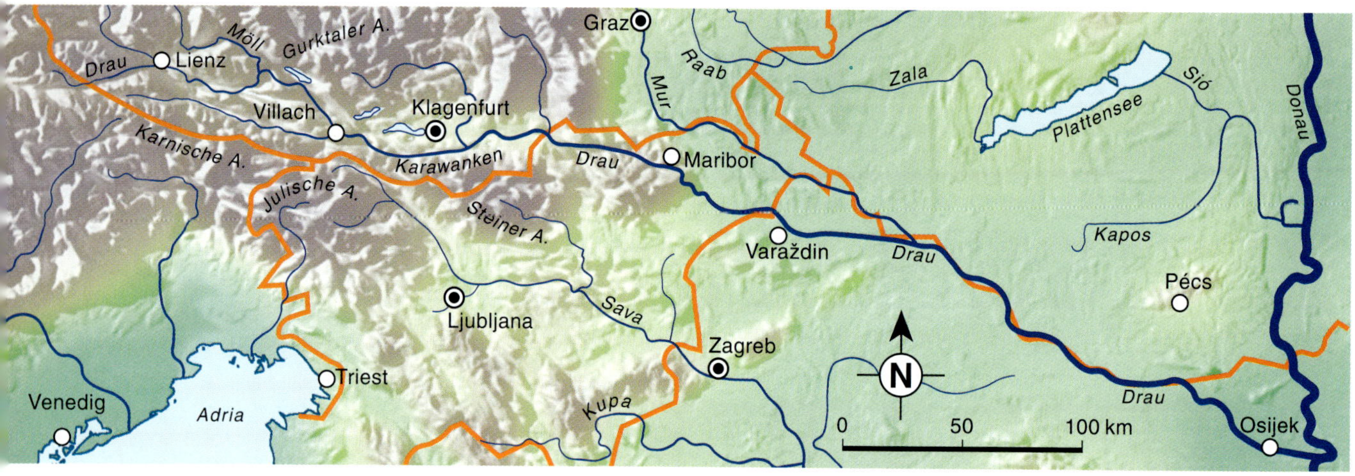

22 Kraftwerke dem Fluß Energie ab. Erst nach der Mündung der Mur mäandriert die Drau – von intakten Auwäldern gesäumt – wieder frei fließend zwischen Ungarn und Kroatien, bis sie am Ende ihrer Reise zusammen mit der Donau ein riesiges Überschwemmungsgebiet bildet.

In Österreich hat man es sich Ende des 20. Jahrhunderts zum Ziel gesetzt, den Oberlauf der Drau zu renaturieren. Auf einer Länge von insgesamt 60 Flußkilometern wird rückgebaut, was zuvor begradigt wurde. Die Drau soll hier wieder natürlich fließen. An solchen naturnahen Flußabschnitten mit starker Strömung lassen sich im Frühjahr die sogenannten Donaulachse, die Huchen, bei ihrem Paarungsritual beobachten. Das Huchenweibchen schlägt zuerst oft tagelang mit kräftigen Schwanzhieben mehrere Meter lange Laichgruben in den Kies. Dann stößt das Männchen dazu. Kurz vor dem entscheidenden Augenblick zittern beide Tiere in höchster Erregung. Schließlich gibt das Weibchen die Eier ans Wasser ab. Im selben Moment befruchtet das Männchen sie mit seiner Samenmilch.

Der Huchen gehört zu den bedrohtesten Fischarten unseres Landes.

Huchen leben nur in der Donau und in einigen ihrer Nebenflüsse. Sie gehören zu den größten Süßwasserfischen überhaupt, doch Exemplare von eineinhalb Metern Länge und 50 Kilogramm Gewicht sind rar geworden. Sie zählen heute zu den seltensten Fischarten der Drau. In Österreich werden sie eigens wieder ausgesetzt. Denn die Fische müssen im Frühjahr stromaufwärts ziehen, um auf seichten, gut durchströmten Kiesbänken zu laichen. Aber oft versperren ihnen Staustufen den Weg auf ihrer Laichwanderung.

Eine weitere Gefahr droht von den Laichräubern, die ringsum auf ihre Chance warten. Forellen und Äschen lauern darauf, daß das Weibchen seine Eiwolke ausstößt. Normalerweise müssen sie sich vor den Huchen in acht nehmen, doch während der Paarung sind die großen Fische allein auf sich selbst konzentriert und schenken ihrer Umgebung keine Beachtung. Die Huchen legen daher aus gutem Grund Zigtausende Eier. Wenn das Huchenweibchen die Laichgrube mit dem Gelege nicht schnell genug zuschlägt, kommen nur einige wenige Jungtiere durch. Jene Eier, die Schutz unter dem Kies finden, werden hier 35 Tage ruhen. Dann schlüpfen die Jungfische, die drei bis vier Jahre heranwachsen, bis sie selbst geschlechtsreif sind.

Die Lendorfer Au westlich von Spittal in Kärnten zählt zu den letzten gut erhaltenen Auwaldgebieten am Oberlauf der Drau. Sie ist nur wenige Kilometer lang und an manchen Stellen kaum 100 Meter breit und doch ein Refugium für viele Tier- und Pflanzenarten. Hier liegt die größte inneralpine Grauerlenau Österreichs. Die langsam fließenden Seitenarme beherbergen vielfältiges Leben. Und in den beinahe stillstehenden Gewässern verbirgt sich eine besondere Kostbarkeit. Die sieben bis acht Zentimeter großen Bitterlinge gehören zu den schönsten Süßwasserfischen unserer Breiten. Die auffällige Färbung der Männchen im späten Frühjahr zeigt

Die Guntschacher Au bei Ferlach zählt zu den wenigen Auwaldabschnitten entlang der Drau in Kärnten.

deutlich: Es ist Paarungszeit. Immer wieder bläst das Männchen in die Einströmöffnung einer Teichmuschel, um sich zu vergewissern, daß sie lebt. Hat es eine geeignete gefunden, wird sie zum Mittelpunkt seines Reviers.

Die Bitterlingweibchen demonstrieren ihre Paarungsbereitschaft durch ihre Legeröhre, die normalerweise nur wenige Millimeter kurz ist, zur Fortpflanzungszeit aber körperlang wird. Dann passiert etwas Einzigartiges: Das Weibchen steckt seine Legeröhre in die Kloakenöffnung der Muschel, anschließend gießt das Männchen seinen Samen darüber. Die Eier werden in der Mantelhöhle der Muschel befruchtet. Die Jungfische wachsen im Muschelleib heran, wo sie vor Freßfeinden geschützt sind. Auch die Muschel zieht ihren Vorteil daraus. Sie gibt ihre Larven zur selben Zeit zu Hunderttausenden ins Wasser ab. Sie bleiben am Körper der Fische haften. Auf diesem Transportmittel wachsen sie als Parasiten heran, bis sie an einem anderen Ort zu Boden sinken.

Die Auwälder im Süden Österreichs sind für viele Vogelarten lebenswichtige Rückzugsgebiete. Der Eisvogel ist ein exzellenter Fischer. Er braucht intakte Gewässer, in denen er vielfältige Nahrung findet, und naturnahe Ufer zum Nisten. Auch die Beutelmeise zählt hier zu den besonderen Gästen. Die kugelförmigen Nester, die von den Männchen gebaut werden und bevorzugt an Weidenzweigen pendeln, sind in den Auen Mitteleuropas eine Seltenheit. Anfang der siebziger Jahre überquerte vermutlich auch der legendäre Ötscherbär die Drau auf seinem Weg nach Norden. Er war der erste von mehreren Bären, die diese Route genommen haben, und machte damals Schlagzeilen. Wildfurten durch den Fluß, die ausreichend Deckung und Sicherheit bieten, sind für die Wanderung vieler Tierarten unverzichtbar. Solche jahrhundertealten Wanderwege gehören allerdings auf weiten Strecken der Vergangenheit an.

Der legendäre Ötscherbär kam in den Siebzigern vermutlich über die Drau nach Österreich. Heute versperren Kraftwerke den Bären den Weg in die Alpenrepublik.

In Österreich leben heute wieder 20 bis 25 Bären, weitere Neuzugänge aus dem Ausland, die über natürliche Bärenwechsel einwandern können, sind aber kaum mehr zu erwarten. Denn dieser Lebensraum ist heute zerschnitten – von Stauseen, Dämmen und Kraftwerken. Von der einst so wilden Drau ist hier nichts mehr übriggeblieben. Weite Überschwemmungsgebiete wurden trockengelegt. Beton und Dämme prägen das Landschaftsbild. Nur traurig anmutende Flecken von Restnatur erinnern an die alten Auwälder. Bevor die Drau Österreich wieder verläßt, haben elf Staustufen eine Seentreppe aus dem Fluß gemacht: ein Strom im Dienst der Energiewirtschaft.

Auch im benachbarten Slowenien ist die Drau fest in Menschenhand. Hier setzt sich die Kraftwerkskette fast lückenlos fort. Und auch hier hat die Energiewirtschaft in den vergangenen 25 Jahren nicht wiedergutzumachende Schäden angerichtet. Von Maribor flußabwärts reiht sich ein Stausee an den anderen. Zwischen Maribor und Ptuj ging fast der gesamte ursprüngliche Auwald verloren. Die Auwälder unterhalb der Staustufe Ptuj gehören zu den schönsten erhaltenen Abschnitten und sind als Landschaftspark geschützt. Auch die umliegenden Wiesen stehen unter Naturschutz, werden aber nach alten Traditionen sanft wirtschaftlich genutzt.

Allein in Österreich behindern elf Staustufen die Fischotter (u.) auf deren Wanderungen.

Im kroatischen Varaždin und Dubrava stößt man auf die mächtigsten Stauseen an der Drau. Riesige Dämme aus Beton halten den Fluß in fester Umklammerung. Der größte künstliche See hat eine Fläche von mehr als 16 Quadratkilometern und ist damit fast so groß wie der Wörther See. Auf den ersten Blick präsentiert sich hier ein intakter Auwald. Aber die ursprüngliche Tier- und Pflanzenwelt mußte nach und nach neuen, anderen Arten weichen, die sich an die veränderten Bedingungen besser anpassen können.

Doch man sollte es nicht für möglich halten: Nur wenige Kilometer flußabwärts beginnt eines der artenreichsten Flußökosysteme Mitteleuropas. Die Drau an der Grenze zwischen Ungarn und Kroatien ist eine Hochburg der Fischotter. Die Wassermarder wandern seit einigen Jahren wieder aus den ehemaligen Ostblockstaaten nach Mitteleuropa, doch dafür brauchen sie naturbelassene Flußland-

In den Auwäldern entlang der Drau in Kroatien und Ungarn gibt es noch große Bestände von Schwarzstörchen.

schaften, die reich an Verstecken und Nahrungsquellen sind. Die Kraftwerksmauern und Staudämme an der Drau schneiden den Wanderweg jedoch abrupt ab. Heute ziehen die Fischotter aus dem Osten entlang der Mur flußaufwärts und breiten sich über kleine Bäche im Süden Österreichs weiter aus.

Im Anschluß an die Murmündung, wo die Drau die Grenze zwischen Ungarn und Kroatien bildet, eröffnet sich eine fast unberührte Naturlandschaft. Während des Kalten Krieges blieb der Fluß durch den Eisernen Vorhang 45 Jahre vor menschlichem Einfluß verschont. Hier erstrecken sich noch dichte Auwälder mit Altarmen, Sand- und Schotterbänken. An die 20 Seeadlerpaare brüten in dieser Wildnis ungestört in den alten Baumriesen. Seeadler sind revier- und partnertreu. Ein Paar hat zumeist mehrere Horste in seinem Territorium. Einer davon wird im Frühjahr aufgestockt und für die Brut ausgebessert. Wenn die Jungen nach etwa 40 Tagen geschlüpft sind, schwärmen die Altvögel unermüdlich aus, um Nahrung herbeizuschaffen. Seeadler sind ausgezeichnete Fischer, äußerst geschickt und ungemein kräftig. Sie können es mit bis zu acht Kilogramm schweren Fischen aufnehmen. Oft frißt der Altvogel zuerst selbst, bis er satt ist. Erst danach wird der Nachwuchs im Nest versorgt. Die Jungvögel bleiben rund drei Monate im Horst. Dann verlassen sie das Revier ihrer Eltern immer öfter und unternehmen weite Streifzüge. Vor 200 Jahren waren die Seeadler an allen Tieflandflüssen Mitteleuropas heimisch. Heute sind sie nur mehr in den Flußlandschaften der osteuropäischen Staaten häufig.

Vorhergehende Doppelseite: **Die Mündung der Mur in die Drau an der ungarisch-kroatischen Grenze.**

Tiefer im Wald brütet eine weitere Attraktion der Drauauen – der Schwarzstorch. Die Schwarzstörche sind seltener und vorsichtiger als ihre weißen Verwandten. Weißstörche zeigen weniger Scheu vor menschlicher Nähe und errichten ihre Nester auch auf Türmen, Hausdächern und Schornsteinen. Die Schwarzstörche lieben die Zurückgezogenheit und zeigen sich kaum. Schwarzstörche legen zwei bis fünf Eier, die von beiden Altvögeln bebrütet werden. Die heimlich lebenden Vögel brauchen ausgedehnte, naturnahe Wälder, sumpfige Wiesen und fischreiche Bäche oder Teiche. Die Schwarzstörche fressen auch Wasserinsekten und Amphibien. Ihre besondere Vorliebe gilt aber den Fischen, die oft eine Größe von 25 Zentimetern erreichen und manchmal gar nicht mehr in den Schnabel passen.

Einen Monat nach der Eiablage herrscht Gedränge im Nest. Der Horst wird von einer Handvoll spärlich gefiederter Jungvögel bevölkert, die mit den prächtigen, metallisch schwarz schimmernden erwachsenen Tieren noch wenig gemeinsam haben. Schwarzstörche sind fürsorgliche Eltern: Alle drei bis fünf Stunden bringen sie den Jungvögeln eine frische Ration Futter. Die Jungtiere werden nicht einzeln gefüttert. Die Altvögel würgen die Nahrung aus dem Kehlsack in die Mitte des Nestes. Fressen müssen die Küken allein. Die Jungen werden mit ungefähr zwei Monaten flügge sein und Ausflüge in die Nachbarbäume unternehmen. Die Altvögel werden aber auch dann noch Futter in den Horst eintragen.

Die Jagdgründe der erwachsenen Schwarzstörche sind oft an die zehn Kilometer vom Horst entfernt. Sie bevorzugen stille Altarme und lassen sich nur selten am Hauptstrom der Drau blicken. Ganz im Gegensatz zu vielen anderen Vogelarten: Die Schotterinseln der Drau sind für

Kiesinseln sind überlebenswichtig für viele bodenbrütende Vögel und ein typisches Merkmal für einen naturbelassenen Fluß.

Flußseeschwalben nisten auf den Schotterinseln der Drau. Oft gefährden Hochwässer das Gelege.

eine Vielzahl von Vögeln begehrte Brutplätze und im späten Frühjahr von lautem Treiben erfüllt. Eine Kiesinsel wird oft von mehreren verschiedenen Arten bevölkert. Zwerg- und Flußseeschwalben finden sich hier ebenso ein wie Flußregenpfeifer. Sie alle sind Bodenbrüter, die ihre Nester oft nur in geringem Abstand voneinander auf den kaum bewachsenen Sand- oder Kiesbänken errichten. Die Zwergseeschwalbe ist übrigens eine besondere Rarität. Nur mehr fünf bis zehn Paare dieser kleinsten europäischen Seeschwalbe brüten an den Ufern der Drau. Eines haben alle Kiesbrüter gemeinsam: Sie bauen auf unsicherem Grund. Kraftwerke, die Spitzenstrom liefern, erzeugen durch ihren Schwallbetrieb regelmäßige, unnatürliche Hochwässer. Kommt ein Sommergewitter dazu, ist die Vogelbrut gefährdet.

Dieses kleine Vogelparadies sieht vielleicht einer noch viel größeren Bedrohung entgegen: Seit etwa 1000 Jahren bildet die Drau die Grenze zwischen den heutigen Staaten Ungarn und Kroatien. Auf einer Strecke von 150 Kilometern mäandriert der Fluß zwischen den beiden Ländern. Nur auf rund 20 Kilometern fließt die Drau ausschließlich auf kroatischem Gebiet. Während der ungarische Anteil an den Drauauen seit 1996 Nationalpark ist, plant Kroatien vor der Grenze zu Ungarn ein weiteres Wasserkraftwerk. Der Schwallbetrieb würde die Schotterinseln täglich durch eine Hochwasserwelle von bis zu eineinhalb Metern überfluten. Die Vogelwelt würde eines der letzten Refugien verlieren. Auch die Seitenarme der Drau und ihre Auwälder würden austrocknen, das Herzstück des ungarischen Drau-Nationalparks wäre unmittelbar bedroht.

An manchen Stellen ragen die Steilwände am Ufer der Drau bis zu 30 Meter hoch auf. Sie sind der perfekte Brutplatz für Uferschwalben. Die kleinen Vögel nisten in Höhlen, die sie in steile Flußufer graben. Auch wenn manche Brutkolonien an der Drau riesig aussehen mögen, zählen die Uferschwalben dennoch zu jenen Arten, die um ihren Lebensraum kämpfen müssen. Denn solche unzugänglichen Hochufer finden sie nur selten. Die Schwalben beginnen im Mai zu brüten. Davor scharren sie mit Schnabel und Füßen etwa einen Meter lange Brutröhren in die senkrechten Wände. Am Ende des armtiefen Ganges liegt der Brutkessel, in dem nach rund zwei Wochen Brutzeit vier bis fünf Küken aus den Eiern schlüpfen. Die Jungen liegen gut gepolstert auf Hühnerfedern und anderem Nistmaterial, das die Uferschwalben sogar aus kilometerweit entfernten Dörfern eintragen. Vor allem in den Morgen- und Abendstunden herrscht Hochbetrieb rund um die Kolonie. Die Elternvögel sind beinahe ständig unterwegs, um den Nachwuchs mit Nahrung zu versorgen. Die Uferschwalben sind wendige Flugkünstler, die im Vorbeifliegen nach Insekten und Spinnen schnappen. In jedem Nest präsentiert sich dasselbe

Bild. Ein Haufen schreiender Jungvögel, die unablässig nach Futter verlangen. Rund drei Wochen lang bringen die Eltern Nahrung in den Brutkessel.

Hier an der ungarisch-kroatischen Grenze ist die Drau ein dynamischer Fluß geblieben, manchmal auch zum Nachteil für die Tierwelt. Immer wieder unterspült der Fluß die Sandufer und reißt ganze Bäume und dicke Wände samt den Nestern der Uferschwalben mit sich. Das Leben der Uferschwalben ist an solche natürlichen Zwischenfälle aber perfekt angepaßt. Die Schwalben brüten zweimal im Jahr. Geht eine Brut verloren, graben sie sofort neue Röhren in den Sand. So hat die Drau ihr Flußbett seit jeher immer wieder verlegt. Jahrhundertelang galt die Mitte des Flusses als Grenze zwischen Ungarn und Kroatien. Heute mäandriert sie zwischen den beiden Ländern.

Vor ihrer Mündung in die Donau wird die Drau wieder vom Menschen eingeholt. Die kroatische Stadt Osijek liegt heute scheinbar friedlich an der Drau. Doch sie war Anfang der neunziger Jahre einer der Schauplätze im Krieg zwischen Kroaten und Serben. 1991 verlief die Frontlinie direkt an der Drau. Tausende Menschen verloren damals ihr Leben, Abertausende Flüchtlinge versuchten, über den Fluß zu entkommen. Die Kriegsjahre verlangten auch der Natur einiges ab. Die Überschwemmungsebene zwischen Donau und Drau, das Kopački Rit, war heißumkämpft. Vor dem Krieg lebten hier rund 6000 Hirsche. Das Kopački Rit zählte zu den Jagdrevieren hochrangiger kommunistischer Funktionäre. Der Hirschbestand wurde damals gut gepflegt. Herden von mehr als 100 Tieren waren keine Seltenheit. Doch während des Krieges wurde die Population stark dezimiert. Heute schätzt man den Bestand auf kaum 600 Exemplare.

Uferschwalben sind Höhlenbrüter und graben ihre armtiefen Niströhren in die Steilufer der Drau.

Das Kopački Rit ist ein Vogelparadies, unter anderem für große Schwärme von fischenden Löfflern.

Der Krieg hat überall Spuren der Verwüstung hinterlassen. Die kroatische Stadt Vukovar gleicht einer Geisterstadt. Vor dem Krieg lebten hier 30.000 Menschen, heute kaum ein Viertel davon. In der Umgebung der Stadt detonieren noch immer Minen. Der Krieg hat dem Kopački Rit ein Vermächtnis für Jahrzehnte hinterlassen. Die serbisch-jugoslawischen Truppen und auch die kroatischen verminten weite Teile des Gebietes. Da genaue Aufzeichnungen über die Position der Sprengkörper fehlen, empfiehlt es sich nicht, ohne Führung den eigentlichen Naturpark zu betreten. Einzig die Wildschweine bewegen sich heute sicher durch das Gelände. Niemand weiß genau, wie sie es schaffen, einen Bogen um die Sprengfallen zu machen. Man vermutet, daß sie die Minen mit ihrem feinen Geruchssinn orten. Gerade die Minen geben der Natur paradoxerweise eine neue Chance. Der Mensch hat sich den Zutritt in den Naturpark selbst verwehrt. Die Überschwemmungsebene, die ein Dreieck zwischen Donau und Drau bildet, wird möglicherweise für Jahrzehnte Sperrgebiet bleiben. Die Natur kann sich in den kommenden Jahren unter Ausschluß des Menschen regenerieren.

Gebe es nicht die traurigen Begleitumstände, wäre das Kopački Rit ein Musterbeispiel für Naturschutz. 17.000 Hektar des ausgedehnten Schwemmlandes tragen den Titel Naturpark. Das »Spezielle Zoologische Reservat«, die Kernzone des Schutzgebietes, umfaßt allein 7000 Hektar. Die Hälfte des Schwemmlandes steht mehr als drei Monate im Jahr unter Wasser, gut einen Monat ist die gesamte Aulandschaft überschwemmt. Für die Vogelwelt ist das Kopački Rit, unbeeinflußt von den Geschehnissen des Krieges, nach wie vor ein Sammelplatz. Vor allem der Kopačko Jezero, der Auensee im Mündungsbereich von Donau und Drau, zieht die Tiere wie ein Magnet an. Zur Zugzeit versammeln sich insgesamt 1000 Löffler und 300 Schwarzstörche am See. Der Kopačko Jezero ist das ganze Jahr überflutet und bietet reichlich Nahrung für die heimische Vogelwelt und die Zuggäste. 20 Seeadlerpaare brüten hier regelmäßig. Damit beherbergt das Kopački Rit die größte Dichte an Seeadlern in ganz Europa.

Im Spätherbst machen im Kopački Rit die letzten Zuggäste auf ihrer Reise in den Süden Rast. Jene, die hierbleiben, richten sich für den Winter ein. Teichhühner sind häufige Bewohner der Schilfseen. Sie bleiben das ganze Jahr über hier. Wie Haushühner versuchen sie unentwegt, Freßbares aus dem noch weichen Eis zu picken. Aber an den gefrorenen Stellen findet sich immer weniger Nahrung. Auch die Reiher, von denen sich in manchen Jahren bis zu neun Arten einfinden, haben ihre Not mit dem gefrorenen See. Die meisten verharren reglos, um ihren geduckten Körper gegen Wind und Kälte zu schützen. Einzig den unzähligen Enten und Gänsen scheint die Kälte nichts anzuhaben.

Bislang wurden 275 Vogelarten im Kopački Rit nachgewiesen. Die Kormorane gehören mit fast 2000 Brutpaaren zu den am stärksten vertretenen Arten. Im Frühjahr bevölkern riesige Brutkolonien die Bäume. Ab dem Herbst dominiert der Anblick von Zigtausenden Gänsen das Kopački Rit. Bis zu 50.000 Saatgänse und weitere 10.000 Bläßgänse ziehen aus dem hohen Norden in wärmere Zonen. Sie brüten im Sommer in der sibirischen Tundra und treten schon im Spätsommer ihre Reise in die Überwinterungsgebiete an. Nur in besonders strengen Wintern wandern die Gänse weiter nach Süden. Gewöhnlich ist die Überschwemmungsfläche zwischen Donau und Drau ein perfektes Winterquartier. Die Vogelwelt hat den Mündungsbereich der Drau für sich erobert. Der Mensch hat sich selbst aus diesem Paradies vertrieben. Gerade deshalb wird die Natur hier ihre Chance nützen und sich ohne sein Zutun regenerieren.

Auf ihrem 750 Kilometer langen Weg durch fünf Staaten hat der Mensch viele kleine Kriege gegen die Drau geführt. Er hat sie eingesperrt und ihre Energie genutzt, und ihre Mündung in die Donau ist noch immer gezeichnet vom Vermächtnis des Balkankonfliktes. Dort, wo die Donau heute die Grenze zwischen Kroatien und Jugoslawien markiert, vereinigt sich die Drau mit Europas zweitgrößtem Strom – ein schicksalshaftes Ende für einen Fluß zwischen Krieg und Frieden.

Teichhühner sind häufige Bewohner der Schilfseen im Kopački Rit.

DRAU – EIN FLUSS ZWISCHEN KRIEG UND FRIEDEN
Eine Produktion der Goëss Film im Auftrag des ORF
Buch: Karl Königsberger, Sabine Holzer;
Regie: Karl Königsberger

Elftes Kapitel

Die Geburt der Gezeiten

Es war einmal, da kamen alle Tiere an die Küste, um zu fressen. Einige stammten aus dem Meer, andere zogen aus dem Busch herbei, und alle kamen gut miteinander aus. Bis zu jenem Tag, als das hungrigste von ihnen erklärte, daß es die Küste fortan für sich allein haben wollte. Es war die Hyäne, deren Ansprüche den kleinen Schlammspringer zornig machten. Er war genauso hungrig und ließ sich nicht einschüchtern. So verkündete er ebenfalls, daß die Küste sein Reich wäre. Die beiden beschlossen, daß die Entscheidung in einem Wett-Trinken fallen sollte. Der Gewinner sollte die Küste behalten. Doch das selbstsüchtige Verhalten der Tiere erzürnte den Gott Mungu, der wollte, daß alle Tiere die Küste teilten. Während die Tiere tranken, neigte er die Erde, so daß das Wasser landeinwärts floß. Keiner der beiden Streithähne konnte mehr gewinnen. Um auch in Zukunft zu verhindern, daß abermals ein Tier die Küste für sich allein haben wollte, ließ Mungu die Erde von diesem Tag an sanft schaukeln. Das Wasser stieg zweimal am Tag und sank wieder. So hatte er die Gezeiten erschaffen. Und alle Tiere konnten weiterhin an die Küste kommen, doch keines von ihnen lange bleiben. So erzählt eine alte afrikanische Legende von der Geburt der Gezeiten.

Heute ist die Küste Nordkenias einer der seltenen Flecken, an denen die Landtiere Ostafrikas noch immer den Strand aufsuchen. Die Gezeitenzone ist ein Niemandsland, ein Mosaik aus Sanddünen und Mangrovenwäldern, von Kanälen durchzogen und von den Gezeiten geprägt. Wo die Sanddünen in die Mangrovenwälder ragen, schließen sich die beiden Lebensräume zusammen wie Teile eines Puzzles. Alles Leben an diesem Ort wird vom Lauf der Gezeiten bestimmt. Bei Einsetzen der Ebbe macht sich die Streifenhyäne auf Nahrungssuche. In den folgenden Stunden wird das Wasser immer mehr an Strand freigeben. Hier haben die Gezeiten einen der reichsten Nahrungsgründe geschaffen.

Fast alle Lebewesen hier sind Opportunisten, und was eine karge Mahlzeit für eine Hyäne ist, kann ein Festmahl für Sandkrabben sein. Von allen Tieren, die je an diese Küste kamen, haben sich die Krabben am besten angepaßt. Sie ziehen in allen Farben und Formen herbei, und bei Ebbe bevölkern sie den Strand zu Tausenden. Während der Flut haben sie sich in Sandlöcher

Linke Seite:
Der Schlammspringer ist ein typischer Bewohner der Mangrovenküste Kenias.

gezwängt. Nun müssen sie ihre Gliedmaßen erst strecken und beugen, bevor sie sich auf den Weg machen. Die Krabben müssen ihre Höhlen nach jeder Flut verlassen. Manchmal ist es ein riskantes Unterfangen, aber die Krabben müssen einen Preis für das Leben am Strand zahlen. Obwohl die Krabben zwar den Anblick des Strandes dominieren, hat der Gott Mungu gesichert, daß sie die Küste nicht beherrschen werden. Denn wer hier keine Krabbe ist, ernährt sich von ihnen.

Mit dem Kopf eines Frosches und einem schuppigen Schwanz wirkt der Schlammspringer wie eine verunstaltete Meerjungfrau. Aber er ist tatsächlich ein Fisch, der auch außerhalb des Wassers leben kann – ein zehn Zentimeter langer, geschickter Krabbenfänger mit einem federbetriebenen Schwanz. Schlammspringer sind reviertreu, und solange sie ihre Haut feucht halten können, entfernen sie sich nicht weit von ihren schützenden Verstecken. Wenn der Meeresspiegel absinkt, halten sie sich bevorzugt in den Mangroven auf, in einem außergewöhnlichen Wald, der die Gezeitenzone prägt. Die Bäume stehen auf Stelzwurzeln, so daß die Mangroven aussehen wie ein gewöhnlicher Wald ohne Mutterboden.

Bis ein so dichter Mangrovenwald entsteht, braucht es Zeit. Die Samen keimen noch auf dem Mutterbaum und reifen zu einem grünen, nährstoffreichen Pfeil heran. Die Keime lösen sich an den Bruchstellen und stecken wenige Sekunden später fest im Boden. Sobald der Keimling austreibt, ist er in Sicherheit, denn nur wenige Tiere fressen die grünen Blätter der Mangroven. Doch bis dahin ist er verwundbar: Die nahrhaften grünen Spitzen ziehen Meerkatzen und Stachelschweine wie ein Magnet an. Da sich aber keines der Tiere gerne im Schlick aufhält, kommt der Großteil der Keimlinge durch. Dann müssen sie nur auf eine Lücke im Blätterdach warten, um ausreichend Sonnenlicht abzubekommen und ebenfalls in die Höhe zu schießen.

Grüne Meerkatzen verlassen kaum die schützenden Bäume. In Bodennähe droht von Räubern wie dem Karakal Gefahr.

Wenn es so reiche Beute am Strand gibt, verbringt auch eine Gruppe Grüner Meerkatzen, die gewöhnlich weiter im Landesinneren leben, die Stunden des Niedrigwassers in den Mangroven. Die Affen postieren überall Wachen, denn es ist gefährlich, in Bodennähe durch das Dickicht zu ziehen. Schon nähert sich ein Karakal, ein Wüstenluchs. Er hat die Farbe eines Löwen, kann klettern wie ein Leopard und hat kräftige Muskeln. Der Wüstenluchs ist einer der stärksten Räuber Afrikas. Aber seine Deckung ist aufgeflogen. Jetzt kann er nur sein Glück versuchen und darauf warten, daß eine Meerkatze einen falschen Schritt macht. Ihre Wendigkeit verleiht den Meerkatzen einen Vorteil in den äußeren Zweigen. Der Karakal hat seine Chance auf einen

Überraschungsangriff verspielt. Nun verfolgt ihn ein Affe auf Schritt und Tritt und gibt die Position der Katze an den Rest des Trupps weiter.

Sobald das Wasser niedrig genug ist, ziehen die Meerkatzen über den Strand und lesen die kleinen Bissen auf, die das Meer angespült hat. Die Grünen Meerkatzen wissen genau, wie man Krabben behandelt. Die Technik ist brutal, aber effektiv. Man fasse die Beine der Krabbe von hinten, hüte sich vor den Scheren und breche den Panzer so auf, wie man eine Flasche öffnet. Der Krabbenfang ist eine Technik, die seit Generationen von den Muttertieren an die Jungen weitergegeben wird. Doch wie bei jeder Geschicklichkeitsübung, die man erlernt, bedarf es ausreichender Praxis. Um einen Angreifer zu verwirren, können die Krabben eine Gliedmaße abwerfen, die schließlich wieder nachwächst. Dieses Täuschungsmanöver zu durchschauen, ist ein Teil der Lehrstunde. Ein Trupp Grüner Meerkatzen läßt so viele Krabbenstücke ins seichte Wasser regnen, daß sich unter den Mangroven Scharen von Schlammspringern versammeln.

Bei Ebbe stehen die Mangroven fast völlig im Trockenen. Das warme Wasser fließt aus dem Kanal in Richtung des Indischen Ozeans. Jetzt patrouilliert die Hyäne an der Wassergrenze, um als erste etwas Freßbares zu finden, das vom zurückweichenden Wasser freigelegt wird. Die Sandkrabben sind bei der Nahrungssuche snackgroße Konkurrenten, mit denen es nur eine hungrige Hyäne aufnehmen wird. Denn obwohl eine Streifenhyäne einen muskulösen Nacken und kräftige Kiefer hat, ist ihr Maul mehr als empfindlich.

Ebbe ist für Krabben eine gefährliche Zeit, doch bei Flut ist es noch schlimmer. Denn unter Wasser haben Krabben noch mehr Feinde. Manchmal müssen Krabben jedoch überall mit ihnen rechnen – etwa wenn sich ein Krake an den Strand treiben läßt, um nach Krabben zu jagen. Er muß seine Beute rasch bezwingen und fressen, denn nun beginnt ein Wettlauf gegen die Zeit. Ein seichter Tümpel wird für den Kraken bald zu heiß und der im Wasser enthaltene

Streifenhyänen sind Opportunisten und sammeln am Strand alles Freßbare auf.

Clownfische leben mit Seeanemonen in Symbiose, selbst bei Ebbe suchen sie zwischen den Tentakeln Schutz.

Sauerstoff schnell knapp. Erst in Stunden wird die Flut zurückkehren, doch der Krake weiß sich zu helfen. Die Fähigkeit des Kraken, sich auf festem Boden fortzubewegen, bedeutet, daß er das Wasser immer wieder einholen kann.

Anders als die Anemonen, die bei Ebbe Gefahr laufen, auszutrocknen: Clownfische suchen zwischen den Tentakeln Zuflucht vor Räubern wie Zackenbarschen. Die Clownfische leben in einer engen Beziehung mit ihrem Wirt, doch je mehr das Wasser sinkt, desto stärker wird ihre Bindung auf die Probe gestellt. Normalerweise trocknen Anemonen nie aus, doch eine Tagundnachtgleiche kann einen extrem niedrigen Gezeitenstand hervorrufen. Seltsamerweise bleiben die Clownfische dort, wo sie sich immer sicher gefühlt haben, aber der Mantel aus Tentakeln bietet in einer solchen Situation nur mäßigen Schutz. Solange die Fische nicht von Räubern ausgemacht werden, können sie überleben, bis die nächste Flut sie wieder befreit.

Vor der Mündung des Kanals versammeln sich die Räuber des Meeres. Auch sie warten auf die Flut, die sie in die Mangroven schwemmen wird. Selbst die riesigen Walhaie wagen sich nahe an die Küste, denn in der Nähe des Kanals gibt es eine Überfülle an Nahrung. Eine Schule von jungen Langstacheligelfischen imitiert die trägen Bewegungen des Walhaies. So gleicht der Jungfischschwarm einem riesigen Meerestier. Bis jetzt sind die Igelfische weit draußen auf dem Meer in der Sicherheit des Schwarmes herangewachsen. Dieses Leben ist nun vorbei. Die

Flut wird den Schwarm zerstreuen, und jeder kleine Igelfisch wird sein eigenes Dasein im Gezeitenwald führen. Die Stacheln eines Igelfisches fallen nur selten aus, aber sie können Schaden erleiden. Da Igelfische nicht selbst Körperpflege betreiben können, übernehmen diese Funktion sogenannte Putzerfische. Der Lippfisch schält beschädigtes Gewebe ab und beschleunigt auf diese Weise den Heilungsprozeß von Wunden. Ob seine pedantischen Dienste schmerzen oder nur kitzeln, sie scheinen jedenfalls den Langstacheligelfisch zu stören. Er zieht mit dem Hochwasser in Richtung der Mangroven.

Folgende Doppelseite: ***Die Mangroven sind perfekt an den Wechsel der Gezeiten angepaßt.***

Im Gefolge der Flut kehren auch die Meeresräuber in den Gezeitenwald zurück. Die kleineren Lebewesen haben zwei Möglichkeiten – Zuflucht an der Luft zu suchen oder sich unter der Erde zu verstecken. Keines will im offenen Wasser ertappt werden. Die Winkerkrabben versiegeln ihre Löcher, um sich vor Räubern zu verbergen, und schließen ausreichend Luft mit ein. Diese Meerestiere wären im Wasser schutzlos. Das ist nur eines der Opfer, die sie für ihren Platz an der Küste bringen müssen. Fledermausfische sind schlechte Schwimmer. Wenn die Flut stärker wird, treiben sie zur Seite geneigt knapp am Meeresgrund, wo die Strömung schwächer ist. Die Brackwasserschlammschnecken überdauern das Hochwasser in den Bäumen. Ihre dünne Schale bewahrt sie vor dem Austrocknen, doch sie bietet keinen Schutz gegen die Kiefer eines Langstacheligelfisches.

In den Mangroven vollziehen die Raubtiere einen Schichtwechsel. Die Flutwälder gehören jetzt den Meeresräubern. Rote Schnapper zählen zu den kräftigen Jägern, die mit der Flut landeinwärts gezogen sind. Scheinbar uninteressiert an den Sardinen warten sie zu, bis der Schwarm eine bestimmte Dichte erreicht hat. Dann ähnelt ihre Taktik jener des Karakals: Sie

Fledermausfische schwimmen bei starker Strömung knapp am Meeresboden.

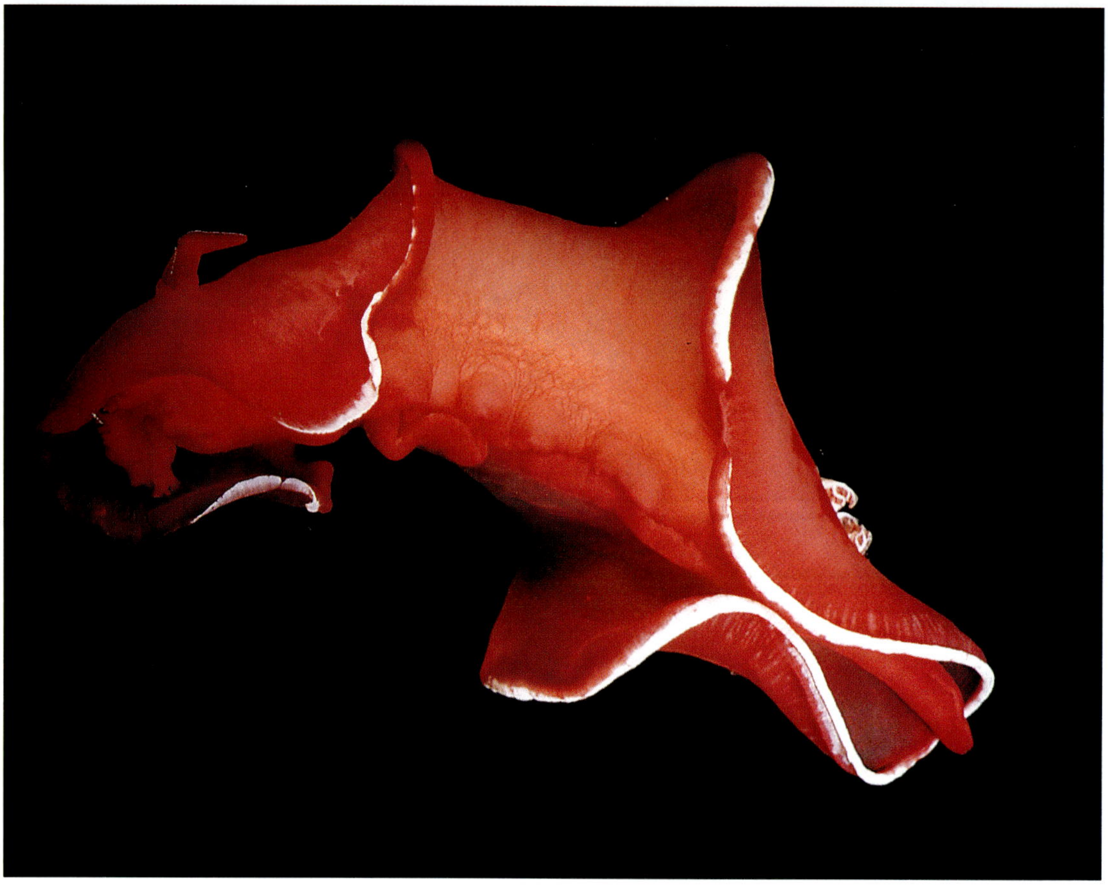

Die Spanische Tänzerin ist eine Meeresschnecke, die mit charakteristischen Bewegungen durch das Wasser schwimmt.

schrecken die Beutetiere auf und warten, bis diese einen Fehler machen. Mit dem steigenden Wasserspiegel gelangen die ersten jungen Igelfische in die Mangroven. Die anderen werden folgen, aber sie müssen noch die Scharen von Schnappern und Zackenbarschen passieren. Der kleine Fisch verdankt seine stacheligen Waffen der Fähigkeit, in kaum einer Sekunde Wasser vom Gewicht seines eigenen Körpers zu schlucken. Wenn die aufgestellten Stacheln nicht ausreichen, kommt seine giftige Haut zum Einsatz. Jeder Räuber, der einen Biß in den Igelfisch wagt, bekommt ein Maulvoll Gift.

Jeder kleine Fisch muß jetzt wachsam sein. Während ein Schlammspringer in den Bäumen Schutz sucht, verbirgt sich ein enger Verwandter in einem Loch am Meeresgrund. Die Partnergrundel hat sich mit einem Krebs zusammengeschlossen, der wie eine mechanische Schaufel arbeitet. Der Gräber ist fast blind, doch seine Fühler sind ständig in Kontakt mit dem Wachposten. Wenn die Grundel Gefahr spürt, alarmieren ihre Bewegungen den Krebs. Um sich vor dem Gefressenwerden zu schützen, bilden Krebstiere manchmal Allianzen mit ungewöhnlichen Partnern. Oft teilen sie sich ihre Behausung mit Muränen. Diese Partnerschaft dient beiden Tieren. Der Krebs genießt erstklassigen Schutz und dient dafür als Köder. Denn die Verfolger des Krebses sind die begehrteste Beute der Muränen. Einige Partnergarnelen verbünden sich bevorzugt mit Besitzern chemischer Waffen – zum Beispiel mit einer Spanischen Tänzerin, einer auffälligen Nacktschnecke, deren Farbe von ihrem widerlichen Geschmack kündet, denn die Schnecke ist voll von unbekömmlichen Chemikalien. Wenn sich die Garnele gut festhält, tanzt das ungleiche Paar gemeinsam durch den Wald, ohne von anderen behelligt zu werden.

Den meisten anderen kleinen Meerestieren droht von allen Seiten Gefahr. Die Strategie der jungen Fledermausfische ist es, sich wie ein vollgesogenes Blatt treiben zu lassen. Auf diese Weise getarnt, gelangen die Fische mit den Wellen an die Küste und erhalten eine Chance auf Leckerbissen, die die Krabben übersehen haben. Die jungen Fledermausfische spielen ein gefährliches Spiel, aber bei Hochwasser geht ihr Trick auf. Die kleinen Fische werden zwar leicht an den Strand geschwemmt, aber das steigende Wasser spült sie wieder fort.

In den Mangroven scheucht das steigende Wasser die Insekten in die Baumkronen. Auf diesen Zeitpunkt haben die Chamäleons gewartet. Sie müssen sich nicht einmal anpirschen, nur ein bißchen warten. Wenige Meter tiefer, im Wasser, liegen immer mehr Kalmare auf der Lauer. Sie haben ähnliche Waffen – klebrige und schnelle Tentakel. Wenn die Grünen Meerkatzen nicht an den Strand zurückschwimmen wollen, müssen sie die Mangroven jetzt verlassen. Der Karakal ist schon zur Stelle. Wie alle Tiere, die hier leben, ist auch er hervorragend an die Gezeiten angepaßt. Im dichten Busch können die Affen die Katze nicht im Auge behalten, und der Karakal kann diesen Vorteil immer wieder nützen.

Zweimal am Tag überfluten die Wasser des Indischen Ozeans den Küstenstreifen und die Mangroven. Die meisten Meerestiere nützen entweder die Kraft der Strömung für ihre Zwecke oder lassen sie über sich ziehen. Was über ihren Köpfen passiert, entgeht ihnen zumeist. Aber an einem oder zwei Tagen des Jahres betrifft ein Naturereignis das Leben aller Tiere. Jahr für

Mit der Flut kommen auch die Kalmare zur Jagd in den Mangrovenwald.

Jahr wandern die Sandhügel einige Meter landeinwärts, denn Zyklone aus dem Süden senden ihre Druckwellen die Küste entlang. Die Anzeichen eines Sturmes rufen sofort die Opportunisten auf den Plan. Sandkrabben tauchen zu Tausenden aus ihren Löchern auf, eine Armee winziger Strandräuber, die alle das Schlimmste hoffen.

Linke Seite:
Für das Privileg, an der Küste leben zu dürfen, willigten die Krabben ein, alle anderen Tiere zu ernähren. Dieses Versprechen lösen sie bis heute ein.

Als Mungu seine Kraft an der Gezeitenzone wirken ließ, bemerkte niemand, wie ein kleines Wesen aus den Wellen auftauchte. Es kam nicht, um über die Küste zu herrschen, sondern um sie zu seiner Heimat zu machen. Mungu gewährte den Krabben dieses Privileg unter einer Bedingung: Sie sollten alle paar Jahre eine Mahlzeit für die anderen Tiere sein. Und das sind sie noch immer, denn während der heftigen Stürme stranden Flotillen von Schwimmkrabben. Diese Krabben verbringen normalerweise ihr ganzes Leben im Meer, aber dann und wann werden sie von den Gezeiten angespült. Sie werden nun von Mungu geopfert, denn an Land können sie nicht überleben. Ihre Beine sind für ein Dasein im Meer geschaffen und können sie an Land nicht tragen. Die Krabben sind ein seltenes Festmahl, und wie in vergangenen Zeiten ziehen alle Tiere an den Strand, um zu fressen. Im seichten Wasser fressen die Schwimmkrabben ihre toten Artgenossen. Der Geruch der Überreste ködert andere Tiere, so daß sich der Krake nicht weit aus seinem Unterschlupf bewegen muß. Die Zackenbarsche haben ein scheinbar unendliches Fassungsvermögen. In diesen Stunden fressen sie, soviel sie können. Aber irgendwann kommt der Zeitpunkt, an dem keines der Tiere mehr fressen kann. Und noch immer kommen Krabben aus dem Meer.

Nach dem großen Fressen kehrt schnell wieder Ruhe ein. Zurück bleiben nur die ungenießbaren Reste. Die dünnen Schalen werden nicht lange Abfall bleiben, Gezeiten und Wind werden ihre Kraft spielen lassen und sie zu Sand zermahlen. Seit der Geburt der Gezeiten geht der Schlammspringer nur selten leer aus. Und ab und zu frißt sich sogar die Hyäne, seine alte Rivalin, voll. Schon bald wird nichts mehr an die Krabben erinnern. Sie werden sich in Sandkörner verwandelt haben und damit das Versprechen, das sie Mungu gaben, einlösen. Nur eines bleibt an der Mangrovenküste Kenias unverändert – das Wechselspiel der Gezeiten.

DIE GEBURT DER GEZEITEN

Eine Coproduktion von Survival Anglia und National Geographic Television

Buch und Regie: Mark Deeble und Victoria Stone; deutsche Bearbeitung: Sabine Holzer

Zwölftes Kapitel

Ein Leben für die Königin

Fleiß und Gemeinsinn haben die Gesellschaft der Bienen reich gemacht – Pollenkorn für Pollenkorn, Nektartropfen für Nektartropfen. Ihre Gemeinschaft funktioniert mit unerbittlicher Präzision, alles dient einem Zweck: sich selbst immer wieder aufs neue zu erschaffen. Jede Generation ist bereit, ihr Leben für neues Leben und die Königin zu geben.

Ein Bienenstock ist eine fremde Welt – chaotisch und undurchschaubar, aber nur auf den ersten Blick. In dieser Welt hat jeder seine Aufgabe und alles seinen Platz. In den Vorratswaben werden Pollen und Honig eingelagert. In den Brutwaben reift der Nachwuchs heran. In Respektabstand vom Rest der Brut hängen die zapfenförmigen Weiselzellen. Darin ziehen die Bienen ihre zukünftigen Königinnen heran. Ob man im Bienenstaat als Arbeiterin oder Königin geboren wird, entscheiden die Untertanen. Die Monarchin ist eine von ihnen, allerdings wurde sie mit Gelee Royale gefüttert und dadurch zur Königin gemacht.

Doch auch Bienenköniginnen herrschen nicht ewig. In jedem Bienenstock kommt es irgendwann einmal zum Staatsstreich: Wenn die alte Königin am Ende ihrer Regentschaft steht, wird sie daran gehindert, weitere Eier zu legen. Dann ist es für sie Zeit, zu gehen. Wer fliegen kann, geht mit ihr. Mit einer Gefolgschaft zieht die alte Königin aus dem Stock aus. Wenn der Schwarm rastet, versammeln sich alle – vom königlichen Duftstoff angelockt – um die Monarchin, um sie zu schützen und für die richtige Temperatur zu sorgen. Beim Ausschwärmen verbrauchen die Bienen besonders viel Energie. Sie haben Wegzehrung bei sich, aber die ist schnell aufgebraucht. Was sich danach findet, wird gerecht rationiert und umverteilt.

Die Zeit drängt also, ein neuer Nistplatz muß her. Die Kundschafterinnen halten einen hohlen Obstbaum für geeignet. Nun muß das Volk schnell entscheiden. Zögert es zu lange, könnte das die Zukunft des ganzen Schwarms gefährden. Und so nehmen Tausende den hohlen Baum in Besitz. Zuerst muß der alte Mief aus der Behausung: Die Bienen, sagt man, »sterzeln«, verteilen ein Duftsekret mit einer Drüse am Hinterleib. Damit wird die neue Adresse offiziell, und Nachzügler können der Duftspur folgen. Die Bienen bilden Ketten, um den Hohlraum zu vermessen. Das ist wichtig für die Bauarbeiten, die unverzüglich beginnen müssen.

Linke Seite:
Für einen Liter Honig müssen Bienen zehn Millionen Blüten besuchen.

Die Königin – das große Tier in der Bildmitte – ist das Herzstück des Bienenstaates.

Im heimatlichen Stock reifen mittlerweile die letzten Eier der ausgeschwärmten Königin heran. Die Bienen müssen ständig Nahrung herbeischaffen. Eine Kundschafterin hat eine Kostprobe mitgebracht. Der Nektar stammt aus einer neu entdeckten Quelle. Durch die Tanzfiguren der Kundschafterin wissen die Bienen, wie ergiebig der Nahrungsvorrat ist. Der Schwänzeltanz, der einem Achter folgt, verrät aber noch viel mehr: Die Kolleginnen erfahren auch die Himmelsrichtung und die Entfernung der Blüten vom Stock. Dann schwärmen die Sammlerinnen aus. Den Großteil des gesammelten Nektars lagern sie im Sozialmagen für die Gemeinschaft, nur einen kleinen Teil zweigen die Sammlerinnen für den Eigenbedarf ab. Für einen Liter Honig müssen zehn Millionen Blüten angeflogen werden. Es braucht mehr als 10.000 Flugstunden, um einen Liter Honig zu sammeln. 60.000 Kilometer werden dafür zurückgelegt.

Beim Stock angekommen, halten sich die Sammlerinnen nicht lange auf. Der Nektar wird schnell an die Stockbienen übergeben. Die Arbeiterinnen füllen den Nektar in die Honigzellen. Später wird er im Körper der Bienen weiterverarbeitet und die Zelle zuletzt mit einem Wachsdeckel versiegelt. Unter feinem Wachs verbirgt sich auch die nächste Generation des Bienenstaates. Männliche und weibliche Brutzellen sind leicht zu unterscheiden: Über den Kinderstuben männlicher Bienen wölben sich die Wachsdeckel, die Drohnen hätten sonst zuwenig Platz in der Brutzelle. Im Drohnendistrikt des Stocks stehen schon überall Hebammen bereit. Eine Arbeiterin muß sich ohne Geburtshilfe aus der Brutzelle kämpfen. Die Drohnen hingegen erfahren besondere Fürsorge. Ihnen hilft man aus der Zelle, sofort wird Futter gereicht. Die

Sonderbehandlung hat System, die Drohnen werden noch dringend gebraucht. Ihre riesigen Facettenaugen verraten wofür: Auf dem Hochzeitsflug sollen sie die Königin nicht aus dem Blick verlieren.

Unbemerkt von den Bienen pirscht sich ein heimlicher Nachbar unter das Bienenhaus – eine Maus. Sie sucht keinen Honig, sie sucht Wärme und Sicherheit, was sie im Souterrain des Bienenstocks auch findet. Weiter nach oben vorzudringen, würde sie nie wagen, sie begnügt sich mit herabgefallenen Wabenresten. Ein anderer Eindringling ist da schon wagemutiger, der duftende Honig führt ihn von sehr weit her. Mit heißen Saharawinden kommt im Frühling der Totenkopfschwärmer aus Nordafrika übers Mittelmeer, und sein süßer Zahn lockt ihn auf eine lebensgefährliche Mission. Der Falter landet auf dem Flugbrett inmitten wehrbereiter Wächterbienen. Da es kein Anzeichen von Gegenwehr gibt, stolziert er an den Wachen vorbei ins Innere des Stocks.

Seine Tarnung ist perfekt und unsichtbar. Er parfumiert sich mit dem speziellen Geruch dieses Bienenvolkes. Aber er ist nicht nur ein Dieb, sondern auch ein Hochstapler: Er gibt Geräusche von sich, die sonst einer Bienenkönigin vorbehalten sind. Unbehelligt kann er sich über die Honigzellen hermachen. Die Stockbienen bemerken zwar den Schwund an Honig, nicht aber den Einschleichdieb mitten unter ihnen. Eilig versuchen sie, den süßen Saft in Sicherheit zu bringen. Der Totenkopfschwärmer saugt in aller Ruhe vier oder fünf Honigzellen leer und macht sich dann in Richtung Ausgang davon. Irgendwann fliegt selbst die beste Tarnung auf.

Junge Bienenlarven schwimmen in den Waben in einem Futtersaft.

Vorhergehende Doppelseite: ***Das Bienenvolk war erfolgreich, die Waben sind voll von glänzendem Honig.***

Nektar ist für die Bienen Lebenselixier und Rohstoff zugleich. Eine begehrte Nektarquelle im Frühjahr ist der Löwenzahn. Will sie an den Nektar herankommen, muß sich die Biene weit vorbeugen. Erst dann erreicht sie mit ihrem Saugrüssel den süßen Saft. Dabei bleibt natürlich auch viel Blütenstaub an den Härchen hängen. Zum sicheren Transport verfrachten die Bienen den Staub in ihre Pollenhöschen an den Hinterbeinen. Sie können die Hälfte ihres Körpergewichtes zuladen und trotzdem noch flugfähig bleiben. Die Zeit der Löwenzahnblüte fordert von allen erhöhten Einsatz, auch im Stock. In einem unüberschaubaren Getriebe wird angeliefert, übergeben, weitertransportiert. Eingelagert wird der Blütenstaub in eigenen Pollenzellen. Er dient später, mit Honig vermischt, als Kraftnahrung für die Brut. Zwischen den Honigzellen erkennt man die Pollenlager an ihrer dunkleren Farbe.

Manchmal kann die Idylle einer Frühlingswiese trügerisch sein. Auf dem Blütenmeer liegt plötzlich der Schatten von Gewitterwolken. Wer es noch schafft, kehrt jetzt zum Stock zurück. Die anderen müssen Unterschlupf auf freiem Feld suchen und verstecken sich halbwegs sicher vor dem Regen unter den Blütenköpfen. Die Kälte macht klamm, das Wasser bewegungsunfähig. Jetzt kann selbst die Maus im Bienenhaus ungefährdet ihrer Neugierde folgen, ohne gestochen zu werden. Kaum ist die eine Gefahr vorüber, wartet schon ein anderer Feind: Zur Brutzeit entwickelt der Bienenfresser einen unstillbaren Appetit. 500 Bienen landen pro Tag im Schnabel dieses eleganten wendigen Vogels, der gegen Bienengift immun ist.

Unterdessen regt es sich in den königlichen Gemächern, das Interregnum geht langsam seinem Ende zu. Nach 16 Tagen entsteigt eine Königin ihrer Weiselzelle. Mit einem speziellen

Der Blütenstaub bleibt an den Härchen der Bienenbeine haften und bildet sogenannte »Pollenhöschen«.

Laut verkündet sie ihren Herrschaftsanspruch. Die Thronfolge ist damit aber nicht entschieden. Deshalb ist sie bewaffnet. Ihren Anspruch wird sie mit dem Giftstachel ausfechten müssen. Die erste Konkurrentin wird durch die Wand der Brutzelle totgestochen, bevor sie zur Welt kommen kann. In der Zwischenzeit befreit sich eine weitere Königin aus ihrer Weiselzelle. Die Erstgeborene muß jetzt schnell handeln, will sie an der Macht bleiben. Die Konkurrentin muß sich stellen und »tutet« angriffslustig. Der entscheidende Kampf beginnt: Beide versuchen, der Gegnerin den tödlichen Stich zu versetzen, möglichst genau plaziert in den empfindlichen Hinterleib. Doch das Unwahrscheinliche tritt ein, der Kampf endet unentschieden.

Wenn sich ein Bienenvolk in die Stadt verfliegt und an einer Oberleitung rastet, haben die Feuerwehrimker Großeinsatz.

Das Bienenvolk beschließt, sich abermals zu teilen. Der ausziehende Schwarm befindet sich auf einem Himmelfahrtskommando: Die neugeborene Königin ist eine Jungfer und kann noch nicht aus eigener Kraft den Fortbestand des Volkes sichern. Dafür entwickelt sie enorme Ausdauer und Reichweite beim Schwärmen, und das kann sie in ungewöhnliche Gefilde treiben – etwa mitten in eine Stadt. Gemeinsam mit der jungen Königin suchen die Bienen den nächsten Rastplatz auf, auch wenn das nicht immer der geeignetste ist. Gefährlich ist der Aufenthalt auf einer Oberleitung einer Straßenbahn nur für die Bienen. Die Passanten haben wenig zu befürchten. Schwarmbienen müssen keinen Honig verteidigen und stechen daher selten. Die Feuerwehr kommt mit sachkundiger Unterstützung. Es bleibt nur fraglich, ob die Feuerwehrimker das eigensinnige Bienenvolk unter Kontrolle bekommen können. Wie es sich für Feuer-

Folgende Doppelseite: ***Bienen saugen Honig aus aufgebrochenen Zellen.***

Eine Biene sitzt vor dem Flugloch und verströmt Duftstoffe aus ihrem Hinterleib.

wehrmänner gehört, besprühen sie die Bienen mit kaltem Wasser. Das soll ihnen vorübergehend den Bewegungsdrang nehmen. Die Bienen lassen sich vorerst bereitwillig in die Kiste schütteln, aber dann erwacht der Widerstand. Auslöser ist die Königin, die sich rechtzeitig vor der nassen Attacke in Sicherheit gebracht hat. Der Schwarm steigt aus der Kiste und setzt seine Wanderschaft ins Ungewisse fort. Es bleibt zu hoffen, daß die Kundschafterinnen bald einen passenden Unterschlupf ausfindig machen.

Solche Probleme hat das Volk der alten Königin nicht. Gemeinsam hat man den hohlen Obstbaum zu einer Bienenstadt ausgebaut. Unermüdlich setzen sie Zelle an Zelle, auch wenn das Baumaterial teuer erkauft ist. In einem Kilogramm Bienenwachs steckt die Energie von sieben Kilo feinstem Honig. Der Grund für die rege Bautätigkeit: je mehr Zellen, desto mehr Nachkommen und damit größere Überlebenschancen. Ob die nächsten Generationen eine Zukunft haben, darum geht es auch im Heimatstock: Die jungfräuliche Königin muß zu ihrem ersten Hochzeitsflug aufbrechen. Eine riskante Unternehmung, muß sie doch genau zur richtigen Zeit am Versammlungsort der Drohnen eintreffen. Sofort wird sie von den Drohnen umringt, die dem königlichen Duft folgen.

Die Begattung findet im vollen Flug statt. Noch während der Begattung stirbt der Drohn, und die Königin fliegt unverzüglich zum Stock zurück. Sie wird in den nächsten Tagen noch einige solcher Begattungsflüge unternehmen. Dann hat sie genug Samen in sich, um für den Rest ihres Leben Eier zu befruchten. Den Keim neuen Lebens können die Königinnen bis zu sechs

Jahre lang speichern. Daß ihr Hochzeitsflug erfolgreich war, erkennen die anderen Bienen am sogenannten »Begattungsmal«, dem Fortpflanzungsorgan des Drohns, das in ihrem Hinterleib steckengeblieben ist. Und auch der Imker, der nun der neuen Königin seine Aufwartung macht: Er kommt nicht ohne Hintergedanken. Eine begattete Königin hat auch für den Imker großen Wert. Solch wertvoller Besitz muß mit einer kleinen Klebeplakette samt Nummer gekennzeichnet werden, um Verwechslungen auszuschließen.

Nach dem Abstecher in die Stadt hat der vagabundierende Nachschwarm endlich eine passende Behausung gefunden: eine alte Baumwurzel. Jetzt, da die Bienen im Wald leben, ernähren sie sich von klebrigem Honigtau, die zähe Flüssigkeit enthält viel Zucker. Daraus stellen sie den wertvollen Waldhonig her. Der Honigtau stammt von Rindenläusen, sie stechen die Saftbahnen der Bäume an und saugen so ihre Nahrung auf. Was sie ausscheiden, wird sehnsüchtig erwartet. Feinschmecker wissen den würzigen Waldhonig zu schätzen, doch in Österreichs Wäldern gibt es auch Honigfreunde, die mit roher Gewalt vorgehen. Für Bären ist der Honig auch allenfalls die Beilage zum Hauptgang, er versucht, an die eiweißreiche Bienenbrut heranzukommen und zerstört dabei das ganze Bienenvolk. Wildbienen führen ein gefährliches Leben, selbst wenn die Monarchin in der Geborgenheit eines von Menschen umsorgten Stocks geboren wurde.

Vor solchen tragischen Zwischenfällen sind die Bienen im Heimatstock sicher. Aber auch sie müssen auf der Hut sein. Die Sommerhitze läßt die Temperatur im Stock steigen. Deshalb wird

Auf Bären übt Honig eine unwiderstehliche Anziehungskraft aus.

eifrig kühles Wasser eingetragen. Keinesfalls darf die Hitze den Eifer der jungen Königin dämpfen. Sie muß jetzt jeden Tag Tausende ihrer Eier in die Brutzellen legen. Die Königin sichert ihre Monopolstellung als Mutter mit einem chemischen Trick: Ihr Duftstoff hält die weiblichen Untertanen davon ab, selbst Eier zu legen. Die Eier selbst schwimmen im süßen Futtersaft. Nach wenigen Tagen werden aus den Eiern Larven schlüpfen. Sie werden später die neue Bienengeneration bilden, die Garantie für den Fortbestand des Staates während der Wintermonate.

Nun bleibt nur mehr eines zu tun übrig: Die Drohnen werden aus dem Stock hinausgebissen und in den sicheren Tod getrieben. Sie tragen nur mit ihrer Fruchtbarkeit zum Gedeihen des Stockes bei, aber in diesem Jahr wird keine männliche Mithilfe mehr benötigt. In der entbehrungsreichen Winterzeit kann man keine überflüssigen Mitesser brauchen. Ist auch diese Prozedur überstanden, wird es ein friedlicher Winter im Bienenhaus werden. Draußen in der wilden Natur legt die kalte Jahreszeit den Bienen deutlich härtere Prüfungen auf. Die Geborgenheit hat natürlich ihren Preis: Der Mensch fordert seinen Anteil am Schatz des Bienenstaates. Doch er nimmt den Honig nur in Maßen, damit auch im nächsten Jahr eine neue Generation den Stock mit Leben erfüllt.

Die Sicherheit eines künstlichen Bienenhauses hat ihren Preis. Die Insekten müssen mit den Imkern den Lohn ihrer Arbeit teilen.

EIN LEBEN FÜR DIE KÖNIGIN

Eine Coproduktion von Adi Mayr Film, ORF und Bundesministerium für Unterricht und kulturelle Angelegenheiten in Zusammenarbeit mit dem WDR

Buch: Herbert Habersack, Wolfgang Thaler, Martin Mészáros;

Regie: Herbert Habersack, Wolfgang Thaler

Linke Seite:

Ein Bienenschwarm hat sich auf der Quartiersuche auf einem Obstbaum niedergelassen.

DREIZEHNTES KAPITEL

HANS HASS – DER MANN, DER DAS MEER ENTDECKTE

Ein Mann hat unser Bild der Erde für immer verändert. Sein Name: Hans Hass. Vor mehr als 60 Jahren tauchte er als erster ins Reich der Haie. Seine Bücher, Fotos und Filme begeisterten Millionen von Menschen. Die Abenteuer von Hans Hass und seiner Frau Lotte dokumentieren eine Sternstunde der Menschheit: als das Meer seinen Schrecken verlor und sich in jene zauberhafte Welt verwandelte, die uns heute so vertraut ist.

Der junge Hans Hass mit der ersten selbstgebauten Kamera.

Vom Anbeginn der Seefahrt bis tief ins 20. Jahrhundert war das Meer für die Menschen nur ein glitzernder Spiegel – eine Straße zu fernen Kontinenten und ein unerschöpfliches Jagdrevier. Niemand kam auf die Idee, zu tauchen, um Tiere und Pflanzen zu erforschen. Zu groß war die Angst, zu stark der Glaube an alte Mythen. Die Wunderwelt der Korallenriffe und ihre farbenprächtigen Bewohner blieben unentdeckt. Was man von der Küste aus sehen konnte, war ein schäumendes Ungeheuer, unberechenbar und heimtückisch. Die Welt darunter schien tief wie die Hölle und bewohnt von gefährlichen Kreaturen. Fischer und Wissenschaftler begnügten sich jahrhundertelang mit dem, was in den Netzen hängenblieb und getötet wurde.

Bis ein junger Mann aus Österreich erschien, dem es bestimmt war, die Ozeane zu erschließen: Mit der Segelyacht »Xarifa« machte Hans Hass in den fünfziger Jahren Geschichte. Hass war mit jenem merkwürdigen Gefühl der Unsterblichkeit gesegnet, das den wahren Abenteurer auszeichnet. Von ihm stammen die ersten Aufnahmen von Haien, Mantas und Pottwalen. Er konstruierte das erste Atemgerät und die ersten Unterwasserkameras. Seine größte Leistung war jedoch, daß er als erster tauchte, um die Meere zu entdecken und uns davon zu erzählen.

*Linke Seite: **Hans Hass – so kennt und liebt ihn die ganze Welt.***

Den ersten Blick hinter den glitzernden Spiegel warf Hans Hass 1937 an der Riviera. Er lernte dort die Jagd nach Fischen mit der Harpune, und als ihm daheim niemand glaubte, daß man unter Wasser fischen kann, wollte er es mit Fotos beweisen. Daheim in Wien ließ er sich für seine Kamera ein wasserdichtes Gehäuse bauen. Die Geschichte von der Entdeckung des Meeres nahm also gewissermaßen in Wien ihren Anfang – und zwar in jenen Schwimmbädern, in denen Hass und seine Freunde ihre Kameras erprobten. Und so begann auch sein erster Film in einem solchen Freibad: Eine Spielhandlung sollte das Kinopublikum schonend darauf vorbereiten, daß es möglich ist, unter Wasser Fische zu filmen.

Hans Hass' Vater war Rechtsanwalt. Daß der Sohn für Kanzleiarbeit nicht geschaffen war, zeigte sich früh. Sein Schlüsselerlebnis hatte er als Kind am Ufer der Donau: »Ich bin unten am Fluß gestanden«, erinnert sich Hass, »und habe ins Wasser geschaut, und da sah ich da unten so eine merkwürdige Gestalt. Ich konnte nicht sehen, was das ist, und bin hinuntergetaucht. Aber ich hatte damals noch keine Tauchbrillen und habe daher unklar gesehen. Und da sah ich unter Wasser eine große Gestalt stehen, und plötzlich wurde mir klar, daß das ein Mensch ist, ein Selbstmörder. Ich bin erschrocken wieder aufgetaucht und habe die Polizei informiert, die ihn dann rausholte. Es war ein Oberkellner im Frack, der bereits ein schneeweißes Gesicht hatte, weil er schon zwei Tage lang da unten war. Dieses Unterwasserbild von diesem toten Mann hat mich ewig geprägt.«

Hans Hass mit seinen Expeditionskameraden Alfred von Wurzian (l.) und Jörg Böhler (r.).

1939, kurz vor Ausbruch des Zweiten Weltkriegs, gelang es Hass und seinen Freunden Jörg Böhler und Alfred von Wurzian unter ungeheuren Mühen, sich bis in die Karibik, nach Curaçao, durchzuschlagen. Ihr Ziel war es, in einem tropischen Meer mit Harpunen nach Fischen zu jagen und ihre Taten auf Fotos und Film zu dokumentieren. Die Tauchermaske war noch nicht erfunden, Flossen gab es erst seit kurzem. So entstand der erste Film, der freitauchend an einem Korallenriff gedreht wurde, er gilt auch als erster Unterwassernaturfilm der Welt. Der entscheidende Augenblick blieb für Hass unvergeßlich: »Wir waren alle dicht beisammen und sind mit einer unerhörten Spannung ins Trübe geschwommen. Und plötzlich löste sich der Schleier, und es erschien ein Bild, das ich bis heute im Bewußtsein habe – eine phantastische märchenhafte Welt voller bunter Fische und seltsamer Korallen. Das Riff war ein Anblick ohnegleichen.«

Den jungen Männern war nicht bewußt, daß dieser Tauchgang ein historisches Ereignis war: Erstmals öffnete sich der Vorhang zum Meer, erstmals wurde die paradiesische Vielfalt der

Korallenriffe fotografiert, gefilmt und für jedermann sichtbar. Von Neugier und Wagemut getrieben, warteten sie sehnsüchtig auf das Zusammentreffen mit den gefürchteten tropischen Haien. »Plötzlich sah ich dieses prachtvolle Tier«, erzählt Hans Hass, »ich kann es nicht anders sagen, ich hatte nicht einen Augenblick Angst vor dem Hai. Ich hatte nur den einen Wunsch, ihn zu fotografieren. So bin ich auf diesen Hai zugeschwommen, als plötzlich ein Ruck durch diesen Körper ging, und der Hai am Ort umdrehte und so schnell er konnte davonschwamm. Er war vor mir erschrocken, obwohl ich viel kleiner war. Das war ein Schlüsselerlebnis: Wir hatten entdeckt, daß man Haie erschrecken kann, indem man auf sie losschwimmt.«

Als sie im Herbst 1939 auch in Farbe fotografierten, wurde ihre Idylle jäh zerstört: In Europa war der Krieg ausgebrochen. An Fotografieren war vorerst nicht zu denken. Monatelang saßen sie in der Karibik fest, dann führte sie eine Odyssee zurück nach Wien, wo Hass einen Entschluß faßte: Er wollte Meeresforscher werden und begann sofort, Seekarten zu studieren. Hass: »Es wurde mir plötzlich klar, daß im 20. Jahrhundert mehr als zwei Drittel dieser Welt noch unerforscht sind. Die gesamte Unterwasserwelt, die Küsten, die Inseln – ich habe dieses ungeheure Reich gesehen, und plötzlich war eine Lebensaufgabe vor mir, all das zu erforschen. Anfangs noch als Jäger mit der Harpune und mit der Kamera, aber auch immer mehr als Forscher. Ich sah mich dann schon als Forscher, und das Tauchen war meine neue Forschungsmethode.«

Als erster Mensch tauchte Hans Hass unter die Oberfläche des Meeres und erstaunte die Welt mit den Bildern, die er zurückbrachte.

Rechte Seite: ***Aus dem Harpunenjäger wird der Meeresforscher – Hans Hass mit Geweihkoralle.***

Hans Hass' Begeisterung für das Meer konnte sich niemand entziehen, seine Vorträge über das »schönste und geheimnisvollste Land der Welt« waren immer ausverkauft. Mit dem verdienten Geld unternahm er eine Expedition in die Ägäis. Wieder waren Jörg Böhler und Alfred von Wurzian mit dabei. Sie drehten einen Kinofilm, der völlig unbeschwert und in einzigartiger Weise die Pionierzeit des Tauchens dokumentierte.

Dann kam das Jahr 1942: In Afrika landeten die Alliierten, und der Vorstoß nach Stalingrad begann. Der Atlantikkrieg war am Höhepunkt, und die deutsche Marine betrachtete die Ägäis als Kriegsgebiet. Dennoch gelang es Hass, eine Fahrtbewilligung und ein Schiff zu erhalten. Nach anfänglichen Widerständen stellte die Marine den Studenten das ehemalige Forschungsschiff der Wiener Universität zur Verfügung. Hass und seine Freunde dachten nur an das Meer, vom Krieg wollten sie nichts wissen: »Ich war unerhört bekannt«, erinnert sich Hans Hass: »Die Berliner Illustrierte hatte unsere Expeditionen in großen Berichten herausgebracht, und ich habe im Planetarium 200 ausverkaufte Vorträge gehalten. Überall kannten mich die Leute. Ob das nun Nationalsozialisten waren oder nicht, unsere Gespräche haben sich um etwas ganz anderes gedreht. Ich habe mich für die politischen Zustände überhaupt nicht interessiert. Der Krieg war für mich eine lästige Unterbrechung. Ich habe diesen Krieg gehaßt, ich habe nur darauf gewartet, daß er zu Ende geht. Und ich hatte das Glück, daß ich durch eine Gefäßkrankheit am Fuß als wehrdienstuntauglich erklärt und für mein Studium freigestellt wurde.«

Jörg Böhler mit Taucherhelm in der Ägäis 1942.

Die Kameras, die Hass im Ägäischen Meer einsetzte, waren wiederum Eigenkonstruktionen, eine industrielle Herstellung von wasserdichten Gehäusen lag noch in weiter Ferne. Die Belichtung, das Einstellen der Schärfe, jeder Handgriff war neu und mußte erlernt werden. Alles, was heute jedem Taucher selbstverständlich ist, wurde damals erfunden oder erprobt. Auch so einfache Dinge wie das Anspucken der Maske, um unter Wasser ein Beschlagen der Scheibe zu verhindern. Das Erfolgsrezept der Wiener war ihre Lust auf alles Neue und eine beneidenswerte Selbstsicherheit. Die Filmaufnahmen entstanden anfangs noch mit Hilfe eines Taucherhelms aus Plexiglas, der den Kameramann zwar wenig elegant über den Grund torkeln ließ, aber es immerhin ermöglichte, sich länger als ein, zwei Minuten unter Wasser aufzuhalten. Die Sache mit dem Helm erwies sich in der Folge als wenig zielführend. Der Taucher baumelte wie alle Taucher dieser Zeit hilflos an seinem Luftschlauch, und nicht nur den Fischen erschien er ein wenig seltsam.

Der Harpunenjäger Hass wurde nun endgültig zum Forscher. Er holte Korallen und andere koloniebildende Organismen aus der Tiefe und fragte sich, wie es den Polypen gelingt, so perfekte Gebilde zu schaffen. Welche Gesetze lagen diesen Strukturen zugrunde? In seiner zoolo-

Folgende Doppelseite: ***»Groß wie ein Scheunentor ist sein Maul«, kommentiert Hass seine erste Begegnung mit einem Walhai, dem größten Fisch der Welt.***

gischen Doktorarbeit gelang es ihm, ihr Wachstum auf mathematische Formeln zurückzuführen. Diese Studien gelten heute als Meilenstein der Wissenschaft: Weil sie das erste meeresbiologische Forschungsprojekt waren, das mit Hilfe eines modernen Atemgerätes durchgeführt wurde. In der Ägäis kam dieses Gerät erstmals zum Einsatz. Atemgeräte, die zum Auftauchen aus verunglückten U-Booten dienten, waren damals bereits erfunden, auf Basis von Preßluft ebenso wie auf Basis von reinem Sauerstoff. Hass entschied sich für Sauerstoff und entwickelte daraus das erste praktische Schwimmtauchgerät. Der verbrauchte Sauerstoff wird über Kalk geleitet und wiederverwendet.

Es war der 12. Juli 1942, als sich zum ersten Mal ein Mensch in ein fischähnliches Lebewesen verwandelte – die Geburtsstunde des modernen Tauchens. Der Eindruck war überwältigend. Hass schrieb damals: »Ich werde diesen ersten Ausflug nie vergessen. Jetzt war ich wirklich Fisch unter Fischen. Ein herrliches Gefühl der Freiheit erfüllte mich, ein Glücksgefühl, das ich kaum beschreiben kann.« Heute, ein ganzes Forscherleben später, erinnert er sich an dieses einmalige Erlebnis nicht mehr ausschließlich emotional: »Irgendwo fühlte ich immer, daß ich da unten an dem Punkt bin, wo vor viereinhalb Milliarden Jahren dieser geheimnisvolle Prozeß Leben, dem auch wir angehören, dessen höchstentwickelter Teil wir sind, begonnen hat. Das war die geistige Welt, in der ich lebte. Auch im Krieg: Für mich war der Krieg immer nur eine halbe Realität, und ich war froh, wenn er mich nicht berührte.«

Unterwassertanz mit einem Stachelrochen in der Ägäis 1942.

Noch war das Atemgerät keine Selbstverständlichkeit. Der Sauerstoff hatte einen gravierenden Nachteil: In größerer Tiefe wird er für den Organismus giftig. Niemand wußte, wo diese Grenze liegt. Hass entdeckte sie – und fand dabei beinahe den Tod: »Die Gegend war so schön, daß ich immer tiefer ging. Da überfiel mich ein unheimlicher Zustand. Ich schwamm nach oben und es wurde besser. Aber dann dachte ich: ›Du mußt doch die Mängel deines Gerätes kennen‹, und tauchte nochmals hinab, um die Erscheinung zu studieren. Tatsächlich stellten sich die Sehstörungen augenblicklich wieder ein. Damit endet meine Erinnerung: Ich verlor das Bewußtsein.« Nur durch Zufall wurde er rechtzeitig entdeckt und aus dem Wasser gezogen. Für größere Tiefen war das Gerät also nicht geeignet, es stand jedoch am Beginn der Ära des modernen Tauchens, die Hans Hass unter Einsatz seines Lebens begründete.

Rechte Seite: ***Was vorher niemand glauben wollte, bewies Hass mit solchen Fotos – Mensch und Hai auf einem Bild.***

Mut, sagt er heute, war nicht seine Antriebsfeder, sondern »die Herausforderung des Neuen und sich dafür auch Gefahren auszusetzen, immer tiefer zu tauchen, an fremde Fische heranzuschwimmen. Das hat mich immer gelockt.« Wie damals in der Ägäis: In den griechischen Gewässern wurde trotz strenger Verbote mit Dynamit gefischt. Hass sah eine Chance, hier wieder Haie vor die Kamera zu bekommen. Denn die Echtheit seiner Aufnahmen aus der Karibik war vielfach angezweifelt worden. Was er als Beweis brauchte, waren Szenen, die Mensch und

Lotte Hass war eine atemberaubende Mischung aus Anmut und Übermut und trug wesentlich zum Erfolg der Filmexpeditionen von Hans Hass bei.

Hai auf dem gleichen Bild zeigten. Es waren spannungsgeladene Minuten. Selbst der wagemutige Tauchpionier war außer sich: »Ich habe niemals eine so gewagte Situation erlebt als in jener Stunde. Wohin ich die Kamera auch wandte, waren Haie.« Hans Hass war der erste, der in seinen Büchern und Filmen den Hai nicht als mordlustige Bestie darstellte. Seine Liebe zum Meer war so groß, daß er nur imstande war, das Schöne zu sehen.

Mit einer riesigen zoologischen Sammlung und vielen neuen Erfahrungen war Hass von der Ägäis in die Heimat zurückgekehrt. Doch die Heimat hatte keine Zukunft zu bieten. Wenige Jahre später sollte Wien in Trümmern liegen. Hass wurde vom Krieg an Land festgenagelt. Das

Meer war unerreichbar, doch das Interesse der Bevölkerung an seinen Abenteuern blieb. Fast täglich hielt er Vorträge, schrieb Bücher, verkaufte Fotos und sparte das Geld zur Verwirklichung seiner Vision: Er wollte ein Schiff ausrüsten, um als Taucher und Forscher über die Ozeane zu segeln.

1949 gelang ihm ein neuer Anfang. Er packte sein revolutionäres Atemgerät für eine Reise an den Ort seiner Träume: das Rote Meer. Noch nie war dort ein Mensch freitauchend durch die Riffe geschwommen. Hass wies alle Bedenken wegen der Haie von sich und schoß die ersten Fotos eines riesigen Mantarochens. Sie wurden in unzähligen Illustrierten veröffentlicht und bildeten die Basis für eine weitere Expedition ins Rote Meer und damit auch für einen Kinofilm, der ihn weltberühmt machen sollte.

Mit dabei war seine Assistentin und heutige Frau Lotte Baierl, ein charismatisches, außergewöhnlich hübsches Mädchen aus Wien. Ihre Erscheinung hat nicht nur das Publikum bezaubert: »Ich werde nie vergessen«, erzählt Lotte Hass, »als ich ihn das erste Mal sah. Er trug einen Jägeranzug und sah gar nicht so aus, wie ich mir einen Wissenschaftler vorgestellt hatte. Er fragte mich, ob ich Maschinschreiben und Stenographieren könne. Ich sagte nein, aber ich würde es sofort lernen. Irgendwie scheint ihm mein Enthusiasmus gefallen zu haben, und für mich ging ein Traum in Erfüllung. Ich hatte während des ganzen Krieges das Gefühl des Eingesperrtseins und eine ungeheure Sehnsucht nach dem Meer. Und als ich meinen Mann kennenlernte, habe ich mir gedacht, jetzt geht mein Wunsch in Erfüllung, daß ich raus kann aus diesem Land und andere Länder kennenlernen kann, und vor allem das Meer.«

Im April 1950 bezogen Hass und sein Team Quartier in Port Sudan an der Küste des Roten Meeres und charterten ein Segel-

Hans und Lotte Hass bei den Dreharbeiten zu »Unternehmen Xarifa«.

schiff. Der internationale Erfolg des Expeditionsfilms »Abenteuer im Roten Meer« beruht auf dem unglaublichen Zusammentreffen mehrerer Tatsachen: die ersten Schritte des Menschen in die Welt der Korallengärten, die kongeniale Filmmusik, der Pioniergeist, der in jeder Szene zu spüren ist, und die emotionale Spannung zwischen den beiden Hauptdarstellern Hans und Lotte. Lotte Baierl war eine atemberaubende Mischung aus Anmut und Übermut. »Sie hatte den deutlichen Wunsch, uns ständig zu beweisen, daß eine Frau ebenso couragiert sein kann wie ein Mann«, erinnert sich Hass: »Das war sogar ein Problem, denn wo immer ein Hai auftauchte, schnell ist sie hingeschwommen, damit wir ja ein Bild machen können, wo sie mit dem Hai zu sehen war.«

Die Expedition war extrem schwierig, Hass' Mitarbeiter bröckelten der Reihe nach ab. Nur Lotte Baierl blieb, und zurück in Kairo hielt Hass um Lottes Hand an: »Wir waren vollkommen erschöpft und hatten beide überall Furunkel. Da habe ich das Gefühl gehabt, daß sie der Partner für mein Leben ist.« So wurden Hans und Lotte Hass das Traumpaar des Unterwasserfilms. Sie führten ein Millionenpublikum in ihr neu entdecktes Universum, in dem hinter jeder Kante eine Gefahr lauern konnte. Der Untertitel des Films lautete zu Recht: »Was Menschenaugen noch nie sahen.« Neben der Herstellung des Films blieb kaum Zeit für Forschung. Versuche mit Unterwasserlautsprechern verführten das Team zu einem Experiment, das nur der Phantasie einer österreichischen Expedition entspringen konnte. Sie brachten ein Tonbandgerät zum Meeresgrund und ließen Johann-Strauß-Walzer ertönen, um die Reaktion der Fische auf Musik zu beobachten. Und die Fische kamen tatsächlich. »In riesigen Mengen«, schrieb Hass, »tanzten die Fische einen gespenstischen Walzer um mich und den Lautsprecher.« Bis heute ist nicht klar, was die Fische zu diesem Tanz veranlaßt hat.

Auch wenn alles schwarzweiß war, im Kino glaubte man, die Farbenpracht des Meeres tatsächlich gesehen zu haben – so eindringlich und voller Enthusiasmus präsentierte Hans Hass seine schöne neue Welt und ihre ungewöhnlichen Geschöpfe. Der Film dokumentiert auch einen der legendärsten Momente der Expedition: Die Fischer hatten sie vor einem teuflischen Ungeheuer gewarnt, aber an Teufel wollten Hans und Lotte nicht glauben und schwammen nur mit der Kamera bewaffnet auf ein Tier zu, wie sie »desgleichen nie gesehen hatten« – einen Walhai, mehrere Tonnen schwer, der größte Fisch der Welt. Noch nie war jemand unter Wasser freitauchend mit diesem Tier zusammengetroffen. Sie filmten und fotografierten den Hai aus nächster Nähe. Er war harmlos und ließ sich sogar berühren. Dann tauchten Mantas auf, und wieder war Hans Hass der erste Mensch, dem es gelang, diese Tiere auch mit der Filmkamera festzuhalten.

In jenen aufregenden Monaten am Roten Meer erlebte der junge Österreicher etwas, worauf andere ein Leben lang warten: Alle seine Wünsche gingen in Erfüllung. Er fand seine Traumfrau Lotte, und ihr Film gewann bei den Festspielen von Venedig den ersten Preis. Jetzt fehlte nur noch eines: ein eigenes Forschungsschiff. Er investierte sein ganzes Geld und ließ die Vision Wirklichkeit werden. Sie hieß »Xarifa«. Hans Hass: »Die ›Xarifa‹ hat fast eine Million Mark gekostet. Ich weiß gar nicht mehr, wie ich diese Summe als Student aufgebracht habe,

August 1953: Hans Hass sticht mit der »Xarifa« von Hamburg aus in See.

XARIFA
HAMBURG

Hans und Lotte Hass vor der deutschen Uraufführung von »Unternehmen Xarifa« in Berlin.

mit unzähligen Vorträgen und anderen Manövern eben. Die Banken wollten mir nichts geben, die haben immer gesagt: ›Herr Hass, sie sind ein erstaunlicher Mann, da kommen sie zu uns und wollen Geld von uns für einen Film und erzählen uns gleichzeitig, daß sie unter Haien herumschwimmen. Also wo ist unsere Sicherheit?.‹

Er hat es dennoch geschafft. Mit dem Traumschiff »Xarifa« segelten Lotte und Hans Hass in den fünfziger Jahren um die Welt. Das meiste Geld dafür erhielten sie von einem deutschen Verleih als Vorschuß für einen Film. Der Preis dafür: Es mußte eine spannende Geschichte werden, ohne Kommentar, nur mit Dialogen und Spielszenen. So entstand »Unternehmen Xarifa«, ein Kinofilm, der ein internationaler Erfolg werden sollte. An Bord der »Xarifa«, die im August 1953 von Hamburg aus in See stach, waren jedoch keine Schauspieler, sondern Wissenschaftler. Eine neue Epoche der Meeresbiologie hatte begonnen. Man tauchte, sammelte und beobachtete vor Ort. Zum Team zählte auch der junge Wiener Verhaltensforscher Irenäus Eibl-Eibesfeldt.

In der Karibik lehrte Hass die Biologen tauchen. Am Ende waren es mehr als 150 wissenschaftliche Arbeiten, die an Bord der »Xarifa« entstanden sind. Die Forscher sprühten vor Ideen, und der Zufall sorgte für zauberhafte Experimente. Um bei den Filmaufnahmen die Gesichter der Taucher aufzuhellen, brachten sie Spiegel zum Meeresgrund. Als sie am Boden ankamen, erschienen sogleich Fische, die ihr Spiegelbild als vermeintlichen Konkurrenten attackierten. Das war der erste Beweis dafür, daß Korallenfische territorial sind und die Riffe in genau abgegrenzte Reviere aufgeteilt sind. Was sie auch taten – alles war möglich und alles war neu.

Von der Karibik segelte die »Xarifa« geradewegs ins Paradies – zu den Galápagos-Inseln. Schon damals war erkennbar, wie gefährdet die Tierwelt der Galapagos ist. Irenäus Eibl-Eibesfeldt war überwältigt und kämpfte von diesem Tag an für die Erhaltung dieses Naturjuwels. Er setzte mit Hilfe der Vereinten Nationen durch, daß auf Galápagos eine Forschungsstation errichtet und alles nicht besiedelte Land zum Nationalpark erklärt wurde. Auch vor den Galapagosinseln waren Hass und seine Mannschaft die ersten Taucher mit einer Kamera.

Eines der vielen historischen Ereignisse dieser ersten »Xarifa«-Expedition war eine hautnahe Begegnung mit dem größten Jäger der Weltmeere, dem Pottwal. Hass schwamm in Richtung eines Tieres, von dem man nur wußte, daß es 400 Meter tief zu tauchen vermochte und Haie auf einmal verschlingen konnte. Hans Hass schrieb später: »Ich habe oft an diese Sekunden zurückgedacht, sie waren einer der Höhepunkte meines Lebens. Der Mensch wird geboren und verlischt in kosmisch unbeschreiblich kurzer Zeit. Worauf es ankommt, ist manchmal nur ein Augenblick, der zählt.«

Hass war auf der »Xarifa« Organisator, Forscher, Kameramann und Regisseur. Schon in Hamburg ließ er Generatoren einbauen, die Strom für eine sagenhafte Premiere liefern sollten: die ersten Unterwasseraufnahmen mit Scheinwerfern. Bis dahin kannte man den Meeresboden vor allem in matten Blau- und Grüntönen, denn ab zehn Meter Tiefe werden die roten und gelben Anteile des Lichts absorbiert. Mit einem Mal erblickten sie Farben und Formen, die nie zuvor ein Mensch gesehen hatte.

»Unternehmen Xarifa« war der erste Unterwasserfarbfilm der Geschichte.

Die Premiere des Films fand in London statt. Es folgten zahlreiche Angebote aus Hollywood und ein Vertrag für eine 26teilige Fernsehserie der BBC – so war die Finanzierung der »Xarifa« weiter gesichert. Mit der Fernsehserie erreichte Hass in England, Deutschland und Österreich Millionen von Menschen. Der berühmte Taucher geriet dennoch in eine Krise: Er wollte Forscher sein und war zum Manager und Filmemacher geworden. So setzte er einen unerwarteten Schritt: Am Gipfel seines Ruhms verkaufte Hans Hass sein Schiff und begann ein anderes Leben. Seine Erfahrungen und Erlebnisse hatten ihn in ein völlig neues Forschungsgebiet geführt: »Es kam der Moment, als ich mich fragte, ob das erstaunlichste Lebewesen von allen nicht der Mensch ist. Wir kommen uns so selbstverständlich vor. Aber ich fragte mich: Sieht sich der Mensch überhaupt richtig?«

Man schreibt das Jahr 1959: Hans Hass war gerade 40 Jahre alt und hatte mehr erlebt und erreicht, als sich ein Mensch erträumen kann, und er war Vater einer Tochter. Mit dem Abschied von der »Xarifa« ging auch die Pionierzeit des Tauchens zu Ende. Im Fernsehen übernahm Kapitän Cousteau das Ruder und berichtete nun anstelle von Hans Hass über die Geheimnisse des Meeres. 1960 wurde das Schiff an den italienischen Unternehmer Carlo Traglio verkauft. Heute ist die »Xarifa« eine der schönsten Yachten im Hafen von Monte Carlo. 40 Jahre lang hatten Hass und seine Frau das Schiff nicht mehr gesehen, im Frühjahr 1998 gingen sie für die »Universum«-Kameras erstmals wieder an Bord. Carlo Traglio hat die »Xarifa« in Ehren gehalten.

Hans und Lotte Hass an Bord der »Xarifa« 1960, kurz bevor das Schiff verkauft wurde.

Was war geschehen seit jener letzten Begegnung vor 40 Jahren? Hans Hass betrieb zunächst Verhaltensforschung am Menschen, drehte auch zu diesem Thema Filme und wurde Schritt für Schritt zum Naturphilosophen. Er kehrte nun zu seinen Anfängen zurück, als er das Wachstum von Meerestieren studierte und nach Gesetzmäßigkeiten suchte. Hass sah, daß sich Pflanzen und Tiere ebenso wie Gesellschaft und Wirtschaft nach den gleichen Gesetzen organisieren. Daraus entwickelte er die sogenannte »Energon-Theorie«.

In den siebziger Jahren fuhren Hans und Lotte Hass erneut in die Karibik. Hass schlug sein Zelt am selben Platz auf wie 1939, unter jenem Baum, wo einst der Plan reifte, die Meere zu erkunden. Doch die Reise in die eigene Vergangenheit wurde zu einem traurigen Blick in die Gegenwart: Der Tauchtourismus hatte bedrohliche Ausmaße angenommen, Harpunenjäger und Umweltverschmutzung hatten ganze Arbeit geleistet: Viele Riffe waren trostlos und leer. Hass war tief betroffen: »Eine völlig tote Landschaft. Wo sind all die Fische hingekommen? Bin ich nicht am Ende mitschuldig?« Der Anblick des einstigen Paradieses prägte sein weiteres Leben. Er wurde zum Anwalt des Meeres und zum Umweltschützer.

Wer heute Hans Hass begegnen will, sucht am besten in den engen Gassen der Wiener Altstadt. Mit ein wenig Glück trifft man einen eleganten älteren Herrn auf dem Weg ins Büro. Hier entwickelt er neue Ideen und versucht wie immer, seine unstillbare Neugier zu befriedigen. »Das Leben«, sagt Hans Hass heute, »ist eine einmalige Chance, die man vor allem als Naturwissenschaftler hat. Für einige Zeit interessiert man sich für das eine Gebiet, dann wieder eine Zeit für ein anderes. Und man bedauert nur, daß man sich im Herbst seines Lebens auf einige wenige Dinge beschränken muß, die man in diesem Leben noch unterbringen kann.«

Hans und Lotte Hass 1998 bei ihrem ersten Besuch an Bord der »Xarifa« nach fast vier Jahrzehnten.

Die Bilanz seines Lebens ist schier unglaublich: Er war der erste moderne Taucher, produzierte legendäre Unterwasserfilme und revolutionierte als Fisch unter Fischen die Meeresbiologie. Nun erhält er erneut weltweite Anerkennung – auch in den USA, wo bisher Cousteau als der Erfinder des Tauchens galt. Auf Galaveranstaltungen, die ihm zu Ehren abgehalten werden, zweifelt dort heute niemand daran, daß Hans Hass der erste war. Und überall auf der Welt will ihn das Publikum in jener Rolle sehen, die ihn unsterblich gemacht hat – als Botschafter des Meeres, der mit unerreichter Begeisterung von einer phantastischen Welt erzählt.

HANS HASS – DER MANN, DER DAS MEER ENTDECKTE

EINE PRODUKTION DER COSMOS FACTORY FÜR ORF UND TELCAST INTERNATIONAL

BUCH UND REGIE: MANFRED CHRIST & HARALD POKIESER

VIERZEHNTES KAPITEL

DIE SERENGETI LEBT

Eine endlose Ebene erstreckt sich bis zum Horizont. Die Savanne der ostafrikanischen Serengeti gilt als das wilde Herz Afrikas. Der Name stammt aus der Sprache der Massai: »Siringet« bedeutet »unendliche Ebene«. Das weite Grasland beherbergt einen ungeheuren Tierreichtum. Gras, Löwen und Gnus – diese drei Elemente sind wohl die bekanntesten Symbole für den Lebensraum Serengeti. Das Gras ist die wichtigste Nahrung der riesigen Herden, die Gnus sind die erfolgreichsten Pflanzenfresser, und die Löwen, die mächtigsten der großen Jäger, thronen an der Spitze der Nahrungskette. Daneben bevölkern jedoch unzählige weitere Tierarten jede noch so kleine Nische in dem unglaublich komplexen Ökosystem der Serengeti.

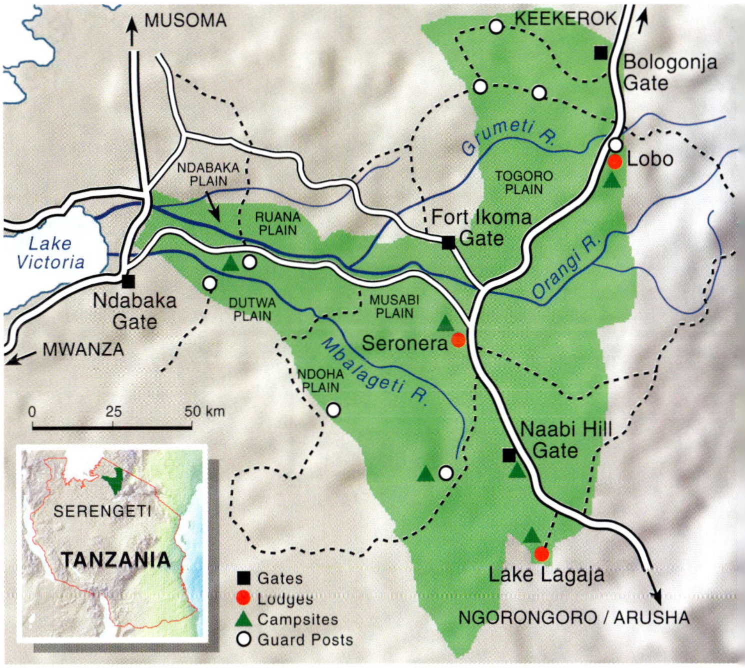

In den fünfziger Jahren waren die Tiere der Serengeti stark gefährdet – gejagt von rücksichtslosen Wilderern und bedroht durch das Vordringen des Menschen. Erst der Einsatz des deutschen Zoologen Bernhard Grzimek weckte weltweites Interesse und machte auf die kritische Situation in dieser ostafrikanischen Savanne aufmerksam. Für die Serengeti begann ein Kampf ums Überleben. Bernhard Grzimeks berühmter Film »Die Serengeti darf nicht sterben« zeigte Wirkung. Der Serengeti-Nationalpark ist mit mehr als 14.000 Quadratkilometern Fläche größer als Oberösterreich. Er gilt als wildreichstes Schutzgebiet der Erde. Heute scheint die Bedrohung dieser Landschaft mit ihrer einzigartigen Tierwelt gebannt: Die Serengeti lebt.

Die uralten erloschenen Vulkane, die die Serengeti nach Osten hin begrenzen, erheben sich 700 Meter hoch über die Ebene. Die einstigen Feuerberge sind von einer üppigen Vegetation

Linke Seite:

Die jahreszeitlichen Wanderungen der riesigen Gnuherden prägen die Serengeti, den bekanntesten Nationalpark der Welt.

bedeckt. Doch vor zwei Millionen Jahren bot diese Landschaft ein vollkommen anderes Bild. Damals stießen die Vulkane immer wieder Millionen Tonnen Staub und Asche aus. Der Himmel verdunkelte sich, der Tag wurde zur Nacht. Die weiten Ebenen im Westen verschwanden unter einer alles erstickenden Ascheschicht. Jahrhundertelang formte der Wind Dünen aus Vulkanasche, die im Lauf der Zeit ständig flacher wurden und immer weiter schrumpften. Das Gras, das zwischen ihnen zu wachsen begann, sorgte dafür, daß die wandernden Aschedünen langsam voneinander getrennt wurden und schließlich verschwanden. Heute erinnern daran nur noch zwei kleine halbmondförmige Dünen, die sich, vom Wind getrieben, langsam über die Ebenen schieben.

Die Verbindung der Vulkanasche mit Regenwasser führte zu einer chemischen Reaktion. Das Ergebnis war eine steinharte Schicht im Boden, die selbst die kräftigsten Wurzeln kaum zu durchdringen vermögen. Vereinzelte verkümmerte Bäume kämpfen hier um ihr Überleben. Nur wo die Kraft des fließenden Wassers den harten Boden durchschnitt, haben Bäume überhaupt eine Chance zu wachsen und zu gedeihen. Diese einzigartige Laune der Natur führte dazu, daß weite Gebiete der Serengeti trotz der fruchtbaren Vulkanasche und der häufigen Regenfälle lediglich von niedrigem Gras bewachsen sind. Ein endloses Meer aus Gras erstreckt sich, soweit das Auge reicht.

50 Kilometer weiter nordwestlich endet die Ascheschicht und mit ihr auch der steinharte Boden, das Buschland beginnt. Die Vegetation ist üppiger, hier entwickelte sich auch eine größere Vielfalt von Gräsern. Von diesem Überfluß an Nahrung profitieren die unterschiedlichsten Arten von Pflanzenfressern, die in der Serengeti heimisch sind. Flüchtig betrachtet wirkt das Gras eher unscheinbar, aber diese Pflanzen sind hochspezialisiert. Sie haben sich dem Fut-

Die schirmförmigen Akazien sind die erfolgreichsten Bäume in der von Gräsern dominierten Savanne.

Akazien schützen sich mit Dornen gegen hungrige Blattfresser. Gegen Giraffen hilft diese Strategie wenig. Ihre Mäuler sind gegen Stiche weitgehend unempfindlich.

terverhalten der Tiere, die von ihnen leben, angepaßt. Das Gras gedeiht selbst dann, wenn die Halme praktisch täglich abgefressen werden. Der Speichel einiger Pflanzenfresser enthält sogar Substanzen, die das Wachstum der Gräser wieder anregen.

Unter all den Bäumen, die sich in der Savannenlandschaft der Serengeti angesiedelt haben, sind die vielfältigen Akazien die erfolgreichsten. Die meisten Akazienarten besitzen die charakteristische schirmförmige Baumkrone. Durch ihr weit ausladendes Geäst fangen die Akazien besonders viel lebenswichtige Sonnenenergie ein. Auch die Akazien haben sich – wie die Gräser – parallel zu den Tieren entwickelt, die sich von ihnen ernähren. Die Bäume versuchen, sich mit Hilfe verschiedener Formen von Dornen vor hungrigen Mäulern zu schützen.

Eine Akazienart hat eine ganz spezielle Verteidigungsstrategie entwickelt: Die Honigakazie besitzt an ihren Zweigen hohle Auswüchse, in denen sich stechende Ameisen ansiedeln. Wenn ein Tier den Baum aufsucht, um zu fressen, schreckt es auch die Ameisen auf, und diese schwärmen sofort aus, um den unerwünschten Störenfried zu verscheuchen. Selbst die Giraffen, deren Maul gegen Stiche weitgehend unempfindlich ist, meiden diese Bäume und suchen andere Akazienarten auf. Es scheint beinahe so, als haben die hoch aufragenden Akazien die Giraffen dazu veranlaßt, ihren extrem langen Hals zu entwickeln. Umgekehrt prägen die gefräßigen Giraffen das Wachstum der Bäume. Auf diese Weise nehmen die Kronen der Akazien im Lauf der Zeit oft die seltsamsten Formen an.

Etwa zwei Drittel der gesamten Serengeti sind von Akazienwäldern bedeckt. Doch die grasbewachsenen Ebenen haben unser Bild von der Serengeti sehr viel stärker geprägt. Unzählige

Antilopen bevölkern die Savannenlandschaft. Die Fülle an Pflanzen und Tieren täuscht darüber hinweg, daß es hier nur wenig Wasser gibt. Wenn die Trockenzeit bevorsteht, machen sich die riesigen Gnuherden auf den Weg zu den Wäldern im Norden und Westen, wo es genügend Nahrung und Wasser gibt. Zuerst langsam, dann immer rascher wandern die Gnus zu besseren Futterplätzen. Sechs Monate lang durchstreifen die Herden die Wälder im Norden, bis sie die von neuem einsetzende Regenzeit wieder in die Ebenen der Serengeti lockt.

Manche Gnuherde besteht aus etwa einer Million Tieren. Wenn es allein nach der Anzahl der Tiere geht, sind die Gnus die erfolgreichsten Antilopen der Serengeti. Daneben existieren jedoch noch viele weniger verbreitete Arten, die sich ihren Platz in diesem Ökosystem gesichert haben. Die meisten Antilopen wie die Impalas etwa verharren auf der Stelle, während die gewaltigen Gnuherden vorüberziehen. Die Kuhantilope, die Leierantilope und der Riedbock – sie alle bewohnen eigene Reviere in enger Nachbarschaft mit den Gnus. Alle diese Tiere sind Pflanzenfresser und konkurrieren scheinbar um dieselbe Nahrung. Doch die meisten Arten haben sich spezialisiert. Die einen ernähren sich von mehreren unterschiedlichen Pflanzenarten, die anderen fressen lediglich Teile einer bestimmten Pflanze. Zebras etwa können selbst die langen, trockenen Halme kauen. Gnus und andere Antilopenarten bevorzugen Blätter und Triebe, und die Thompsongazellen fressen die niedrigsten Gräser ab.

Das Dikdik ist eine der kleinsten aller Antilopen.

In der Serengeti leben allein etwa 20 verschiedene Arten von Huftieren. Die weitaus meisten davon stellen die allgegenwärtigen Antilopen, die in allen Größen vertreten sind. Ein winziger Teerbrocken markiert die Reviergrenze der kleinsten aller Antilopen, der Dikdiks. Ihr zweiter Name »Windspielantilope« ist ein Hinweis auf das geringe Gewicht von nur vier Kilogramm. Dikdiks bilden Paare, die ihr ganzes Leben lang zusammenbleiben. Der Dikdikbock markiert das Territorium mit Hilfe eines Sekrets aus speziellen Drüsen unterhalb der Augen. Das Revier erstreckt sich nur wenige hundert Meter im Umkreis, die Grenzen werden auch durch Urin und kleine Kothaufen festgelegt. Nachdem das Dikdikweibchen eine Markierung gesetzt hat, fügt auch der Bock seine hinzu.

Die kleinen Antilopen bevorzugen besonders frische Triebe und Knospen. Das Revier bietet nicht nur genügend Nahrung, sondern auch Schutz. Wenn die Tiere einen gefährlichen Jäger entdecken, behalten sie ihn ständig im Auge. Die Dikdiks kennen jeden Flecken ihres Gebiets und wissen genau, wo sie sich verstecken können, wenn Gefahr droht. Der Serval jagt norma-

lerweise Mäuse und andere Kleintiere, aber die Dikdiks machen ihn neugierig. Wenn die Dikdiks einmal Nachwuchs haben sollten, wird die Sache für den Serval erst so richtig interessant. Auch vor dem Karakal, dem Wüstenluchs, müssen sich die Kleinantilopen in acht nehmen. Seine Spezialität ist allerdings, mit einem Satz einen Vogel im Flug zu fangen. Die elegante Katze besitzt eine enorme Sprungkraft. Horden von Anubispavianen streifen ebenfalls durch das Grasland. Meist ernähren sich diese Affen von Pflanzen, aber gelegentlich jagen sie auch kleinere Tiere. Dikdiks kommen ihnen dann gerade recht.

Karakals sind darauf spezialisiert, mit einem Satz Vögel im Flug zu erbeuten.

Neben ungezählten Arten kleiner Nagetiere bevölkern auch die Riesen der Tierwelt den Lebensraum Serengeti – Nashörner, Flußpferde und Elefanten. Die gefräßigsten Pflanzenfresser hier sind jedoch nicht etwa die großen Säugetiere, sondern das Myriaden zählende Heer der Insekten. Ihre Vielfalt ist unübertroffen, es gibt alle nur denkbaren Arten und Größen, Formen und Farben. Abermilliarden winzige Mäuler fressen sich unaufhörlich durch das Gras der Serengeti. Den größten Teil der Insekten dürften die Termiten ausmachen, die hier in vielen Arten vorkommen. Die auffälligsten unter ihnen sind die Erntetermiten. Die Arbeiter dieser Termiten schwärmen aus, um Grashalme und Samenkörner zu sammeln und in ihren unterirdischen Bau zu schaffen. Ihr weicher Körper reagiert empfindlich auf die Gluthitze der Sonne,

Löwen sind perfekte Rudeljäger, doch die gefährlichen Kaffernbüffel greifen sie nur an, wenn andere Beutetiere rar sind.

außerdem sind sie die bevorzugte Beute vieler Bewohner des Graslandes. Deshalb versuchen die Termiten fieberhaft, möglichst viel Nahrung zusammenzutragen, bevor sie die Aufmerksamkeit ihrer Feinde auf sich ziehen. Der Boden ist durchsetzt mit Termitennestern, alle paar Meter findet sich ein Bau. Aber nicht nur die unzähligen Termiten bilden einen wertvollen Bestandteil dieses Ökosystems. Raupen und Käfer, Heuschrecken und Ameisen – sie alle spielen eine wichtige Rolle in diesem Gefüge. So schätzt man etwa, daß die winzigen Insekten ein Vielfaches jener Biomasse vertilgen, die die riesigen Herden von Pflanzenfressern zu sich nehmen.

Das allgegenwärtige Gnu steht stellvertretend für die vielen großen Pflanzenfresser der Serengeti. Der Löwe repräsentiert hingegen die Raubtiere der Savanne. Neben dem mächtigen Löwen bewohnen auch andere gefährliche Jäger die Serengeti, etwa der Leopard und der schnellste Sprinter der Savanne, der Gepard. Im Gegensatz zu diesen beiden Einzelgängern leben Löwen jedoch in Rudeln. Ein Löwenrudel besteht aus bis zu 30 Tieren, das erleichtert die Jagd auf große Beutetiere. Das Jagen ist in erster Linie Aufgabe der Weibchen, die Beute wird anschließend geteilt. Auch bei der Aufzucht des Nachwuchses sind die übrigen Rudelmitglieder eine wertvolle Hilfe. So werden die Jungen von jeder Löwin der Gruppe gesäugt, die Milch trägt. Doch dieses soziale Verhalten hat seinen Preis. Wegen der hilflosen Jungen kann das Löwenrudel nur in der näheren Umgebung jagen. Wenn die Herden ihrer wichtigsten Beutetiere weiterziehen, können die Löwen nicht folgen. In dieser Zeit gibt es immer weniger Nahrung, und die Löwenjungen müssen häufig hungern.

Vorhergehende Doppelseite: ***Auf ihrer Wanderung müssen die Gnus auch Flüsse überqueren, in denen Krokodile auf schwache oder junge Tiere warten.***

Der Leopard ist vom Verschwinden der Herden weit weniger betroffen. Die Großkatze ernährt sich von vielen verschiedenen Beutetieren, darunter auch von Mäusen oder kleinen Vögeln. Der Leopard jagt allein, und wenn er nicht gerade Junge hat, muß er seine Beute auch nicht teilen. Die Katze kann von einem großen Beutetier mehrere Tage lang zehren. Leoparden versuchen, Rivalen von ihrer Beute fernzuhalten. Dazu schleppen die exzellenten Kletterer die Kadaver auf Bäume, außer Reichweite der Löwen und Hyänen. Leopard und Löwe sind Rivalen im Kampf ums Überleben. Wo immer sich ihre Wege kreuzen, machen sie einander die Beute streitig, und immer wieder töten die Großkatzen den Nachwuchs des jeweils anderen.

Auch der schlanke Gepard lebt meist allein. Im Gegensatz zum Leoparden, der sich häufig auf Bäumen aufhält, bewohnt der Gepard die offene Savanne. Nur hier kann er seine extreme Beschleunigung bei der Jagd voll ausspielen. Im Sprint erreicht die hochbeinige Katze eine Geschwindigkeit von 110 Kilometern pro Stunde. Dieses kraftraubende Tempo hält der Gepard jedoch nur wenige hundert Meter weit durch, deshalb ist er auf einen schnellen Jagderfolg aus. Der Gepard reißt die Gazelle nieder und bringt dann den tödlichen Biß in die Kehle an. Die spektakuläre Jagd lockt häufig Löwen, Hyänen, Schakale oder Paviane an, die dem Geparden nicht selten seine Beute abzujagen versuchen. Oft bleiben der schlanken Katze nur wenige Minuten, bis ein mächtigerer Jäger auf dem Plan erscheint und die Beute einfach davonschleppt.

Leoparden sind geschickte Kletterer.

Löffelhunde fressen fast nur Insekten.

Neben den Großkatzen jagen auch hundeartige Räuber in der Serengeti. Der Löffelhund ist der kleinste Fuchs der Svanne. Er ernährt sich hauptsächlich von Insekten, die er mit Hilfe seiner riesigen Ohren aufspürt. Löffelhunde besitzen bis zu 50 nadelspitze Zähne. Außerdem können sie ihre Kiefer mehrere Male pro Sekunde auf und zu bewegen, das Beuteinsekt wird blitzartig zerfleischt. Löffelhunde bilden Paare, die ihr gesamtes Leben miteinander verbringen – meist in Gesellschaft ihrer jeweils letzten Nachkommen. Sie teilen ihren Lebensraum mit anderen erfolgreichen Jägern: den afrikanischen Wildhunden.

Wenn ein Wildhundpärchen Nachwuchs bekommt, helfen besonders jene Rudelmitglieder bei der Aufzucht mit, die keine eigenen Jungen zu versorgen haben. Ein Wurf umfaßt bis zu 15 Wildhundwelpen. Mindestens einmal am Tag kehrt eines der Elterntiere von der Jagd zurück und ruft die Jungen aus dem Bau. Anschließend wird die Beute hervorgewürgt, um damit die Welpen zu füttern. Das Spektakel lockt auch die anderen Mitglieder des Rudels herbei. Die begehrte Beute wird unter allen Wildhunden – ob jung oder alt – aufgeteilt. Doch dieses Schauspiel ist mehr als nur ein gemeinsames »Festfressen«. Es dient auch dazu, die Bande zwischen den einzelnen Tieren und damit den Zusammenhalt des gesamten Rudels zu festigen.

Afrikanische Wildhunde sind sehr soziale Tiere. Der Nachwuchs wird gemeinschaftlich großgezogen.

Wo es etwas zu fressen gibt, erscheinen mit ziemlicher Sicherheit Tüpfelhyänen. Sie sind Konkurrenten der Wildhunde, haben aber gegen ein ganzes Wildhunderudel keine Chance. Hyänen besitzen ein extrem starkes Gebiß mit scharfen Zähnen und Kiefern, die mit unglaublicher Kraft zubeißen können. Damit sind sie sogar in der Lage, die Knochen großer Tiere zu knakken, um an das Mark zu gelangen. Der eigenartige Körperbau der Hyänen läßt sie seltsam hinken, aber diesen Gang können sie über lange Zeit beibehalten. Tüpfelhyänen unternehmen weite Streifzüge über Entfernungen bis zu 80 Kilometern. Im Gegensatz zu den großen Würfen der Wildhunde bekommen Hyänen nur ein oder zwei Junge. Sie werden mehr als ein Jahr lang gesäugt und bleiben während der gesamten Zeit in der Nähe des Baues. Es gibt noch einen weiteren markanten Unterschied zu den Wildhunden: Ein Tüpfelhyänenrudel wird immer von einem Weibchen angeführt, das sich lediglich um seine eigenen Jungen kümmert. Die Milch der Hyänen ist so nahrhaft, daß die Jungen nach dem Säugen mehrere Tage im Bau überleben können, während die Muttertiere weite Streifzüge unternehmen.

Die deutlich kleinere und schlankere Streifenhyäne ist ein Einzelgänger. Sie ernährt sich fast ausschließlich von Kadavern und Knochen. Das hochspezialisierte Verdauungssystem der Hyänen wird mit allem fertig, es zersetzt verfaultes Fleisch, das bereits Giftstoffe enthält, Knochen und sogar die Zähne von Beutetieren. Ein naher Verwandter der Hyänen, der Erdwolf, hat diese Spezialisierung auf die Spitze getrieben. Er ernährt sich ausschließlich von Termiten. Dabei machen Erntetermiten 90 Prozent seines Speiseplans aus. Diese Termitenart produziert in ihrem Körper eine hochgiftige Substanz, die andere Tiere davon abhalten soll, sie zu fressen. Der Erdwolf ist gegen die Verteidigungswaffe dieser Insekten allerdings immun.

Rechte Seite: ***Hyänen haben ein extrem kräftiges Gebiß, mit dem sie selbst die stärksten Knochen zermalmen können.***

Kuhreiher suchen in der dicken Haut von Elefanten nach Zecken.

Aber die Termiten haben noch einen Feind – das Erdferkel. Dieses seltsame Wesen ist der letzte Überlebende der urzeitlichen Huftiere. Seinen Namen verdankt das Erdferkel dem Umstand, daß es meist in Erdhöhlen haust, und seinem schweineähnlichen Aussehen. Erdferkel werden bis zu 80 Kilogramm schwer. Nachts wandern die eigenartigen Tiere über weite Distanzen, rastlos auf der Suche nach Termitenhügeln. Hat das Erdferkel einen Termitenhügel entdeckt, gräbt es den steinharten Bau mit Hilfe der scharfen Klauen seiner Vorderbeine auf. Die lange, dünne, klebrige Zunge reicht tief in die Gänge des Baus. Dem Angriff des Erdferkels fallen Tausende Termiten zum Opfer.

Doch Termiten existieren in unvorstellbarer Anzahl. Die einzigen Feinde, die ähnlich große Populationen aufweisen wie die Termiten selbst, sind Ameisen. Jeden Tag verlassen ganze Ameisenarmeen ihre Nester und schwärmen aus zur Jagd nach Termiten. Die Ameisen sind mit kräftigen Kiefern ausgerüstet. Bis auf einige wenige Soldaten können sich die Erntetermiten nicht verteidigen. Sie haben den gefräßigen Invasoren nichts entgegenzusetzen und sind ihnen schutzlos ausgeliefert. Immer mehr der gefährlichen Kämpfer eilen herbei, dringen in den Termitenbau ein und zerren ihre Opfer heraus. Die wehrlosen Termiten haben gegen ihre viel kleineren, aber gut organisierten Todfeinde nicht den Hauch einer Chance. Der ungleiche Kampf ist rasch vorüber, nach dem Raubzug schleppen die Ameisen ihre Beute in ihre eigenen Nester.

Doch im ungeheuer vielfältigen Ökosystem der Serengeti existiert auch ein Todfeind der Ameisen – das urtümliche Steppenschuppentier. Dieses eigenartige Tier wirkt fast wie ein Wesen aus einer anderen Welt, trotz seines reptilienartigen Aussehens gehört das Schuppentier zu den Säugetieren. Die Hornplatten dienen dem ungewöhnlichen Wesen als Schutz. Unter Baumresten sucht es nach seiner bevorzugten Nahrung. Das Schuppentier leckt die Ameisen mit seiner Zunge auf, die beinahe so lang ist wie sein gesamter Körper. Seine Hornplatten schützen es vor den meisten Raubtieren, sogar vor neugierigen Löwen. Der Trick des Schuppentiers besteht darin, daß es sich einfach einrollt und geduldig wartet. Die Löwen beißen sich an den harten Platten die Zähne aus, und meist verlieren sie dann rasch das Interesse.

In dieser Welt existieren jedoch unscheinbare Wesen, vor denen kein Tier der Serengeti sicher ist. Sie können so manchem Bewohner der Savanne gefährlicher werden als die großen

Folgende Doppelseite: ***Sonnenuntergang über den weiten Grassteppen der Serengeti.***

Raubtiere. Fliegen und Zecken sind nicht nur eine wahre Plage, sie verbreiten auch gefährliche Erreger, die tödliche Krankheiten auslösen können. Millionen Zecken liegen im Gras auf der Lauer. Sie warten nur darauf, daß ein Tier vorüberzieht, um sich auf ihm festzusetzen. Die winzigen Blutsauger können gesunden Tieren meist nichts anhaben. Geschwächte Tiere hingegen besitzen häufig nicht mehr genügend Abwehrkräfte gegen die Krankheitserreger, die durch den Zeckenbiß übertragen werden, und verenden. Aber nicht nur die Zecken sind eine große Gefahr für die Bewohner der Serengeti. In den sechziger Jahren grassierte im nahegelegenen Ngorongoro-Krater unter den dort lebenden Löwen eine Seuche, die blutsaugende Fliegen ausgelöst hatten. Die Krankheit schwächte die Löwen so sehr, daß 90 Prozent von ihnen verendeten.

Flußpferde haben ihre eigenen Methoden, gefährliche Fliegen und andere Blutsauger zu vertreiben: eine Rolle seitwärts oder immer wieder eine kurze Dusche. Dem Zwergtaucher bietet sich dann ein wahres Schlaraffenland, die unzähligen, prall mit Blut gefüllten Insekten sind eine leichte und begehrte Beute. Viele Vogelarten haben sich darauf spezialisiert, andere Tiere von Parasiten zu befreien. Von dieser Symbiose profitieren beide Seiten: Die Vögel finden Nahrung im Überfluß, und die Wirtstiere sind die winzigen Plagegeister los. Der wohl bekannteste Vertreter ist der Kuhreiher. Er folgt Elefanten oder Büffeln und lauert auf Insekten, die von ihnen aufgescheucht werden. Der Lappenstar hingegen begleitet meist die großen Gnuherden. Rastlos sucht der kleine Vogel das Fell der Tiere nach Zecken oder anderen parasitären Insekten ab.

Ein weiterer Vertreter aus der Familie der Stare ist der Madenhacker. Schon sein Name weist darauf hin, daß sich auf seinem Speiseplan hauptsächlich Parasiten finden. Madenhacker ver-

Madenhacker befreien einen Kaffernbüffel von lästigen Parasiten.

bringen einen großen Teil ihres Lebens auf ihren Wirtstieren. Die Vögel befreien die Tiere jedoch nicht nur von lästigen Insekten, sie dienen auch als eine Art Frühwarnsystem, wenn Gefahr im Verzug ist. In der Serengeti leben zwei verschiedene Arten, der Rotschnabelmadenhacker und der Gelbschnabelmadenhacker. Das Leben dieser Vögel und ihrer Wirte ist so eng miteinander verbunden, daß die Madenhacker sogar Haare aus dem Fell mancher Tiere rupfen, um damit ihr Nest auszupolstern.

Madenhacker bauen ihre Nester in Baumhöhlen. Jene Vögel hingegen, die am Erdboden brüten, leben in ständiger Gefahr vor den häufigsten Raubtieren der Serengeti. Zwergmangusten räumen ein Wachtelnest innerhalb kürzester Zeit leer. Die kleinen Räuber gehören zu den Schleichkatzen, Eier sind für sie eine besonders begehrte Beute. Zwergmangusten gehen nur tagsüber auf die Jagd. Sie leben in Gruppen von bis zu 20 Tieren, die von einem Pärchen angeführt werden. Die Tiere wechseln immer wieder ihr Revier. An markanten Stellen entlang seiner Grenze setzen die Zwergmangusten Duftmarken mit einem Sekret aus Drüsen an ihrem Hinterteil.

Ichneumons sind bekannt dafür, daß sie mit Vorliebe Giftschlangen jagen.

Die Serengeti beherbergt viele verschiedene Mangustenarten, deren Lebensweisen jedoch mitunter sehr stark voneinander abweichen. Zebramangusten sind ebenfalls sehr zahlreich und sehr wasserscheu. Sie leben in Gruppen von bis zu 40 Tieren, die gemeinsam auf Nahrungssuche gehen. Zebramangusten sind gefürchtete Jäger, doch selbst wenn sie gezwungen sind, Flüsse zu überqueren, meiden sie das Wasser, soweit es nur geht. Die Sumpfmanguste dagegen liebt Wasser. Sie ist ein Einzelgänger und geht sowohl am Tag wie auch in der Nacht auf Nahrungssuche. Mit ihren empfindlichen Pfoten tastet die Sumpfmanguste den Grund flacher Gewässer nach Krebsen und Schalentieren ab. Auch der nachtaktive Weißschwanzichneumon gehört zu den Mangusten. Er war bereits im alten Ägypten bekannt, woher auch sein Name stammt. »Ichneumon« bedeutet soviel wie »Aufspürer«, denn die Tiere verfügen über einen ausgezeichneten Geruchs- und Gesichtssinn.

Auch der Sekretär ist ein meisterhafter Schlangenjäger.

Ein Mistkäfer fertigt Dungkugeln für seine Eier an.

In Indien sind Mungos, eine weitere Mangustenart, bekannt dafür, daß sie Giftschlangen fressen, in der Serengeti ist es der Ichneumon. Hat er eine Schlange entdeckt, umkreist er sie unaufhörlich, auch wenn es sich um eine tödlich giftige Puffotter handelt. Der Ichneumon wartet nur darauf, daß die Giftschlange müde wird, um dann blitzartig zuzuschlagen. Auch der Sekretär, ein Verwandter der Habichte und Falken, ist ein Meister der Schlangenjagd. Seinen Namen verdankt er den langen Federn am Hinterkopf, die die Forscher des vergangenen Jahrhunderts an Schreibfedern hinter dem Ohr eines Sekretärs erinnerten.

Wenn die riesigen Gnuherden auf Wanderschaft gehen, werden sie unablässig von den Putzkommandos der Natur verfolgt. Tagtäglich hinterlassen die unzähligen Tiere der Serengeti Tausende Tonnen Dung – ein gefundenes Fressen für eine ganze Armee verschiedenster Mistkäfer. Manche Arten vergraben den wertvollen Mist an Ort und Stelle. Andere wiederum formen den Dung zu Kugeln, die sie dann unter großen Mühen in Sicherheit zu bringen versuchen. Indem die Mistkäfer den tierischen Dung vergraben oder in weitem Umkreis verteilen, sorgen sie auch dafür, daß der Boden der Serengeti ständig neu gedüngt wird. Die Mistkäfer legen ihre Eier in die Dungkugeln und vergraben sie. Ihr Nachwuchs wird nach dem Schlüpfen genügend Nahrung vorfinden, um zu überleben.

Geier sind das Aufräumkommando der Serengeti. Für jeden Schritt in der Entsorgung der unzähligen Kadaver, die in der Trockenzeit anfallen, ist eine andere Art zuständig.

Tag für Tag müssen in der Serengeti auch Hunderte Tonnen Fleisch, Haut und Knochen toter Tiere beseitigt werden – eine Aufgabe für die Geier. Für jeden Schritt dieser »Entsorgung« ist eine eigene Art zuständig. Den Anfang macht meist der Ohrengeier. Er benutzt seinen besonders kräftigen Schnabel dazu, die Kadaver aufzureißen. Viele Geier folgen den Herden, denn immer wieder bleiben alte oder kranke Tiere auf der Strecke. Die beiden häufigsten Aasvögel der Serengeti sind der Zwerggänsegeier und der Sperbergeier. Der scheue Wollkopfgeier hält sich eher an die mageren Überreste, ebenso wie der deutlich kleinere Kappengeier. Alle diese Geierarten gehören zur »Gesundheitspoli-

zei« der Serengeti. Sie sorgen dafür, daß alljährlich Tausende Tonnen toter Tiere in den Kreislauf der Natur zurückgelangen.

In diesem ewigen Kreislauf spielen auch die Buschfeuer der Savanne eine wichtige Rolle. Jahr für Jahr gehen riesige Gebiete der Serengeti in Flammen auf. Auf den ersten Blick hinterlassen die gewaltigen Brände eine einzige Spur der Verwüstung. Doch die Asche der verbrannten Vegetation bildet einen idealen Nährboden für die nächste Pflanzengeneration. Das Feuer bedroht besonders all jene Tiere, die nicht schnell genug fliehen können. Viele fallen den Flammen zum Opfer. Aber so rasch wie sie aufgeflackert sind, erlöschen die riesigen Buschfeuer auch wieder. Und schon im nächsten Jahr werden aus der Asche aufs neue Pflanzen sprießen.

Die Serengeti ist ein einzigartiges Ökosystem. Die Fähigkeiten und Aufgaben all ihrer Bewohner ergänzen einander wie die Elemente eines vielfältigen Mosaiks. Wenn es gelingt, diesen Lebensraum in den weiten Ebenen Ostafrikas zu erhalten, werden auch zukünftige Generationen feststellen: Die Serengeti lebt!

DIE SERENGETI LEBT

Eine Produktion von Survival Anglia für Channel Four und ORF

Buch und Regie: Alan Root; deutsche Bearbeitung: Ivo Filatsch

FÜNFZEHNTES KAPITEL

DIE UNMÖGLICHE REISE IN DEN MIKROKOSMOS

»Wer in einem Sandkorn eine Welt erkennt und den Himmel in einer Blume, hält die Unendlichkeit in seiner Hand, und die Ewigkeit zeigt sich in einer Stunde.« Der englische Dichter und Maler William Blake schrieb diese Zeilen vor fast 200 Jahren. Er ahnte, daß jenseits unseres Alltags Welten existieren, die unserem Blick normalerweise verborgen bleiben. Doch heute können wir Teile dieser Welten sehen und besuchen. Moderne Mikroskope erschließen uns das faszinierende Universum des Mikrokosmos – die Welt des Kleinen, mit bloßem Auge Unsichtbaren.

Je vertrauter das Objekt ist, das wir betrachten, desto größer ist die Überraschung. Eine Münze aus der Nähe besehen ist sehr schmutziges Geld: Tausende Bakterien bevölkern den Fettfilm, der die Oberfläche der Münze umhüllt. Geschöpfe, die uns wohlbekannt sind, werden, aus der Nähe betrachtet, zu einem Wunderwerk an Präzision. Eine gewöhnliche Stubenfliege ist eine exquisite Konstruktion, die viel komplexer ist als alles, was der Mensch herstellen kann. Sogar die modernste Weltraumrakete kann nicht mit dieser perfekten Flugmaschine konkurrieren.

Überall, wo man hinblickt, stecken – wie in einer russischen Puppe – Welten in Welten. Sogar im Bett leben Geschöpfe, die so winzig sind, daß sie für das menschliche Auge unsichtbar sind. Majestätische Herden von Staubmilben grasen auf den riesigen Weiden eines Leintuchs. Wir haben keine Ahnung, welches Chaos wir in ihrer Miniaturwelt anrichten können. Aber die winzigen Wesen haben ihre eigenen Waffen. Und niemand setzt sie so raffiniert ein wie die Staubmilben, die uns Asthma und Allergien bescheren. Wären wir so groß wie eine Staubmilbe, hätte ein Doppelbett die Größe von Wien und Umgebung. Abertausende Milben können ein Bett bewohnen. Sie ernähren sich von den winzigen Hautschüppchen, die wir Menschen jede Nacht im Schlaf verlieren.

Linke Seite: ***Eine Herde von Staubmilben unter dem Elektronenmikroskop.***

Geht man noch näher heran, sieht man Bakterien, die die Hautschüppchen besiedeln. Sie sind so klein, daß eine Million von ihnen auf der Spitze einer Nadel Platz hat. Wer meint, daß dies die kleinste Welt ist, die wir heute bestaunen können, liegt falsch. Ein Virus ist so winzig, daß es sich in Bakterien einschleusen kann. Viren sind sehr einfache Lebensformen. Sie können sich nicht einmal selbst fortpflanzen. Ein Virus injiziert seine Erbanlagen in ein Bakterium und zwingt es dadurch, neue Viren zu produzieren.

Nicht nur im Haus eröffnet der Mikrokosmos faszinierende Einblicke. Noch spannender ist es, wenn man hinaus in den Garten geht. Sogar ein gut gepflegter Rasen verwandelt sich, durchs Mikroskop betrachtet, in einen wahren Dschungel. Jedes Blatt ist eine ganze Welt für sich. Ein Grashalm etwa ist aufgebaut aus Millionen von Zellen. Jede Zelle ist viel kleiner als alles, was das Auge erkennen kann. In den Tälern zwischen den Zellen siedeln Hefekolonien. Und zwischen ihnen findet man wieder die allgegenwärtigen Bakterien. Im Gras wächst auch das Lebermoos – winzige bizarre Pflanzen, die so klein sind, daß wir sie normalerweise gar nicht bemerken.

Für die Tiere, die im Garten leben, ist diese bezaubernde Pflanzenarchitektur freilich nur eines: Futter. Eine Schnecke bewegt sich auf sehr elegante Weise fort. Sie gleitet auf einem Kissen aus Schleim über jede Oberfläche. Auf dieser Schleimspur schiebt sie sich durch Muskelkontraktionen vorwärts. Manchmal ist sie dabei noch langsamer, als ihr sprichwörtlich nachgesagt wird. Der Grund: ihr hungriges Maul. Die Oberfläche der Schneckenzunge sieht aus wie eine Miniaturraspel. Sie besitzt Tausende winzige spitze Zähne, die so klein sind, daß einige hundert von ihnen auf einen Quadratmillimeter passen.

Die Schildlaus, der Alptraum eines jeden Gärtners.

Pflanzen wollen nicht gern gefressen werden. Sie haben daher Verteidigungswerkzeuge entwickelt. Stachelige Nesseln sind sehr effektiv: Stamm und Blätter sind über und über mit Härchen bedeckt, jedes ist eine Waffe für sich. Am Ende jedes Härchens thront eine winzige Kugel, die Gift enthält. Bei einer Berührung platzt die Kugel auf, das Haar bohrt sich in die Haut und injiziert das Gift. Diese Konstruktion ist so wirksam, daß sie nicht nur auf Pflanzen beschränkt ist. Eine Schildkäferlarve trägt ein ganzes Arsenal haariger Waffen. Die Haare sind steif. Sie brechen ab, wenn das Insekt berührt wird. Der Widerhaken am Haarende sticht in die Haut des Störenfrieds und löst ziemlich unangenehme Empfindungen aus. Doch kein Verteidigungssystem ist perfekt. Die Schildkäferlarven fressen die Pflanzenhärchen – sie sind gegen sie immun –, und gleichzeitig stacheln sie ihre Feinde an, selbst in Ruhe gelassen zu werden.

Andere Insekten, andere Strategien: Blattläuse operieren einfach nach dem Gesetz der Zahl, sie sind in

Unter dem Elektronenmikroskop wird selbst eine harmlose Blattlaus zum Monster.

der Übermacht. Sie setzen sich auf einer Pflanze fest und fressen und fressen und fressen. Kriebelmücken, Blattläuse, Schildläuse – kein Gärtner schätzt sie. Doch man muß diese Tiere nur näher ansehen: Sogar eine simple Blattlaus ist ein Meisterwerk der Evolution. Insekten haben einen zweckmäßigen, hochentwickelten Körperbau. Aber ihre Eier sind wahre Miniaturkunstwerke. In einem Durchschnittsgarten gibt es Tausende verschiedene Arten von Insekteneiern. Sie sind nur einen Millimeter groß oder noch kleiner, doch jedes ist bis ins letzte Detail perfekt geformt.

Die Oberfläche eines Blattes ist manchmal ein gefährlicher Ort. Daher legt die Florfliege ihre Eier am Ende eines langen Halms ab – außer Reichweite all jener, die sie fressen wollen. Andere Eier sind nicht so sicher – es gibt Geschöpfe, die so klein sind, daß sie im Inneren eines Eis leben. So manches Schmetterlingsei wird niemals einen Schmetterling hervorbringen. Es gibt winzige Wespen, die ihre Eier in die anderer Insekten injizieren, die sich daraus entwickelnde Larve frißt den ganzen Inhalt auf. Im Mikrokosmos ist das Leben nicht weniger unbarmherzig als in der großen Welt.

Für viele Menschen sind Pollen etwas sehr Unangenehmes. Dabei geht es hier um Blumensex. In dem Bemühen, weibliche Grasblüten zu befruchten, schleudern die männlichen Blüten Unmengen von Pollen in die Luft. Die Fortpflanzung ist reine Glückssache, sie folgt dem Gesetz der Wahrscheinlichkeit. Abermillionen Pollenkörner treiben mit dem Wind dahin, und vielleicht eines von ihnen bekommt die Chance, tatsächlich auf einer weiblichen Blüte zu landen. Unglücklicherweise haben die anderen Pollen nichts zu tun, als so manchen Mitmenschen einen Heuschnupfen zu verpassen. Der Mensch kann die kleine Welt vielleicht nicht sehen, aber er kann sie fühlen, gleichgültig, wie sehr er sich anstrengt, ihrer Herr zu werden.

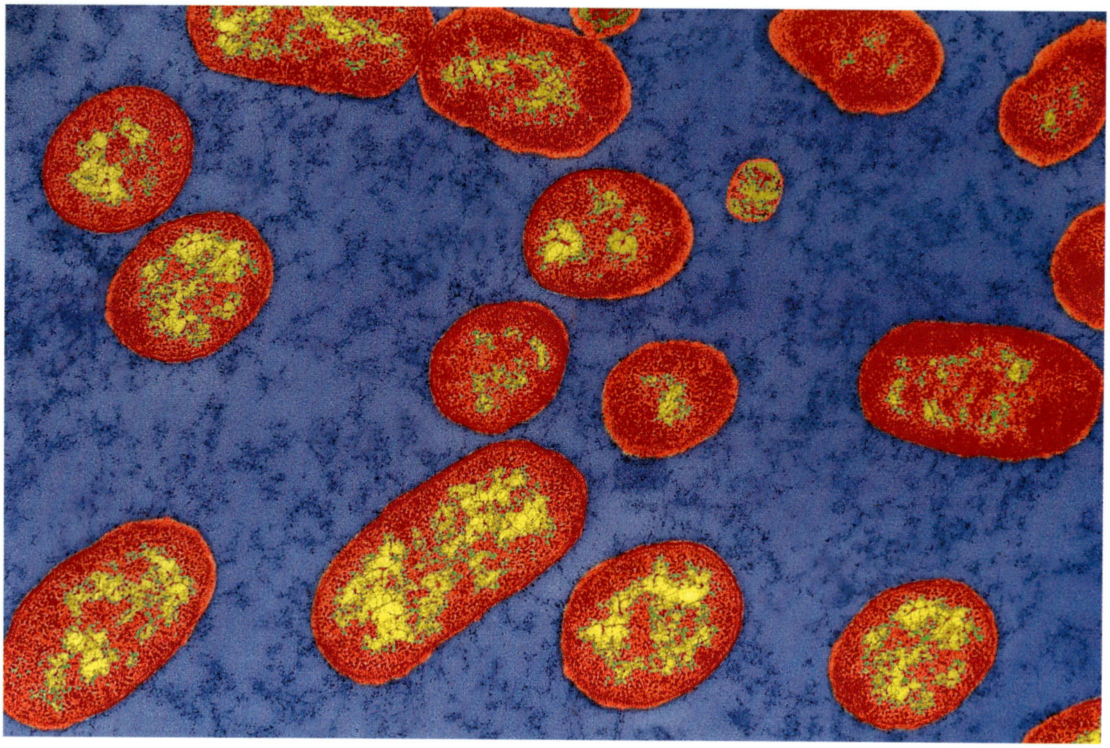

Salmonellen lösen jedes Jahr zahlreiche Lebensmittelvergiftungen aus.

Unter jedem Rasen verbirgt sich eine dunkle, geheimnisvolle Unterwelt – Hunderte Kilometer von Tunneln, geschaffen von Regenwürmern. Diese unterirdischen Gänge werden von den Regenwürmern offengehalten. Sie bewegen sich mit Hilfe winziger Härchen auf dem Körper fort. Charles Darwin sagte über die Regenwürmer: »Ich bezweifle, daß irgendwelche anderen Tiere eine derart wichtige Rolle in der Weltgeschichte spielen wie diese einfachen Geschöpfe.« Ein Grund, warum die Regenwürmer so wichtig sind, ist ihre Leibspeise: Sie fressen die Erde. Die Erde wird im Darm des Regenwurms mit Vitaminen angereichert und entkeimt – sogar Salmonellen werden zerstört. Zwischen den Erdkörnchen leben andere Würmer. Sie sind weniger als einen Millimeter lang – Nematoden, Fadenwürmer. Man glaubt heute, daß sie die zahlenmäßig größte Gruppe von Lebewesen auf unserem Planeten sind.

In den Tunneln der Regenwürmer gehen auch andere Geschöpfe ihren täglichen Geschäften nach. Ohrwurmweibchen legen hier ihre Eier und sammeln sie zu Nestern. Sogar Ohrwürmer haben mit Feinden aus einer noch kleineren Mikrowelt zu kämpfen. Die Eier werden abgeleckt, um sie vor Pilzen und Bakterien zu schützen. Doch manchmal endet das Leben von Ohrwürmern auch durch Geschöpfe, die größer sind: Maulwürfe. Diese Tiere sind völlig blind. Sie finden ihren Weg durch die Dunkelheit durch Luftströme, die sie mit ihrer Nase wittern. Ihr Schwanz streicht über die Tunneldecke und liefert zusätzliche Orientierung. Maulwürfe bauen ihre Tunnel als Fallen für ihre Lieblingsspeise: Regenwürmer.

Selbst mit dem Auto kann man dem Mikrokosmos nicht entkommen – besonders, wenn einer der Passagiere einen Pelzmantel sein eigen nennt. Pelz ist nichts anderes als ein wandelnder Wald aus Haaren, der mitunter von seltsamen Wesen bevölkert wird: Flöhen. Diese Insekten haben ihre Flügel verloren. Sie sind so platt, daß sie zwischen den Haaren umherwandern können. Die meisten Flöhe, denen wir begegnen, sind Katzenflöhe, sogar wenn sie auf einem Hund zu Hause sind. Ihr Futter befindet sich immer unter ihren Füßen. Es ist das Blut ihres Wirts, wer immer das auch ist. Der Floh hat eine spezielle Art, von einem Wirt zum nächsten zu gelangen. Er besitzt unter den Hinterbeinen eine Art Gummipolster und katapultiert sich damit in die Luft. Die Beschleunigung, die dabei entsteht, würde die meisten anderen Tiere töten. Sie ist vergleichsweise 20mal größer als beim Start eines Space Shuttles.

Folgende Doppelseite: ***Kein Alien aus dem All, sondern eine reale Plage – eine Kopflaus unter dem Elektronenmikroskop.***

Aber es gibt noch andere Möglichkeiten der Beförderung. Vogelfedern sind auch sehr praktisch. Der Wirt fliegt in diesem Fall mit einer Geschwindigkeit von 50 Kilometern pro Stunde und schlägt mit seinen Flügeln einige Mal pro Sekunde. Was immer auf einer Feder lebt, muß imstande sein, sich gut festzuhalten, um nicht abzustürzen. Die Feder besteht aus zahlreichen Fahnen, die eng aneinander liegen und eine windschlüpfige Oberfläche ergeben. Zwischen ihnen verbirgt sich die Federlaus. Sie saugt nicht das Blut des Vogels, sondern frißt die Feder selbst und klammert sich dabei mit ihren hakenförmigen Krallen fest. Auf der Feder sitzen – geschützt vom Luftstrom – auch Milben, die sich von Schmutz- und Staubteilchen ernähren. Sie helfen dadurch, die Feder sauberzuhalten.

Menschen finden einen Wald vielleicht beschaulich und ruhig. Aber in Wirklichkeit ist er ein unglaublich komplexer Lebensraum voller Überraschungen. Einige seiner Lebenswelten bleiben uns normalerweise verborgen, sie sind einfach außerhalb unserer Sichtweite. Jeder Baum

Für Staubmilben ist ein Menschenbett ein Schlaraffenland voll abgestorbener Hautpartikel.

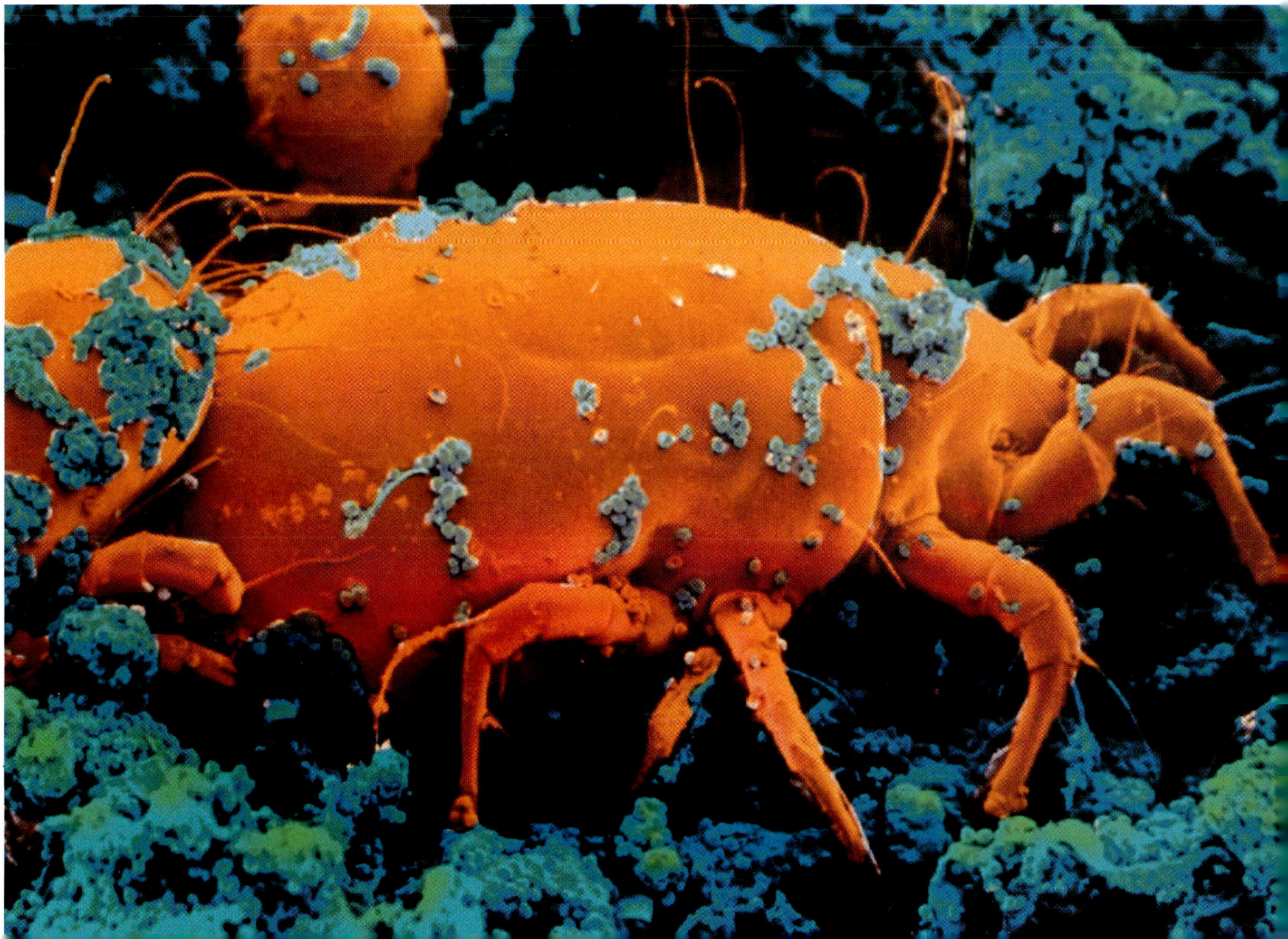

Der Schrecken vieler Gastwirte in zigfacher Vergrößerung – eine Küchenschabe.

ist eine komplexe, lebendige Maschine, die von den Blättern angetrieben wird. Jedes Blatt nimmt Sonnenenergie und Kohlendioxid aus der Luft auf und wandelt sie in Biomasse, in Nahrung, um. An der Unterseite des Blattes befinden sich winzige Löcher – Spaltöffnungen –, durch die das Blatt das Kohlendioxid einsaugt. Und im Blattinneren sind die Nahrungsmittelfabriken selbst: die grünen Chlorophyllzellen. Sie sind zu verlockend, um ungenützt zu bleiben. Es gibt ein Geschöpf, das klein genug ist, um zwischen diesen Zellen zu leben und sie förmlich aufzufressen. Eine Miniermottenlarve ist winzig, aber zerstörerisch.

Nicht alles, was in einem Wald vor sich geht, spielt sich im Blätterdach ab. Geschäftig geht es auch in den unteren Regionen zu, auf denen die Menschen normalerweise achtlos herumtrampeln. Alle Blätter fallen schließlich von den Bäumen und landen auf dem Waldboden. Und hier wird nichts vergeudet, jedes einzelne tote Blatt wird wiederverwertet. Mikroskopisch kleine Pilzfäden zersetzen die Blätter und verwandeln sie in verdaubare Nahrung. Zwischen den Blattstückchen lauern winzige, primitive Insekten: Springschwänze. Sie sind nicht einmal einen Millimeter lang. Sogar Regentropfen können ihnen gefährlich werden. Daher ist ihre Körperoberfläche so konstruiert, daß sie wasserabweisend wirkt. Unter der Erdoberfläche verbinden die Myzelfäden der Pilze buchstäblich alles mit allem. Sie helfen den Wurzeln, Nährstoffe aufzunehmen. Sie halten mit ihrem Netzwerk den ganzen Wald zusammen und verwandeln ihn in ein riesiges, komplexes System.

Es ist nicht erstaunlich, daß ein so verzweigtes System wie ein Wald geheime Welten verbirgt. Aber wie verhält es sich mit etwas, das wie das Wasser Inbegriff der Klarheit ist? Sogar diese Substanz, die uns so vertraut ist, besitzt ungewöhnliche Dimensionen. Wasser ist eine sehr seltsame Flüssigkeit. Seine Oberfläche hat einige bizarre Eigenheiten. Große Tiere werden einfach naß, aber für kleine Tiere wirkt die Oberflächenspannung des Wassers wie ein elastischer Film. Diese oberste Schicht ist nur eine Molekülllage dick. Taumelkäfer leben genau an der Grenze zwischen dem Wasser und der Luft. Der Käfer ist an diese gespaltene Existenz perfekt angepaßt. Die Hälfte des Käfers erhebt sich über der Oberfläche, die andere Hälfte steckt im Wasser darunter. Sogar seine Augen sind geteilt. Das obere Paar sieht in der Luft, die darunter liegenden Augen sehen im Wasser. Was der Käfer insgesamt wirklich sieht und welches Bild sich in seinem Gehirn formt, ist eines der Mysterien des Universums.

Manche Lebewesen können buchstäblich über das Wasser laufen – Wasserläufer. Der Trick dabei ist: Sie dürfen nicht naß werden. Der Wasserläufer ist mit winzigen Härchen bedeckt, die das Wasser abstoßen. Und weil er auf seinen Füßen balanciert, haben diese sogar noch mehr Haare, damit sie nicht im Wasser einsinken. Diese Härchen funktionieren nur, wenn sie penibel sauber gehalten werden. Für Tiere, die an diese Lebensweise nicht angepaßt sind, ist der Oberflächenfilm des Wassers eine tödliche Falle. Die unglücklichen Geschöpfe sind ein willkommenes Fressen für den Wasserläufer.

Wasserläufer nützen die Oberflächenspannung des Wassers aus und zählen zu den Raubtieren in der Welt des Kleinen.

Eine ganze Welt existiert nur durch die Oberflächenspannung des Wassers. Mücken legen ihre Eier auf die Oberfläche. Auch sie sind nicht benetzbar, und sie verzerren den elastischen Film, als wäre er aus Gummi. Die Insektenlarven schlüpfen unter Wasser. Der Deckel des Eis platzt auf, und die Larven schwimmen ins Freie. Doch es gibt einen Haken. Mückenlarven fressen unter Wasser, aber sie müssen an der Luft atmen. Und so atmet die Larve buchstäblich mit ihrem Hinterleib. Das Atemrohr wird an der Wasseroberfläche festgehakt. Die Larve kann Luft einsaugen. Und wenn die Mückenlarven das Wasser nach Nahrung filtrieren, bekommen sie das Beste aus beiden Welten.

Sie verwandeln sich schließlich in erwachsene Mücken und erhe-

ben sich in die Luft. Ein faszinierender Lebensablauf: Jetzt dürfen die Mücken nicht mehr naß werden, deswegen pflanzen sie sich in stehenden Gewässern fort – in Teichen und Pfützen. Einen kurzen Augenblick balanciert die Mücke auf der Wasseroberfläche. Sie läßt sich von der Sonne trocknen. Die Männchen ernähren sich nur von Nektar. Es sind die Weibchen, die Blut saugen. Ihr langer Stechrüssel funktioniert wie eine Spritze, die die Haut durchbohrt und das Blut herausbefördert.

Linke Seite:
Erst das Elektronenmikroskop macht die wundersame Architektur des Auges einer Fruchtfliege sichtbar.

Ein nasser Hund hat mehr als nur Wasser in seinem Pelz. Wenn er sich beutelt, verstreut er ganze Ökosysteme über das Gras. Selbst im Inneren jedes Wassertropfens existiert ein ganzes Miniatur-Universum – Geschöpfe, die weniger als einen Zehntelmillimeter groß sind. Es ist fast unmöglich, sich dermaßen winzige Lebewesen vorzustellen. In dieser Dimension sieht Wasser plötzlich nicht mehr wie Wasser aus, sondern wie dicker Sirup. Es ist ein Wunder, daß diese Geschöpfe sich sogar fortbewegen können. Aber das fällt ihnen offenkundig nicht schwer. Sie paddeln mit Hilfe von winzigen Härchen, sogenannten »Zilien«, durch die klebrige Flüssigkeit. Sogar in einer Welt, die so winzig klein ist wie diese, gibt es noch Grünpflanzen – Algen – und Geschöpfe, die sich von ihnen ernähren. Sie saugen die langen Algenfäden einfach wie Spaghetti ein. Es gibt hier auch Fleischfresser. Ihre Opfer sind die winzigen Pflanzenfresser. Der Superjäger unter den Wimperntierchen trägt einen klingenden Namen: Didinium. Es schreckt nicht vor Beute zurück, die genauso groß ist wie es selbst, und verschluckt sie als Ganzes. Die Amöbe ist hingegen eher faul. Sie jagt nicht, sie fließt einfach um ihre Mahlzeit herum.

Auf den ersten Blick haben diese Lebenswelten, die wir normalerweise gar nicht wahrnehmen, nichts mit uns Menschen zu tun. Aber sie wirken sich trotzdem auf uns aus, wenn etwa immer mehr Mücken von der Wasseroberfläche aufsteigen und scharf auf Blut sind. Ob wir es wollen oder nicht: Diese winzigen Welten sind ein Teil unseres Lebens. Wir können vor ihnen davonlaufen, aber wir entkommen ihnen nicht. Wir sind in Wirklichkeit von diesem Mikrokosmos abhängig, auch wenn wir ihn für gewöhnlich nicht beachten. Ohne Insekten, Bakterien, Pilze und Milben würde das Leben so, wie wir es kennen, nicht existieren. Unsere Welt funktioniert nur, weil das versteckte Reich des Mikrokosmos alles mit allem verbindet – die Welten in den Welten in den Welten in den Welten ...

DIE UNMÖGLICHE REISE IN DEN MIKROKOSMOS
EINE PRODUKTION DER BBC IN ZUSAMMENARBEIT MIT DISCOVERY CHANNEL UND ORF
BUCH: VICTORIA COULES; REGIE: STEVE NICHOLLS; DEUTSCHE BEARBEITUNG: JUTTA GRYLKA

SECHZEHNTES KAPITEL

WILDER WALD IM LAND DES EISENS

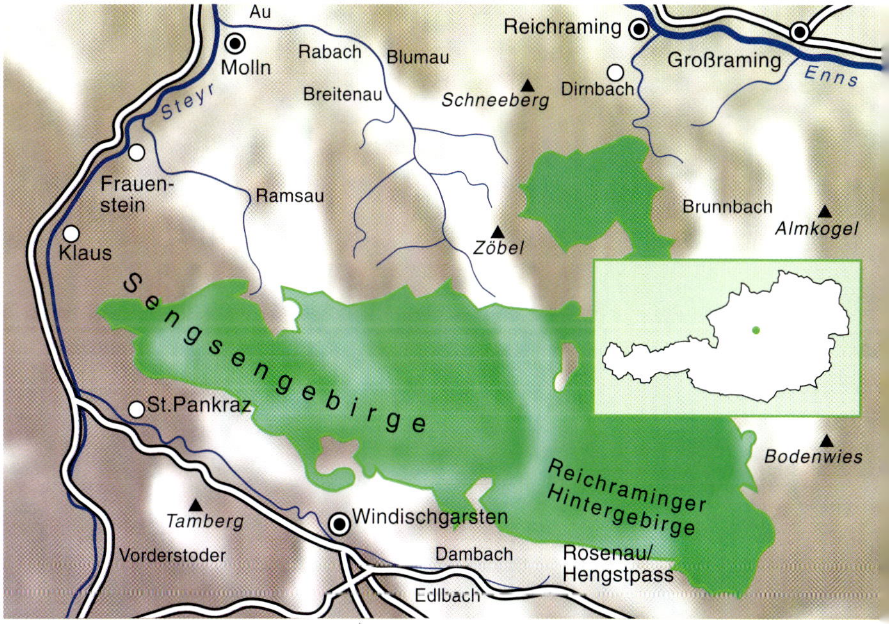

Der Nordrand der Alpen ist ein schroffes Kalkgebirge. Gigantische Kräfte haben diesen zu Stein erstarrten Meeresboden gefaltet, vielfach zerbrochen und emporgehoben. Seit Jahrmillionen formt Wasser diesen Fels, und seit Jahrtausenden bedeckt dichtes, dunkles Grün die steilen Hänge. Die Bergwälder zwischen den Flüssen Enns und Steyr sind das größte zusammenhängende Waldgebiet Österreichs. Es sind Wälder voller Leben und voller Geschichte. Zwölf Jahrhunderte lang loderten hier Hochöfen und dröhnten Eisenhämmer. Vieles, was Menschen hier gesucht, gebaut und hinterlassen haben, ist längst vergessen und verfallen, und die Natur gewinnt verlorenes Terrain zurück. Zurück bleiben Mythos und Erinnerung – und wilder Wald im Land des Eisens.

Die Wälder des Reichraminger Hintergebirges und des Sengsengebirges gehören selbst im Sommer zu den einsamsten Gegenden Mitteleuropas. Im Winter aber, wenn die Zugvögel die Berge verlassen haben und alle Wege in tiefem Schnee versinken, liegt über dem Land fast völlige Stille. Der Schneereichtum am Alpennordrand stellt Pflanzen und Tiere härter auf die Probe als die Kälte. Anders als in höheren und weniger schroffen Bergen finden die Gemsen hier kaum Winterweiden auf waldfreien, windgefegten Kämmen. Auf den Felsgraten in Gipfelnähe und auf den steilen Hängen der Schluchten liegt zwar weniger Schnee, aber die Felsfluren bieten kaum Nahrung.

Linke Seite:
Der Nationalpark Kalkalpen erwartet hoffnungsvoll die Rückkehr des Luchses.

Winter im Sengsengebirge.

Der Frauenschuh – ein Frühlingsbote der Kalkalpen.

Während der Paarungszeit in den ersten Monaten des Jahres tönen auch die Ranzrufe der Luchse, der heimlich lebenden größten Katzen Europas, durch den Wald. Schon vor 100 Jahren war der Luchs in den Alpen so gut wie ausgerottet. Heute ist er hier immer wieder zu Gast, und wenn der Wald wild wachsen darf, kann man hoffen, daß der Luchs wieder bleibt. Seinen Lebensraum betreffend ist der Luchs anspruchsvoll: Alte Nadel- und Mischwälder sollen es sein, mit genügend Beutetieren. Und einen Partner soll es geben und Raum, sich zu vermehren.

Wenn die ersten Sonnenstrahlen die Waldhänge und Gräben des Hintergebirges erhellen, weiß niemand so genau: Ist dies noch Spätwinter oder schon Vorfrühling? Die Antwort rauscht laut und plötzlich aus der Tiefe. Den ganzen Winter lagen die vielen Karstquellen des Gebietes trocken und still. Aber sobald an den Hängen 1000 Meter höher der Schnee zu schmelzen beginnt, schießen im Talgrund die Wasser direkt aus dem Inneren des Berges. Reißende Flüsse beginnen hier nicht klein und bescheiden wie anderswo, sondern mit einem eindrucksvollen Auftritt. Sobald auf den Höhen

der letzte Schnee geschmolzen ist, versiegen viele dieser gewaltigen Karstquellen wieder. Erst nach starkem Regen sprudeln sie wieder, oftmals nur für wenige Stunden.

Im Frühling leuchtet der Waldboden der Kalkalpen in allen Farben. Die Pflanzen haben nur wenige Wochen Licht, um zu wachsen und zu blühen, bevor das Blätterdach der Buchen ihnen die Sonne nimmt. Im Lauf des Jahres blüht hier so manche botanische Kostbarkeit wie der Frauenschuh, eine heimische Orchideenart. Und in den moosig feuchten, buchenbeschatteten Quellgräben der Kalkalpen leben Weinbergschnecken. Diese Tiere sind Zwitter. Sie befruchten sich gegenseitig. Dabei verhaken sie sich mit einem scharfen Hornhäkchen ineinander. Dieser sogenannte Liebespfeil ist ein winziges Reizorgan und durchdringt die Haut des Partners.

Das Schicksal dieser Landschaft, ihrer Wälder und Flüsse und ihrer Bewohner, war 50 Generationen lang mit einem mythischen Berg verknüpft. Stufe um Stufe, Stollen um Stollen schlugen Tausende Bergleute aus dem Steirischen Erzberg das Eisen, das weiteren Zehntau-

Weinbergschnecken bei der Paarung.

senden Arbeit brachte. Jahrhundertelang zog durch die Täler weit um den Erzberg der scharfe Rauch geschmolzenen Eisens. Die Eisenwurzen, wie man das Land um den Erzberg nannte, war Wiege und Kernland der österreichischen Industrie. Vom Mittelalter bis in die Neuzeit reihten sich entlang ihrer Flüsse Hochöfen und Hammerwerke. In Friedenszeiten lieferten Handwerker und Fabrikanten der Eisenwurzen Werkzeuge nach ganz Europa, im Krieg wurden hier ganze Heere ausgerüstet.

Der wuchtige Schlag der Eisenhämmer bestimmte viele Generationen lang den Rhythmus dieser Region. Die Menschen formten nicht nur das Eisen – das Eisen formte auch die Menschen, und es veränderte die Landschaft: Das Sengsengebirge hat seinen Namen von den unzähligen Sensenwerken, die es hier gab und die den Wald verändert haben. Holz war für die Eisengewinnung und -verarbeitung bis ins 19. Jahrhundert ebenso notwendig wie Erz. Die Schmelzöfen wurden mit Holzkohle befeuert, und die kam aus den Bergwäldern. Forstgesetze verhinderten letztlich wilden Raubbau, aber sie schützten den Wald als Rohstoffquelle und nicht als Naturland. Infolgedessen wich der Urwald immer mehr dem vom Menschen gepflanzten Forst.

Zehn Millionen Bäume stehen im Gebiet des Nationalparks Kalkalpen. Dieses Meer von Bäumen ist ein grünes Mosaik verschieden alter Forste. Die Waldhänge des Reichraminger Hintergebirges und des Sengsengebirges sind fast allesamt irgendwann, und oft mehrmals, kahlgeschlagen und wieder aufgeforstet worden. Aber im Labyrinth wegloser Schluchten und Gräben finden sich noch wilde Wälder wie vor tausend Jahren. Hier hat eine Vielfalt von Tier- und Pflanzenarten überlebt, und von diesen Refugien breiten sie sich heute wieder aus. Zur Balzzeit brauchen Auerhähne Hochwälder ohne Unterwuchs, denn eine Kampfarena erfordert freien

Die Eisenwurzen, das Gebiet um den Erzberg, war Wiege und Herzstück der österreichischen Industrie.

Die Waldspitzmaus frißt täglich ein Mehrfaches ihres Körpergewichts.

Platz. Die Hennen beobachten die Kämpfe der Hähne. Jede sucht sich unter den Rivalen nur einen Partner. Nach der Paarung ziehen sich die Hennen allein in deckungs- und nahrungsreiche Waldstücke zurück, um dort zu brüten und ihre Jungen großzuziehen. Die Monotonie künstlicher Forste wird den Ansprüchen dieses großen Waldvogels kaum gerecht. Nur wo der Wald naturnah ist, gibt es viele Auerhähne.

Das deutlichste Lebenszeichen eines Waldes ist sein Totholz. Als Leiche ist ein Baum beinahe lebendiger als zu seinen Lebzeiten. Nach seinem Tod beherbergt er jahrzehntelang eine enorme Masse von lebenden Organismen. Liegendes Totholz in unterschiedlichen Stadien des Verfalls wird zum Mutterboden für viele Pflanzen und oftmals für Keimlinge der eigenen Art. Jungfichten sprießen am allerbesten auf feuchten, modernden Fichtenstämmen, die von Pilzen und vielen anderen Holzzersetzern in Humus verwandelt werden. Aber nicht nur Pflanzen und Pilze fühlen sich im Moderholz des Waldbodens wohl. Die Waldspitzmaus findet hier nicht nur ideale Verstecke, sondern auch Nahrung im Überfluß. Sie ist ein gefräßiger Insektenjäger und vertilgt täglich ein Mehrfaches ihres eigenen Körpergewichts. Da sie binnen weniger Stunden verhungern kann, muß sie Tag und Nacht fast pausenlos fressen.

Bemoostes Totholz ist ein deutliches Lebenszeichen eines gesunden Waldes.

Ein Wasserfall gurgelt durch eine der zahlreichen Schluchten des frühlingshaften Nationalparks.

Der Weißrückenspecht ist heute einer der seltensten Vögel der Alpen. Er sammelt für seine Brut Insektenlarven, und die meisten von ihnen sind Totholzbewohner. Die Insekten und der Vogel, der von ihnen lebt, finden das Totholz, das sie brauchen, nur in ausreichend großen Urwäldern oder zumindest in naturnahen Waldbeständen. Hat ein Weißrückenspecht einen absterbenden Baum gefunden, so meißelt er im Lauf mehrerer Jahre oft eine ganze Reihe von Höhlen in den Stamm. Ein solcher Höhlenbaum kann von mehreren Vogelarten und anderen Tieren zugleich bewohnt sein. Und so dienen Spechthöhlen einer großen Gruppe anderer Tiere als Wohnplatz, der Siebenschläfer etwa ist ein häufiger Nachmieter von Spechten.

Und auch Hornissen bauen ihre Nester gerne in alten Spechthöhlen. Die Königin beginnt allein mit dem Nestbau. Sie legt einige Eier und zieht die ersten Arbeiterinnen groß, die schließlich stockwerkartig mehrere Waben übereinander bauen. Im Sommer hat sich in dem hohlen Baum eine stattliches Hornissenvolk etabliert. Die Königin ist um gut ein Drittel größer als die Arbeiterinnen. Sie legt Eier in die frischen Waben. Die Arbeiterinnen, die sich daraus entwickeln, sind geschlechtslos. Erst später im Jahr kommen fortpflanzungsfähige Königinnen zur Welt.

Aus den Eiern schlüpfen zunächst Larven. Die Arbeiterinnen tragen unablässig Jagdbeute, hauptsächlich Fliegen, heran, um die Larven zu

füttern. Jeder Ankömmling wird am Eingang von einer Wächterin kontrolliert. Vor der Fütterung zerkauen die Arbeiterinnen ihre Jagdbeute zu Brei. Sobald die Larven groß genug sind, spinnen sie sich ein und gehen in das Puppenstadium über. Aus den größten Larven entwickeln sich Königinnen. Die jungen Königinnen überwintern und gründen neue Völker. Alle anderen Tiere sterben.

Zwischen den Jagdflügen sammeln die Arbeiterinnen Material für den Wabenbau. Sie brauchen dazu stehendes Totholz von ganz bestimmter Konsistenz. Das heimgebrachte Holz wird zu Pulp zerkaut, eingespeichelt und schichtweise aufgetragen. So ist jedes Hornissennest eine kleine, perfekt organisierte Papierfabrik. Im Spätsommer erreicht das Nest seine maximale Größe. Es hat etwa den Durchmesser eines Menschenkopfes und besteht aus mehreren übereinanderliegenden Waben mit einigen hundert Zellen.

Wenn an heißen Sommertagen die Temperatur im Nest zu drückend wird, fächeln die Arbeiterinnen den Larven vom Eingang her Frischluft zu. Auch Wasser wird eingetragen und tröpfchenweise über die Brut verteilt. Die Nesthülle kann für besseren Durchzug geöffnet und bei Bedarf wieder verschlossen werden. Diese faszinierenden Waldinsekten werden zu Unrecht gefürchtet. Sie sind sehr friedfertig. Sollte eine sich bedrängt

Hornissen brauchen Totholz für den Bau ihrer menschenkopfgroßen Nester.

Alpenbockkäfer haben ein Faible für frisches Buchenholz: Die Männchen treten darauf gegen Rivalen an, und die Weibchen brauchen es zur Eiablage.

fühlende Hornisse dennoch stechen, ist der Stich nicht schlimmer als der einer Biene. Hornissen sind in Europa bedroht, weil sie ihren Lebensraum, den wilden Wald, verloren haben.

Mächtige alte Buchen mit Kronen wie Kathedralen sind selten geworden – auch im Nationalpark Kalkalpen. Wenn später Schneefall bereits morsche Äste abgebrochen hat, kann man um solche Bäume oft den größten Käfer des Buchenwaldes entdecken – den Alpenbock. Die männlichen Käfer schillern in leuchtendem Blau und tragen lange Antennen auf dem Kopf. Meist versammeln sie sich auf frischem Bruchholz, denn der Geruch zieht die Weibchen an und natürlich auch männliche Rivalen. Wie Kürassiere treten die Käfer zum Turnier an und streiten um die Weibchen, die an den etwas kürzeren Fühlern erkennbar sind. Die Paarung der Bockkäfer hat kaum romantische Seiten. Die Männchen kommen schnell zur Sache, Bockkäfer sind eben keine Kuscheltiere.

Ihre Vorliebe für frisches Buchenholz stellte die Käfer früher vor ziemliche Probleme, denn sie können eben nicht zwischen Bruchholz und frisch geschlägerten, zu Stößen aufgeschichteten Scheitern unterscheiden. Ein Berg von duftendem Buchenholz erscheint jedem Bockkäferpärchen wie ein Paradies. Die Käfer brauchen solches Holz zur Eiablage. Gleich nach der Paarung sucht das Alpenbockweibchen nach feinen Rissen im Holz, um darin mit der Legeröhre einige seiner Eier abzulegen. Die daraus schlüpfenden Larven brauchen drei bis vier Jahre, um

Gebirgsstelzen finden in den Schluchten des Nationalparks saubere Wildbäche voller Insekten.

sich zu fertigen Käfern zu entwickeln. Stöße frischer Buchenscheiter im Wald, vor allem in Wäldern, in denen es kein natürliches Bruchholz gibt, sind also heimtückische Käferfallen, und bis zum Beginn des 20. Jahrhunderts gab es diese zuhauf. Überall brannten in den Tälern der Eisenwurzen die Kohlenmeiler. Die Köhler hausten wochenlang in winzigen Hütten in den Wäldern, um das glosende Feuer Tag und Nacht im Auge zu behalten. Der Bedarf an Holzkohle war gewaltig, solange die Eisenindustrie diesen Brennstoff benötigte. Außerdem war Holzkohle leichter zu transportieren als ganze Buchenstämme.

Die kostbarsten landschaftlichen Kleinode des Nationalparks Kalkalpen liegen im verborgenen. Von oben kaum zu erahnen, durchschneidet die Berge ein weitverzweigtes Labyrinth wilder Schluchten. Es ist noch nicht lange her, daß die malerischen Canyons des Hintergebirges im Stausee eines Kraftwerks zu versinken drohten. Heute sind diese beinahe 200 Kilometer unverbauter Flußstrecke geschützt und gehören zum Schönsten, was Österreich an intakter Natur zu bieten hat. Wenn die grelle Mittagssonne die sonst schattigen Schluchten mit Licht durchflutet, tanzen über dem Wasser Millionen Eintagsfliegen. Sie sind vom Bachgrund an die Wasseroberfläche gestiegen und fliegen nun stromaufwärts, um sich zu paaren. An solchen Tagen jagen die Gebirgsstelzen statt an den Ufern in der Luft. Diese Vögel brauchen Wildflüsse als Lebensraum ebenso wie die Wasseramseln. Beiden Arten bieten diese Schluchten alles, was sie brauchen: reines Wasser, Bäche mit Steinen und Schotterinseln, reichlich Wasserinsekten und schattige Felsufer mit Nist- und

Wasseramseln sind geschickte Taucher, die am Grund der Bäche nach Insektenlarven jagen.

Sommerliche Waldschluchten zwischen Hintergebirge und Sengsengebirge.

Schlafplätzen, die sowohl vor Räubern als auch vor den häufigen Hochwassern sicher sind. Die Nester der Wasseramseln sind kunstvoll aus Moos geflochtene Kugeln an einem überhängenden Felsen. Wenn die jungen Wasseramseln drei Wochen alt sind, versucht die Mutter, sie mit Rufen aus dem Nest zu locken. Der große Sprung ins Leben muß beängstigend sein, denn bis das letzte der bis zu fünf Jungen sich dazu entschließt, vergehen oft mehrere Tage. Junge Wasseramseln können zwar schwimmen, bevor sie noch flügge sind, aber sie sträuben sich lange gegen das Wasser. Sobald die Kleinen das Nest verlassen haben, taucht das Weibchen immer wieder vor ihren Augen in die Strömung und kommt mit frischem Futter zurück. So macht es ihnen Mut, sich ins kalte Naß zu stürzen.

Wo die Täler breiter sind und das Ufer flacher ist, haben die Eisvögel ihre Brutreviere. Anders als die Wasseramsel, die am Grund nach Insekten sucht, ist der Eisvogel ein Stoßtaucher und ein gewandter Fischer. Er jagt manchmal aus der Luft, meist aber von einem Ansitz aus. Die selbstgegrabene, bis eineinhalb Meter lange Brutröhre der Eisvögel liegt meist in einer lehmigen Uferböschung. Unmittelbar nach jeder Fütterung folgt ein Reinigungsbad, denn die Röhre ist kotverschmutzt und eng. Wie die Wasseramsel brüten auch Eisvögel oft zweimal, hin und wieder, im Rekordfall,

sogar dreimal in einem Sommer. Manchmal balzen die Altvögel und paaren sich, bevor die erste Brut des Sommers flügge ist. Es kommt vor, daß das Weibchen sogar Eier legt, während die ersten Jungen noch gefüttert werden.

Nicht immer hatten Gebirgsstelzen, Wasseramseln und Eisvögel die Bäche und Flüsse der Eisenwurzen so für sich wie heute. Jahrhundertelang dienten große und kleine Wasserläufe den Menschen als Transportwege für die Rohstoffe des Landes: Eisen und Holz. Vor allem die Enns wurde tagtäglich von oft riesigen Flößen befahren. Die Enns und auch die Steyr waren breit genug und führten ausreichend Wasser, um bemannte Flöße zu tragen. Abermillionen Festmeter Holz wurden in den abgelegensten Gebieten des Hintergebirges geschlägert, weit weg von den großen Flüssen. An den Engstellen der Gebirgsbäche errichtete man riesige Stauwerke aus Holz und Stein. Zweimal im Jahr, im Frühjahr und im Herbst, wurden diese sogenannten Klausen aufgeschlagen. Im Schwall des künstlichen Hochwassers schossen die Stämme kilometerweit durch die Schluchten bis hinaus zu den großen Flüssen. Um jeden Preis war zu vermeiden, daß sich dabei die Holzmassen verkeilten. Nicht wenige Flötzer fanden bei dieser gefährlichen Arbeit den Tod, manche wurden nie wieder gefunden.

Ein Eisvogel mit erbeutetem Fisch.

Ein Gemsenrudel im Toten Gebirge.

Die nördlichen Kalkalpen gehören zu den wasserreichsten Gegenden Österreichs – und gleichzeitig zu den trockensten. An ihren Kämmen stauen sich immer wieder vom Atlantik nach Südosten ziehende Wolkenmassen. Ihre feuchte Fracht regnet auf die riesigen Hochflächen nieder. Das Tote Gebirge ist die größte unbesiedelte Karstfläche Europas. Trotz der enormen Niederschlagsmengen wirkt es wie eine Mondlandschaft, denn alles Regenwasser versickert sofort ins Innere des Berges. Fast ebenso trocken und zerklüftet sind die Erhebungen des Reichraminger Hintergebirges und des Sengsengebirges. Diese karge Felsenlandschaft scheint für große Pflanzenfresser wie die Gemse kein einladender Lebensraum zu sein, aber das extreme Gelände entspricht offenbar dem Sicherheitsbedürfnis der Tiere.

Im Sommer scharen sich Geißen mit Kitzen zu oftmals großen Rudeln zusammen. Für einen solchen Gemeinschaftskindergarten suchen die Weibchen besonders geschützte und ungestörte Orte auf. Hier droht Gefahr nur aus der Luft. Der Steinadler ist ein Überraschungsjäger. Aus einem aufmerksamen Geißenrudel ein Kitz zu greifen, ist ihm so gut wie unmöglich. Solange ein Kitz im Rudel oder nahe bei seiner Mutter bleibt, kann ihm nichts geschehen. Trotzdem kontrolliert der Adler täglich zumindest einmal das Gemsenrudel. Sobald er ein krankes oder verletztes Kitz erspäht, das im steilen Gelände hinter seiner Mutter zurückbleibt, stößt er zu.

1000 Meter tiefer als der Adler gleitet ein anderer großer Vogel dicht über das Kronendach des Buchenwalds. Auf einer Felszinne hoch über dem Waldboden, aber immer noch im Schatten der Baumkronen, hat der Schwarzstorch, ein scheuer und bei uns immer noch seltener

Vogel, sein Nest. Er ist ein Zuwanderer in der österreichischen Vogelwelt und hat seit den dreißiger und vierziger Jahren sein Areal vom Osten her auf ganz Mitteleuropa ausgeweitet. Die Altvögel jagen im Umkreis von mehr als zehn Kilometern Lurche, Fische und Wasserinsekten. Im Gegensatz zu vielen anderen Vögeln füttern sie ihre Jungen nicht einzeln, sondern würgen die Beute aus ihrem Kehlsack in das Nest. Die Jungen fressen dann selbständig. Anders als seine weißen Verwandten, die in großen Kolonien brüten, führen Schwarzstörche ein sehr heimliches, einzelgängerisches Leben und brauchen dazu ausgedehnte Waldgebiete. Die Brut beginnt im Frühling: Einen Monat lang sitzen die Altvögel auf dem Gelege, dann füttern sie den Nachwuchs zwei Monate lang im Nest. Erst Mitte bis Ende August werden die Jungen flügge sein und wenige Wochen danach die lange Reise nach Afrika antreten.

Tief in den Wäldern des Hintergebirges liegt so mancher scheinbar verwunschene Ort. Verfall löscht langsam die Erinnerung an Siedlungen, wo einst Hunderte Bergarbeiter mit ihren Familien lebten, an Klausen, Brücken, Bergwerksstollen, Eisen- und Seilbahnen. Von all dem sind nur Ruinen übrig, und an den Resten technischer Großbauten frißt lautlos und stetig der Rost. Seit Jahren kommt hier kaum noch ein Mensch vorbei, und der Wald schließt sich immer dichter um die verfallenen Gebäude. Es ist nur eine Frage der Zeit, daß auch diese Relikte einer versunkenen Ära verschwinden werden. In die Breschen, die der Mensch hier einst geschlagen hat, drängen wieder der Wald und seine Bewohner. Aber nicht alles, was sich in den Ruinen regt, kommt tatsächlich aus dem Wald. Die Äskulapnatter drang erst in diese Bergwälder vor,

Die Äskulapnatter drang erst im Gefolge des Menschen in die Bergwälder der Kalkalpen vor.

als der Mensch sie lichtete. Am Rand der Holzknecht- und Bergarbeitersiedlungen lebten oft viele dieser schönen und harmlosen Reptilien.

Das Sommergrün der Buchen ist matt geworden, aber bevor es ganz verlischt, leuchtet das Laub im Herbstlicht noch einmal für ein paar Wochen auf – rostrot und feurig, in Farben, die dem Land des Eisens Ehre machen. An solchen klaren Tagen steigen die Gemsen bis in die höchsten Felsfluren. Eine aggressive Unruhe hat die Böcke erfaßt. Die angestaute Kraft eines ganzen Sommers scheint sich nun zu entladen. Voll Rauflust und in Abwehrstellung mit gesenkten Hörnern suchen sie ihre Brunftplätze zu behaupten und einander von den Geißen fortzujagen. Rivalen liefern sich oft dramatische Gefechte und hetzen einander durch halsbrecherisches Gelände. So mancher dieser sonst erstaunlichen Kletterer stürzt dabei tatsächlich in den Tod.

Den scheuen Luchs bekommt man im Nationalpark kaum einmal zu Gesicht, aber daß es ihn hier wieder gibt, steht mittlerweile fest.

Am Ende eines jeden Jahres ist es Zeit, Bilanz zu ziehen, und jedes Jahr stellt sich hier von neuem die Frage: Wie steht es um den Luchs? Es ist ein aufregendes Erlebnis, seinen Paarungsruf zu hören, wenn er zur Ranzzeit im Spätwinter die Bergwälder des Reichraminger Hintergebirges und des Sengsengebirges durchstreift. Zu sehen bekommen hat man den heimlichen Jäger hier kaum einmal. Schon eine Spur im Schnee ist ein glücklicher Fund. Selten findet man ein gerissenes Reh. Aber soviel ist sicher: